L'affaire des Poisons

Jean-Christian
Petitfils

L'affaire des Poisons

Crimes et sorcellerie au temps du Roi-Soleil

ÉDITIONS FRANCE LOISIRS

Édition du Club France Loisirs,
avec l'autorisation des Éditions Perrin.

Éditions France Loisirs,
123, boulevard de Grenelle, Paris.
www.franceloisirs.com

ISBN : 978-2-298-03635-0

Avant-propos

En 1679, à l'apogée du règne de Louis XIV, en un siècle réputé pour son sens de la mesure, de la raison, mais aussi pour sa foi profonde – le siècle de Descartes et de Pascal –, dont on admire les splendeurs et le raffinement des clairs ordonnancements, un siècle où les Lettres et les Arts brillent d'un éclat incomparable, éclatait, par un surprenant contraste, l'une des plus vastes et des plus sordides affaires criminelles de tous les temps. Le lieutenant général de police Gabriel Nicolas de La Reynie, les ministres du roi, puis le roi lui-même étaient abasourdis d'apprendre que plusieurs centaines de personnes se livraient impunément à Paris à la fabrication et au commerce des poisons, à des sortilèges, des messes noires, de troubles expériences alchimiques. Les victimes, elles, ne se comptaient pas, pour la bonne raison que la médecine de l'époque était ignare et les doctes membres de la Faculté incapables de déceler la moindre substance toxique dans un cadavre. Les criminels étaient donc à peu près assurés de l'impunité.

Cette affaire stupéfiante, ténébreuse, touffue, aux ramifications gigantesques, prenait au fil des jours des proportions inattendues. En effet, parmi la clientèle des officines de poison et de mort, les accusés ne faisaient pas que mentionner quelques blanchisseuses, fripières, vinaigrières ou cabaretières, battues par leur ivrogne de mari, voire quelques gentilshommes déclassés tombés dans la débauche, mais de puissants et riches robins, membres des cours souveraines, des gens titrés, nobles de vieille souche, aristocrates de haut rang, et parmi eux les plus grands noms de France : Olympe Mancini, pour qui son oncle, le défunt cardinal Mazarin, avait relevé le titre prestigieux – puisqu'il avait appartenu à des princes de la maison de France – de comtesse de Soissons, la princesse de Tingry, les duchesses d'Angoulême, de Bouillon, de Vitry, de Vivonne, le maréchal-duc de Luxembourg, les ducs de Vendôme et de Brissac, la marquise d'Alluye, les marquis de Cessac, de Feuquières et de Termes, la comtesse du Roure, la vicomtesse de Polignac... Bref, toutes les strates de la société se trouvaient prises dans cette toile d'araignée, y compris l'entourage du Roi-Soleil !

Une épidémie de peste se serait abattue sur le royaume qu'elle n'aurait provoqué plus grands ravages dans les esprits. Alors que la longue et difficile guerre de Hollande (1672-1678) venait de s'achever par des traités glorieux – quoique chèrement payés – et que la France, agrandie et victorieuse, au faîte de sa puissance, s'apprêtait à jouir avec sérénité de la paix retrouvée, voilà que subitement l'atmosphère s'assombrissait et qu'une rumeur s'amplifiait : à la Cour, à Paris, il n'était question que de poison, d'empoisonnements, de sorcellerie et d'envoûtements. Le mal semblait profond. Les ministres signaient des lettres de cachet, les exempts et archers du guet multipliaient les arrestations, les cachots de Vincennes et de la Bastille s'emplissaient, les sévères magistrats de la « Chambre ardente » siégeaient sans désemparer et, place de Grève, le bourreau faisait son office... C'était l'effroi. En quelques semaines, la façade étincelante et majestueuse d'un règne, resplendissant de son luxe fastueux, s'était craquelée de toute part, comme minée de l'intérieur, révélant l'envers sinistre du décor, un décor souillé d'ordures.

Bien évidemment, cette fièvre d'empoisonnements n'était pas récente. Depuis qu'au XVIe siècle les Médicis avaient fait venir d'Italie une multitude de devins, d'astrologues, de charlatans et de personnages louches, la cour de France était perpétuellement plongée dans pareille psychose. Louis XIII et Richelieu, constamment malades, se méfiaient de tous, y compris de leurs proches. Ils n'absorbaient jamais de nourriture qui n'ait été goûtée par des serviteurs dévoués ou des animaux. « Je vous envoie des fruits de Versailles, écrivait le roi au cardinal, dont vous ferez l'essai avant d'en manger, comme tout ce que je vous enverrai. » « Quand Nogent vous portera le jambon de marcassin, lui disait-il une autre fois, je vous prie d'en faire l'essai par quelqu'un avant que d'en manger, comme aussi tout ce que je vous envoie par les uns et par les autres. » L'époque était celle des conspirations ourdies par les Grands du royaume, avec l'aval du perfide et virevoltant Gaston d'Orléans, frère du roi. Telle était la hantise de ce crime que tout décès, pour peu que la victime eût occupé quelque fonction importante à la tête de l'Etat, était immédiatement tenu pour suspect par la populace. Pendant la période troublée de la Fronde, le poison eut moins de faveur : sans doute était-il plus facile d'assassiner, le poignard ou l'épée à la main. Mais, après la guerre civile, le malaise réapparut. Dans sa correspondance, le médecin Gui Patin se fait l'écho des rumeurs qui coururent lors de la disparition du cardinal Mazarin, en mars 1661. L'abbé Blache, curé de Rueil et confesseur des religieuses du Calvaire, prétend même dans ses *Mémoires* qu'à l'instigation du cardinal de Retz et de la marquise d'Assérac, un Italien nommé Pietro aurait voulu supprimer le Premier ministre à l'aide d'une substance qu'il appelait, avec un humour macabre, l'*élixir d'hérédité*. Pure invention sans doute, car l'auteur, exalté, doué d'une prodigieuse imagination, laisse l'impression de ne pas avoir toutes ses facultés[1]...

On reçut bientôt des informations plus précises. En septembre 1664, la police traqua un marchand nommé Bourguignon, venu de Brest afin de faire périr le souverain « en empoisonnant des volailles, sous prétexte d'avoir une méthode de leur donner un goût plus délicieux qu'elles n'ont d'ordinaire, et des poudres et des gants de senteur[2] ». Il cherchait à entrer en contact avec des officiers de la « bouche » et du « gobelet » ou encore avec un valet de chambre du roi. Cet individu demeura malheureusement introuvable, et l'affaire n'eut pas de suite.

Depuis l'assassinat d'Henri IV, les autorités étaient sur le qui-vive. Le meurtre du roi était le crime abominable par excellence, assimilable à la fois à un crime de lèse-majesté divine, puisque dans la doctrine monarchique le roi était l'Oint du Seigneur (celui qui avait reçu l'onction sainte à Reims, lors de son sacre), et à un crime de parricide, le monarque étant considéré comme le père de ses peuples. Ceci explique, bien entendu, l'atmosphère de mystère impénétrable dont la police politique entourait ces entreprises. Tout devenait secret d'Etat lorsqu'on approchait la personne royale. Ce souci de sécurité, observe l'historien Claude Quétel, alimenta à lui seul « une bonne moitié des lettres de cachet politiques[3] », ces lettres d'incarcération que le roi pouvait signer, au nom de sa fonction de justicier suprême, sans avoir à s'expliquer.

On n'ignore pas non plus que la plupart des contemporains attribuèrent au poison la mort foudroyante à vingt-six ans de la duchesse d'Orléans, Henriette d'Angleterre, belle-sœur de Louis XIV. Au château de Saint-Cloud, après avoir bu un verre d'eau de chicorée que lui avait apporté la marquise de Gamaches, elle poussa un cri de douleur : « Ah, quel mal ! Je n'en puis plus. » Assaillie de violentes nausées, elle se mit à suffoquer, l'estomac en feu. Tout le monde pensa à un empoisonnement et l'on donna à boire le reste de l'eau à un chien qui n'eut aucun malaise. Néanmoins, on fit prendre à la princesse de la poudre de vipère, l'un des meilleurs antidotes connus. Mais son mal demeurait. On l'avait étendue sur un lit, livide, la chemise ouverte et souillée. Bientôt, son état parut désespéré. Elle communia, reçut l'extrême-onction et expira dans la nuit du 29 au 30 juin 1670, en embrassant un crucifix. Elle venait de revenir d'Angleterre, où elle avait joué un rôle essentiel dans la négociation et la signature du traité secret de Douvres, unissant la France et l'Angleterre contre les Provinces-Unies (1er juin).

Bossuet, dans sa pathétique Oraison funèbre, évoquera la « nuit désastreuse, la nuit effroyable où retentit tout à coup, comme un éclat de tonnerre, cette étonnante nouvelle : Madame se meurt, Madame est morte ! Qui de nous ne se sentit frappé à ce coup ? (...) Madame cependant a passé du matin au soir, ainsi que l'herbe des champs. Le matin, elle fleurissait, avec quelles grâces, vous le savez. Le soir, nous la vîmes séchée »... Jamais l'émotion n'avait été aussi intense à la Cour.

La jeune princesse avait nombre d'ennemis. Elle se sentait menacée par son mari, Philippe d'Orléans, frère du roi, surtout depuis qu'elle avait obtenu l'exil à Rome de son mignon, le cynique chevalier de Lorraine[4]. Leurs disputes étaient fréquentes. Sans doute faut-il écarter la culpabilité du prince, personnage inconstant, mou, puéril, efféminé, bavard, incapable d'un crime. Mais que dire de son entourage ? Pour la seconde Madame, Elisabeth Charlotte de Bavière, princesse Palatine, pour le duc de Saint-Simon, l'assassinat aurait été commis, à l'insu de Philippe, par le marquis d'Effiat, avec sans doute la complicité du comte de Beuvron. Le poison subtil, qui aurait contaminé la tasse, non le breuvage, aurait été choisi par le chevalier de Lorraine et porté de Rome à Paris par un gentilhomme provençal, Morel de Volonne. Malheureusement, les récits de la Palatine et de Saint-Simon sont très tardifs, nourris de rumeurs fantaisistes, infirmées souvent par les faits, comme l'ont montré postérieurement les historiens, d'Arthur de Boislile à Louis Hastier[5].

L'autopsie, pratiquée sur ordre du roi par d'éminents médecins et chirurgiens français et anglais, ne donna aucun résultat concluant. On trouva son foie jaunâtre et tout brûlé, s'en allant en miettes, le rein gauche un peu flétri, l'estomac couvert d'humeurs bilieuses fort épaisses, le poumon gauche adhérant aux côtes et laissant écouler un liquide sanguinolent et purulent.

Les médecins contemporains qui se sont penchés sur cette énigme ne croient pas à une mort par empoisonnement, mais leur diagnostic diffère : s'agit-il d'une « affection tuberculeuse », d'une « péritonite par perforation d'un ulcère gastrique ou duodénal », d'une « péritonite sans perforation mais par exsudation », d'un cas rare de « péritonite biliaire »[6] ? Le décès de la jeune et rayonnante belle-sœur de Louis XIV, vive et spirituelle, l'une des plus poétiques figures de la Cour, était en tout cas la conséquence logique d'une santé très fragile, toujours chancelante. Bien avant d'avoir absorbé le fatal verre de chicorée, elle se plaignait de douleurs d'estomac et de points de côté. Elle souffrait sans doute depuis longtemps d'une cholécystite aiguë.

Quelques mois plus tard, la disparition du ministre et secrétaire d'Etat aux Affaires étrangères, Hugues de Lionne, donna lieu également à bien des rumeurs. Sa femme, née Paule Payen, offrait le spectacle navrant d'une vie si scandaleuse que le roi avait exigé du mari de la faire enfermer au couvent. Ne disait-on pas qu'elle partageait avec sa fille, la marquise de Cœuvres, les faveurs du comte de Saulx et qu'on avait surpris un jour, couchés dans le même lit, la mère, la fille et l'amant ? Le 26 juillet 1671, donc, d'ordre de M. de Lionne, la ribaude fut arrêtée par un exempt et douze gardes et conduite, dès le lendemain, à l'abbaye de Port-Royal à Paris. « La vie désordonnée de sa femme, déréglée et peu honnête, et la dissipation qu'elle faisait de son bien, l'ont forcé d'en venir là », note dans son journal un contemporain, l'abbé Bouillaud. Mme de Sévigné renchérit : « Sa sorte de malhonnêteté était une infamie scandaleuse. » Curieuse coïncidence : quatre semaines plus tard, le malheureux ministre tombait malade, « travaillé » par une méchante fièvre tierce. Le 5 septembre, il rendait l'âme en son hôtel parisien[7].

Le 7 juin 1673, le décès subit à quarante ans du comte de Soissons, à Unna en Westphalie, éveilla de même bien des soupçons. « La perte du comte de Soissons, écrivait l'ambassadeur Michel au doge de Venise le 20, afflige tout le monde. Il se faisait transporter à Wesel, se trouvant un peu soulagé d'une indisposition légère, lorsqu'il fut surpris par un accident mortel, suite d'un abcès intérieur[8]. » On l'avait découvert sans vie dans son carrosse. Sa maladie avait duré trois jours à peine et il s'était cru empoisonné. Sa mère, la princesse de Carignan, supposant que son fils n'était pas mort naturellement, avait exigé une autopsie. On lui avait trouvé le corps tout « cicatrisé[9] »... On soupçonna aussitôt sa femme, Mme la Comtesse, qui menait joyeuse vie en compagnie de sa sœur, Marie Anne Mancini, duchesse de Bouillon, du duc de Villeroy et de M. de Vendôme. Cette Olympe Mancini, l'une des sept *mazarinettes*, nièces du cardinal Mazarin, vive, mutine et piquante, avait été dans sa jeunesse l'égérie de Louis XIV. Elle passait alors pour la maîtresse d'un ancien page de son mari, Tory, enseigne à la compagnie générale du régiment des Suisses. On ne put rien prouver. Le 15 juillet, un gentilhomme, Marsilly, informait son ami Louvois, secrétaire d'Etat à la Guerre : « La Comtesse est malade et accablée de fluxions. Le bruit, qui s'est répandu que M. le Comte, en mourant, avait dit qu'il se croyait empoisonné, court toujours[10]. »

Pour excessives qu'elles fussent parfois, ces rumeurs n'étaient pas sans fondement. Cette même année 1673, les pénitenciers de Notre-Dame, tout en respectant le secret et l'anonymat de la confession, avaient averti discrètement les autorités « que la plupart de ceux qui se confessaient à eux depuis quelque temps s'accusaient d'avoir empoisonné quelqu'un ». Le nouvelliste qui avait relaté le fait ajoutait : « On pense que cela produira un règlement de M. le lieutenant de police sur la facilité de vendre et d'acheter du poison[11]. »

En 1676 encore, l'ambassadeur de France à Vienne se faisait l'écho d'un « bruit assez public » selon lequel l'impératrice Claude Félicité d'Autriche-Tyrol aurait été empoisonnée[12]. Et, en décembre 1677, Louis XIV écrivait à la reine de Pologne, Marie Casimire de La Grange d'Arquiem, épouse de Jean Sobieski : «Je loue Dieu de l'heureuse découverte du poison mêlé dans le sucre du café qu'on vous devait servir (...). Je vous conjure d'en profiter comme d'un avertissement du Ciel pour la conservation de votre personne et de celle du roi de Pologne[13].»

Le vaste et foisonnant procès de 1679, qui prit le nom d'affaire des Poisons, ne faisait donc que mettre au jour des mœurs et des pratiques en usage depuis de longues années. Parce que la plupart des empoisonnements ont été attribués à des femmes désireuses de se débarrasser d'un mari fâcheux, d'un père encombrant, d'un frère trop riche ou d'un amant volage, on a voulu y voir une conséquence de la condition féminine de l'époque. Dans la société aristocratique comme dans la société bourgeoise, le mariage, on le sait, n'était au XVIIe siècle qu'une association d'intérêts, arrangée au gré des parentèles et des clans familiaux. La position sociale, les sacs d'écus et la dot primaient, l'amour étant le dernier élément à entrer en ligne de compte. Aussi n'était-il pas étonnant de voir quantité de ménages malheureux, mal assortis, de couples désunis ou séparés. Nombre de ces dames aspiraient au veuvage. Si les hommes se libéraient aisément de la contrainte matrimoniale en prenant une ou plusieurs maîtresses, les pauvres épouses, étroitement surveillées dans la demeure conjugale, rendaient plus difficilement à leur mari la monnaie de leur pièce. La femme adultère risquait, en effet, une réclusion d'une ou deux années dans un hôpital général ou un couvent. Si l'époux ne daignait pas la reprendre, elle était rasée et enfermée pour le reste de son existence.

Les désordres de la Fronde, en troublant la paix des foyers ou en jetant les hommes sur les champs de bataille, apportèrent aux femmes une grande liberté de mouvement, qui leur avait fait jusqu'alors si cruellement défaut. Mais l'ère des mœurs faciles fut de courte durée. A la fin de la guerre civile, « les passions comprimées devinrent plus violentes, écrit l'historien et archiviste François Ravaisson, beaucoup de femmes ne purent se soumettre à ce joug et employèrent les moyens les plus extrêmes pour le secouer, malgré tous les périls, et ils étaient grands[14] ». Ainsi s'expliqueraient les vagues d'empoisonnements qui déferlèrent pendant le règne de Louis XIV.

A l'amour ou la haine, on doit naturellement ajouter, parmi les mobiles de ces crimes, la cupidité, la jalousie passionnelle. Pour garder son rang et son style de vie, il fallait de l'argent, énormément d'argent ; les équipages, la domesticité, les toilettes, dentelles, brocarts, habits brodés d'or étaient fort onéreux ; la mode changeait vite ; le jeu faisait partout ses ravages et les successions tardaient à s'ouvrir. Que d'héritiers impatients de la disparition de leurs parents avares n'avait-on pas vus en quête de la fameuse « poudre de succession » destinée à hâter les décrets de la divine Providence !

Ces données psychologiques permettent à coup sûr d'éclairer les motivations secrètes de maints crimes perpétrés à cette époque. Elles ne sauraient cependant fournir une explication totalement satisfaisante de cette affaire, que l'on a eu jusqu'ici par trop tendance à reléguer dans la galerie des crimes célèbres ou des drames de la petite histoire[15]. Par son ampleur et sa résonance, celle-ci révèle une crise sociale d'une profondeur insoupçonnée, affectant à peu près tous les milieux, de la Cour à la ville, de la ville à la campagne. Sous le léger vernis de la civilisation classique, elle laisse deviner un monde qui n'a pas encore exorcisé les angoisses collectives, les fantasmes, les superstitions obsédant l'humanité depuis la nuit des temps. L'effrayante et monstrueuse «sorcière» du Moyen Age, décrite par Michelet, est une allégorie qui, à l'époque, hante encore l'imaginaire. Elle habite les bas-fonds de Paris mais vient rôder sous les lambris dorés des demeures royales. En effet, s'il s'agissait seulement de poisons ! Des astrologues, des devins et devineresses, des faiseuses d'anges, des faux-monnayeurs, des alchimistes, des maîtres chanteurs, des prêtres dévoyés, des bergers envoûteurs se trouvent aussi impliqués dans ce gigantesque procès.

On observe une assez grande similitude dans les habitudes et comportements de la clientèle des sorciers et empoisonneurs. A côté des petites gens, nombreux à vouloir assouvir leurs querelles personnelles, les personnes de la haute société – en général des femmes – fréquentaient innocemment le logis des devineresses dans les quartiers proches des remparts ou les faubourgs de la capitale pour se faire dire la bonne aventure. Elles s'y rendaient à pied, le visage masqué, laissant domestiques, carrosse ou chaise à porteurs à distance. S'avançant à la nuit tombante, telles des ombres soyeuses, elles évitaient de faire crisser les graviers des allées. Des rendez-vous étaient également pris dans de discrètes églises, où fumaient quelques cierges pauvrets.

Cette pratique était monnaie courante à l'époque. Lors de la naissance de Louis XIV, comme lors de celle de ses prédécesseurs, n'avait-on pas tenu à lire son destin dans les astres ? Le dominicain calabrais Tommaso Campanella, qui vivait alors en France et conseillait Richelieu, avait dressé son horoscope[16], tout comme l'astronome Jean-Baptiste Morin et le jurisconsulte néerlandais Hugo Grotius. A cet égard, le fossé culturel n'était pas si grand entre les élites et le petit peuple. On ne s'étonnera donc pas que l'industrie florissante des exploiteurs de la crédulité publique ait eu pignon sur rue. Relisons la fable de ce bon M. de La Fontaine :

> Une femme à Paris faisait la pythonisse ;
> On l'allait consulter sur chaque événement ;
> Perdait-on un chiffon, avait-on un amant,
> Un mari vivant trop au gré de son épouse,
> Une mère fâcheuse, une femme jalouse,
> Chez la devineuse on courait
> Se faire annoncer ce que l'on désirait.

Un voyageur italien, arrivé en 1673, Jean-Baptiste Primi Visconti, esprit curieux et cultivé, grand amateur d'occultisme, a conté dans ses *Mémoires* la façon dont il s'était amusé à abuser de la naïveté des grands seigneurs et des femmes de la haute société, leur débitant des balivernes en regardant les lignes de leurs mains, leur tirant des horoscopes et leur prédisant l'avenir au petit bonheur, non sans s'être informé au préalable à droite et à gauche de leur passé et de leurs goûts. Il les dupait tous gentiment, à commencer par la reine Marie-Thérèse, la seconde Madame, princesse Palatine, la Grande Mademoiselle, la comtesse de Soissons, les marquises d'Alluye ou de Vassé... Sa faconde plaisait au roi, et il rencontrait un grand succès dans le monde, accablé d'invitations et de questions. On ne s'étonnera pas qu'il ait prêté une attention toute particulière à l'affaire des Poisons, qu'il relate avec des détails ignorés des autres mémorialistes. De surcroît, son témoignage est d'importance pour connaître les réactions de la Cour aux multiples rumeurs qui coururent sur les procès, dont le roi voulait garder le secret[17].

A vrai dire, des pythonisses célèbres comme la Voisin, la

Bosse, la Vigoureux, la de La Grange ou La Trianon ne se contentaient pas de spéculer sur la crédulité publique en dessinant d'obscures et fantaisistes figures astrologiques, en lisant dans les lignes de la main ou en regardant dans un verre d'eau les arrêts du destin (à l'époque, on ne tirait pas encore les cartes). Elles exerçaient d'autres activités, recherchaient les trésors enfouis, s'adonnaient à l'alchimie, distillaient de l'arsenic et des plantes vénéneuses. Certaines ne répugnaient pas à pratiquer des avortements. Toutes fournissaient à leur clientèle naïve et assidue aphrodisiaques, onguents, recettes de beauté, eaux médicinales pour le teint, pommades miracle à base d'huile de talc. Toutes recommandaient les ingrédients les plus extravagants : de la poudre d'étrille de chevaux pour soigner les blessures profondes, des pommes de chardon pour combattre les hémorroïdes, de la fiente de paon contre les épilepsies, du sperme de grenouille contre les vomissements, du sang menstruel pour guérir les cors aux pieds, des cendres d'abeille pour faire repousser les cheveux, de l'huile de fourmi contre la surdité, du sel de cloporte et de ver de terre contre la goutte, etc. L'ingénuité du bon peuple était telle que, parmi ces gens sans aveu, on trouvait des escrocs faisant commerce de « pistoles volantes » qui, par un tour de passe-passe, devaient revenir dans la poche de leur propriétaire après usage !

Des siècles de christianisme n'avaient pas entamé le vieux fond de paganisme et de superstition, où se mêlaient les croyances les plus incongrues, plus ou moins admises par l'Eglise. Des entremetteuses récitaient des neuvaines à un prétendu saint Rabon pour « rabonnir » un mari (le nom venait en réalité de l'exclamation de Marie-Madeleine rencontrant Jésus ressuscité au matin de Pâques : *Rabbouni !* – Très cher maître !), d'autres invoquaient le bon saint

Denis pour réconcilier un ménage désuni, sainte Ursule pour les femmes battues ou sainte Marguerite pour un accouchement difficile. Le culte des saints était d'ailleurs largement favorisé par la Contre-Réforme catholique, en réaction contre la piété austère du protestantisme. On raconte qu'une femme, ayant fait une prière à saint Nicolas de Tolentin pour la conversion de son mari, le vit expirer au bout de huit jours. « Voilà un bien bon saint qui donne plus qu'on ne lui demande ! », s'écria-t-elle.

Lorsque les prières se révélaient inefficaces, on recourait à la magie blanche pour forcer le destin. Les devins et charlatans utilisaient charmes, talismans, miroirs magiques, figures constellées, figurines transpercées d'aiguilles, objets ou ossements ayant appartenu à des suppliciés. Ils récitaient des formules cabalistiques pour conjurer le mauvais œil ou lever des trésors enfouis à cause des guerres de religion ou des troubles de la Fronde. Ils vendaient des plantes aux propriétés mirifiques, concoctaient des philtres d'amour composés de substances provenant du corps de celui ou de celle dont on voulait obtenir les bonnes grâces : rognures d'ongles, sang, sueur, urine, sperme. Les militaires appréciaient un talisman qui leur permettait de revenir sains et saufs du combat. Pour conjurer le mauvais sort, les joueurs se procuraient une « main de gloire », c'est-à-dire la main coupée et desséchée d'un pendu...

De la magie blanche, on passait à la magie noire avec ses sabbats réels ou supposés, ses envoûtements maléfiques, ses pratiques ténébreuses, ses rites démoniaques, ses invocations à Satan, Baalberit, Belzébuth, Baalin, Astaroth ou Asmodée. N'oublions pas que les bûchers flamboyaient encore par centaines en Europe. Pour comprendre cette atmosphère sulfureuse de sorcellerie dont témoignent les innombrables traités de démonologie (celui du grand juriste Jean Bodin, paru en 1580, *De la démonologie des sorciers*, tenait pour avéré le déplacement sur des manches à balai des sorcières qui se rendaient au sabbat), il faut rappeler que l'on croyait alors autant au diable qu'au bon Dieu. Dans la cosmogonie manichéenne de l'époque, on se représentait le monde comme l'enjeu d'un fantastique combat entre le malin et ses créatures infernales et Dieu et ses anges fidèles. Lorsque ceux-ci ne répondaient pas aux sollicitations, on ne craignait pas de frapper à la porte de ceux-là. Leurs cultes étaient complémentaires. On demandait au prêtre, investi par nature, croyait-on, d'une puissance magique, de brûler des fagots dans des intentions criminelles, de réciter la messe sur les objets les plus divers : pactes avec le diable, effigies en cire, cordes de pendu, cartes à jouer, poudres d'amour, arrière-faix (placentas), coiffe d'un enfant né coiffé, etc. A la Cour, Primi Visconti s'étonnait des désirs des ducs de Brissac et de Nevers de voir le diable.

Tout ceci donnait lieu à des conjurations qui nous paraissent aujourd'hui de ridicules momeries : «Alpha, Agla, Ley, au nom de la clavicule de Salomon et du livre que Dieu présenta à Moïse, et toi, Alpha, et toi, Agla, et toi, Ley, je te fais commandement de la part du grand Dieu vivant, qui a créé le ciel et la terre, les quatre éléments, le Saint-Esprit, la Sainte-Trinité du paradis, que tu aies à faire voir telles et telles choses[18]... » Autre formule d'une puérilité navrante qui se trouvait dans les livres de magie : «Calin, Cala, Gratin, Grata, par les évangiles de Dieu et par la virginité qui est devant toi[19]... »

Beaucoup plus graves étaient les fameuses messes noires dites en commençant par la fin, avec des chandelles noires et des hosties de même couleur, car le prince des Ténèbres était considéré comme la réplique négative de Dieu. Elles étaient célébrées la nuit en secret, à la sauvette, dans des caves ou ruines isolées, par des prêtres apostats sur le corps dénudé d'une femme et donnaient lieu à des profanations d'hosties consacrées pour se terminer dans des scènes orgiaques. Délire des sens et folie homicide. Les plus horribles s'accompagnaient en effet de sacrifices rituels de jeunes enfants, nourrissons nés avant terme ou provenant d'un accouchement clandestin. On raconte qu'une petite mendiante de treize ans, qui avait été conduite à l'une de ces cérémonies, en était morte de frayeur[20].

La messe noire ne consistait pas en une parodie du culte religieux volontairement tourné en dérision par des esprits libertins ou impies. Chez ceux qui la pratiquaient, il y avait à la fois un désir de sacrilège – car les sataniques comme les fidèles croyaient au saint sacrifice de la messe – et une tentative de récupération du rite au profit du culte diabolique. Pour inquiétant qu'il fût, ce phénomène restait limité. Ces brebis galeuses – quelques dizaines d'ecclésiastiques, névrosés, paillards – ne sauraient évidemment faire oublier les milliers de prêtres, issus des Lazaristes, de l'Oratoire ou d'autres ordres, qui s'efforçaient dans le sillage du Concile de Trente d'apporter un souffle de renouveau et de sainteté à l'Eglise.

On en arrivait aux empoisonnements proprement dits, l'arme perfide par excellence, celle des lâches et des faibles. « La mort par empoisonnement, comme l'explique l'historien Denis Crouzet, est comme une mort volée ; elle n'est pas la mort de l'individu, elle est la mort dont il est privé et qui, sous le regard des spectateurs horrifiés, s'approprie les stéréotypes de l'imaginaire de la possession démoniaque, d'une aliénation inquiétante[21]. » Les contrats – le terme est d'époque – s'élevaient parfois à plusieurs milliers de livres. Rien de plus facile que ce genre de crime en un siècle où la science toxicologique était encore balbutiante. Ce ne sera qu'avec l'affaire Lafarge (1840), grâce à l'appareil de James Marsch, modifié par le médecin légiste Mathieu Orfila, que l'on parviendra à détecter la trace de l'arsenic.

Or, précisément, l'arsenic – le « roi des poisons[22] » – avait la faveur du Grand Siècle. N'ayant aucun goût suspect, n'altérant en rien les aliments ou les boissons, on le servait en poudre ou en solution concentrée d'acide arsénieux. Administré à petites doses, il avait l'avantage – si l'on peut dire – de prolonger la victime et de faire croire à une fin naturelle. Cette propriété était largement exploitée. Sa vente n'étant pas réglementée, n'importe qui pouvait s'en procurer chez l'apothicaire. On en imprégnait des chemises, des peignes, des chaussons. Appliqué sur l'épiderme, il provoquait des éruptions et des ulcérations.

On utilisait aussi ses composés sulfureux : le réalgar (sulfure rouge) et l'orpiment (trisulfure jaune). Le sublimé (bichlorure de mercure) plaisait moins en raison de sa saveur caustique. On faisait en revanche grand usage de différents acides, solution d'eau-forte (acide nitrique), huile de vitriol (acide sulfurique), administrés en lavements afin de ne pas éveiller les soupçons. Dans la même catégorie de poisons minéraux, citons l'antimoine, le vert-de-gris, la poudre de diamant (c'était dans ce dernier cas payer bien cher le crime, pour des chances de succès limitées, puisque le diamant n'est que du carbone pur...).

Par ailleurs, les empoisonneurs disposaient d'un répertoire varié de poisons végétaux et de plantes vénéneuses : grains d'opium, eau de pavot, stramoine ou *herbe au diable*, racines de mandragore, graines d'ivraie, ciguë, morelle noire, dite encore *tue-chien* ou *raisin de loup*, pignon blanc, belladone, digitale, épurge ou *herbe aux gueux*, dont le mélange donnait d'ingénieuses préparations.

Outre les plantes vénéneuses, ils avaient recours parfois aux poisons animaux : la poudre de cantharide (mouche d'Espagne), réputée pour ses propriétés pseudo-aphrodisiaques – ainsi entrait-elle dans la composition des «philtres d'amour» –, mais dont l'absorption pouvait provoquer la mort, le venin de vipère, la poudre de crapaud, les produits les plus répugnants étant censés être les plus dangereux. Une recette très appréciée consistait à tuer un gros crapaud en le gavant d'arsenic ou de vert-de-gris et à recueillir les liqueurs provenant de sa putréfaction. Ces drogues combinées à une substance organique n'en devenaient que plus toxiques : tel était le poison des Borgia... Les crapauds se marchandaient dans les boutiques d'herboristerie de la Halle à Paris. Certains empoisonneurs, comme l'abbé Guibourg, avaient une autre recette : «On enfermait un crapaud dans une petite boîte à laquelle on faisait des petits trous et qu'on mettait dans un trou en terre sans couvrir, et les fourmis entrant dans la boîte par les trous faisaient mourir le crapaud, et le crapaud ainsi mort, et les fourmis qui en mouraient étant séchées, l'on en faisait une poudre qui était un excellent poison[23].»

A côté des enseignements exceptionnels qu'elle apporte à l'histoire des mœurs du Grand Siècle, l'affaire des Poisons laisse entrevoir des zones d'ombre et d'inquiétants mystères, d'autant plus irritants pour les historiens qu'une partie des pièces de la procédure ont été volontairement détruites par ordre de Louis XIV. Secret du roi, secret d'Etat ! En son cœur, comme le plus inaccessible, se trouve le cas de Mme de Montespan, chargée par plusieurs des inculpés. Sur elle pèsent les plus graves soupçons, que l'on a voulu étouffer et cacher à la postérité. A-t-elle réellement fréquenté les sorcières et empoisonneuses ? A-t-elle fait prendre à son royal amant des aphrodisiaques ? A-t-elle prêté son corps à des messes noires ? A-t-elle recherché la mort de la première favorite, Mlle de La Vallière ? Est-elle responsable, quelques années plus tard, de la disparition de sa nouvelle rivale, Mlle de Fontanges ? A-t-elle enfin, comme certains aveux le laissent penser, commandité, dans un moment de colère et de dépit amoureux, l'empoisonnement du roi ? Ou bien ces accusations proférées par quelques prisonniers n'ont-elles eu pour objet, en la compromettant, que de les sauver du bûcher ?

Malgré les lacunes de la documentation, volontairement expurgée, les chercheurs ne sont pas totalement démunis. L'immense dossier – correspondances, états de scellés, centaines de procès-verbaux d'interrogatoires et de tortures – fait partie intégrante des « archives de la Bastille », conservées à la bibliothèque de l'Arsenal. La majeure partie de ces pièces ont été publiées au XIXe siècle par un conservateur, François Ravaisson, qui avait eu l'heureuse surprise vers 1850 de les découvrir en soulevant quelques lattes du parquet de la cuisine de son logement de fonction, dont il avait entrepris la réfection. « Le hasard, raconte l'historien Frantz Funck-Brentano, lui fit mettre la main sur une lettre de cachet. Il comprit qu'il venait de mettre au jour un trésor perdu. Un travail de cinquante années fut nécessaire pour rétablir péniblement le classement que les vainqueurs du 14 juillet et les déménagements avaient détruit. » Six cent mille pièces – toutes les archives de la Bastille conservées en France – avaient été entassées dans ce sous-sol obscur en 1798, où elles avaient été oubliées. Les tomes 4 à 7 de la publication de Ravaisson sont entièrement consacrés à ce drame. Même si ses commentaires sont assez fréquemment dénués d'esprit critique

– il voit partout du poison et des empoisonnements – et si son travail comporte également quelques erreurs, il reste que les documents publiés forment la source essentielle de cette affaire. Le département des manuscrits de la Bibliothèque nationale de France conserve en outre des pièces de grande importance, notamment les notes personnelles, partiellement inédites, du lieutenant général de police Gabriel Nicolas de La Reynie. Elles sont d'autant plus précieuses qu'elles viennent combler certaines lacunes cruciales, résumant des interrogatoires confidentiels, supprimés par le roi au printemps de 1709. Au Service historique de la Défense, la volumineuse correspondance du secrétaire d'Etat à la Guerre, le marquis de Louvois, qui s'intéressa tout particulièrement au déroulement des procès, permet aussi d'en mieux suivre les méandres. Grâce à l'ensemble de ces précieuses archives, il est possible aujourd'hui de faire – au moins en partie – la lumière sur l'une des plus étranges et irritantes énigmes de l'Histoire.

PREMIÈRE PARTIE

LA CHASSE AUX SORCIÈRES

I

Le prologue du drame

Place de Grève

Ce 16 juillet 1676, au crépuscule, les quais menant de la Conciergerie à Notre-Dame étaient noirs d'une foule dense, grouillante et impatiente. Badauds, bourgeois ou nobles, tous attendaient de voir la marquise de Brinvilliers, coupable de parricide et de fratricide, faire amende honorable à l'entrée de la cathédrale, avant d'être exécutée en place de Grève, devant l'Hôtel de Ville. Son statut social, celui de membre de la grande noblesse robine, l'horreur de ses crimes rendaient le spectacle particulièrement attrayant. Vers six heures du soir, un tombereau garni de paille – un de ces étroits tombereaux qui servaient au transport des gravats – arriva, soigneusement encadré par une escouade d'archers à cheval, qui se frayaient un chemin à coups de fouet. Bientôt, l'attelage s'immobilisa. Une femme frêle, menue, en descendit, accompagnée d'un prêtre portant à bout de bras un crucifix qu'elle ne cessait de regarder. Pieds nus, mains liées, cheveux défaits, elle était vêtue d'une camisole de toile blanche empesée – la chemise des pénitents –, une corde de chanvre au cou. Sa cornette assez haute laissait entrevoir un visage décomposé, aux yeux hagards. Alors que fusaient les huées et les imprécations, le bourreau de Paris André Guillaume et son aide la poussaient jusqu'aux premières marches du portail central, ouvert à deux battants. Elle s'agenouilla, tenant entre ses mains liées une lourde torche de cire dont la flamme grésillait. Le silence se fit. Elle répéta mot à mot le texte que lui lut le greffier Drouet : «Je reconnais que méchamment et par vengeance j'ai empoisonné mon père et mes frères... et attenté à l'empoisonnement de ma sœur... pour avoir leurs biens... dont je demande pardon à Dieu, au roi et à la justice.»

Maître Guillaume la fit relever, lui prit la torche et la hissa à nouveau dans la charrette d'infamie, la basculant sur la paille. Le tombereau s'ébranla lentement en direction de la place de Grève. Là encore la foule se serrait devant un échafaud et un bûcher. Les fenêtres et les toits avaient été loués à prix d'or. Une dernière fois le prêtre, le père Pirot, l'exhorta à confesser ses crimes : «Si vous en savez plus que vous n'en avez dit, vous ne pouvez espérer de salut...» Elle répondit qu'elle avait tout avoué. Elle gravit les marches raides de l'échelle et se recueillit quelques instants sur la plate-forme. Puis le bourreau lui enleva sa cornette, s'empara de sa chevelure épaisse qu'il coupa et la rasa. Sa chemise échancrée dénudait ses épaules. Elle s'agenouilla, les yeux bandés. L'abbé Pirot entonna le *Salve Regina*, repris par l'assistance. Maître Guillaume dissimulait sous son manteau un long glaive. Elle récita docilement après lui : «Jésus, Marie, ayez pitié de moi. J'abandonne mon corps qui n'est que poussière et le laisse aux hommes pour le brûler, le réduire en cendres et en disposer comme il leur plaira, avec une ferme foi que vous le ferez ressusciter un jour et que vous le réunirez à mon âme...» A peine eut-elle fini que la lame siffla. La tête vacilla et le tronc s'affaissa. Le bourreau porta le corps jusqu'au bûcher que l'on avait allumé avec des bouchons de paille. Puis il prit la tête encore bandée et la jeta dans le brasier vorace...

Marie-Madeleine, marquise de Brinvilliers

Le procès de la marquise de Brinvilliers, cette fille, cette épouse, cette mère dénaturée, est celui qui a le plus contribué à entretenir le climat de suspicion et de hantise du poison qui sévissait au Grand Siècle. Il mérite qu'on s'y arrête, non seulement en raison de la singularité monstrueuse qu'il représente dans les annales du crime, mais parce qu'il eut un immense retentissement à l'époque et qu'il constitua le prologue de l'abominable drame des Poisons qui allait éclater peu après.

Née à Paris le 22 juillet 1630, Marie-Madeleine d'Aubray était l'aînée des cinq enfants de Dreux d'Aubray, seigneur d'Offémont et de Villiers-sur-Orge, conseiller d'Etat, maître des requêtes, lieutenant civil de la ville, prévôté et vicomté de Paris. Cette dernière charge en faisait le premier magistrat et le premier officier de police de la capitale. Il siégeait au Châtelet, la plus ancienne juridiction de Paris, dont la compétence s'étendait au civil comme au criminel. Richement dotée de deux cent mille livres, Marie-Madeleine épousa à vingt et un ans, le 20 décembre 1651, Antoine Gobelin, mestre de camp au régiment d'Auvergne[1], issu de cette lignée de « marchands teinturiers en écarlate » anoblie en 1546, qui donna son nom à la célèbre manufacture royale de tapisserie. Antoine Gobelin jouissait d'une belle fortune, avec trente mille livres de rentes, un hôtel particulier à Paris, rue Neuve-Saint-Paul[2], et en province les terres de Sains, de Morainvilliers, du Quesnoy ainsi que le fief picard de Brunvillers-la-Motte (ou Brinvilliers), érigé en marquisat en mai 1660.

C'était une femme assez jolie que la jeune marquise : la peau très blanche, la taille petite et fort menue, le visage encadré d'épais cheveux châtains, fascinante par l'étrange suavité de son regard azuré. Avec « sa figure modeste, disait la princesse Palatine, elle était toute mignonne et douce de sa personne ». En réalité, sous un caractère aimable, plutôt enjoué, se dissimulaient un orgueil dominateur et une sensibilité maladive, qui la faisaient agir avec impulsivité et violence.

Elle ne manquait pas de courage, observait son confesseur, l'abbé Pirot, qui fut celui qui connut le mieux son âme ténébreuse, mais elle était inconstante, légère, « se rebutant quand on lui parlait souvent d'une même chose ». De plus, sensuelle, profondément perverse et vicieuse. Dans une confession manuscrite rédigée ultérieurement, elle avouera avoir été déflorée à l'âge de sept ans : terrible traumatisme physique et psychique, on l'imagine, qui explique sans doute en partie, comme le souligne sa dernière biographe, Jeanine Huas, son comportement déréglé[3]. Elle s'accusa aussi d'avoir eu des relations incestueuses avec ses frères Antoine et François Dreux, ses futures victimes. De ses sept enfants, trois seulement étaient légitimes, les autres de deux ou trois de ses amants... Elle avait, il est vrai, l'excuse d'un mari volage et complaisant, grand coureur de tripots et de tavernes.

En 1659, celui-ci lui présenta un de ses amis, compagnon de guerre, bâtard de noble famille gasconne, Jean-Baptiste Gaudin de Sainte-Croix, ancien capitaine au régiment de Tracy. De bonne taille, la jambe bien faite, beau parleur et impertinent comme un petit marquis, ce blondin aux yeux bleus était un fieffé libertin, dépensier et débauché, cachant sous le vernis du parasite mondain une âme corrompue. «Il parlait divinement de Dieu auquel il ne croyait pas, écrit un contemporain, et, à la faveur de ce masque de piété (...), il paraissait avoir part aux bonnes actions, et il était de tous les crimes.»

Il arriva ce qui devait arriver : Sainte-Croix ne tarda pas à devenir l'amant de la jolie marquise. Les mariages d'inclination étaient rares au XVIIe siècle. Que le mari eût une maîtresse et la femme un galant ne choquait pas outre mesure, à condition que cela se fît avec discrétion. Mais que la femme s'affichât publiquement, avec cynisme et provocation, voilà qui dépassait le bon ton et les convenances.

L'insouciance du marquis de Brinvilliers, tout à ses fredaines, qui portait dignement ses cornes en compagnie d'une certaine dame Dufay, contraignit l'austère et intègre Dreux d'Aubray, père de la marquise, à intervenir dans le ménage. Il somma sa fille de mettre fin à cet amour coupable. Elle refusa. Vu sa charge de lieutenant civil, il ne lui fut pas difficile d'obtenir de la Cour une lettre de cachet. Ces lettres en effet, signées du roi et contresignées d'un secrétaire d'Etat, visaient à résoudre de manière feutrée, quand elles ne concernaient pas les affaires secrètes de l'Etat, le «désordre des familles». Le 19 mars 1663, Gaudin de Sainte-Croix était arrêté sur le Pont-Neuf dans le carrosse de la marquise et conduit à la Bastille. Simple avertissement! Le ruffian n'y resta qu'un mois et demi, et reprit la vie commune avec sa maîtresse, jurant de se venger.

Derrière les barreaux, il avait lié connaissance avec un prisonnier italien nommé Eggidio, autrement dit Gilles (appelé, par une corruption du langage, Exili). Ce gentilhomme de la reine Christine de Suède, chimiste et chercheur de la pierre philosophale, avait la réputation d'être «artiste en poisons», pour reprendre une expression du temps. Il quitta la Bastille peu après Sainte-Croix, fut accompagné à Calais par un exempt de la compagnie du guet, François Desgrez, et une escorte d'archers qui devaient jeter l'indésirable dans le premier bateau en partance pour l'Angleterre[4]. Il fut prompt à faire le voyage de retour et à se réfugier chez Sainte-Croix, dans son logis de l'impasse des Marchands-de-Chevaux, à deux pas de la place Maubert[5]. Il y resta quelques mois avant de disparaître. Il est possible que cet étrange Italien ait été le premier à enseigner à Sainte-Croix la science des poisons. Un autre de ses maîtres fut un chimiste suisse, très réputé à l'époque, Christophe Glaser, futur apothicaire du roi et du duc d'Orléans, qui donnait alors, devant un auditoire attentif, des cours publics au laboratoire du Jardin royal des Plantes. Glaser n'était pas un plaisantin. On lui doit d'importantes découvertes, entre autres le sulfate de potassium, appelé sel polychreste de Glaser, le chlorure d'arsenic, le nitrate d'argent fondu et le sous-nitrate de bismuth. Il venait d'achever la rédaction d'un volumineux *Traité de la chymie*, qui sera plusieurs fois réédité et fera date dans l'histoire de cette science.

Mais il s'était également penché sur la préparation de poisons très élaborés. On prétend – Sainte-Croix le dira et Mme de Brinvilliers le répétera – qu'il avait été envoyé vers 1655 en Italie par le surintendant Nicolas Fouquet pour en rapporter des végétaux très toxiques, notamment «quelques feuilles qu'on ne cueillait qu'au mois de mars, longues environ comme le pouce, ressemblant à celles de séné, mais un peu plus grandes [6]». Elles étaient destinées à

« l'accomplissement d'un grand dessein ». Fouquet, l'ami des Muses, le protecteur des poètes et des artistes, avait-il voulu se débarrasser de quelque gêneur ? On ne le saura jamais.

Sainte-Croix, élève assidu, profita pleinement des leçons de maître Glaser, qui tenait une officine dans la rue du Petit-Lion[7]. Bientôt, il se constitua un laboratoire d'alchimie avec un four à digestion, des vaisseaux de terre à long col, des fioles contenant des liqueurs et des poudres. Il s'y livrait à la préparation d'« eaux médicinales », à la fabrication de poisons avec des poudres de crapaud et de vipère et, naturellement, faisait commerce de ces remèdes. C'est ainsi qu'il fournit des drogues à M. de Mecklembourg, au fils du richissime Barthélemy Hervart, ancien contrôleur général des Finances, impatient d'hériter de son père, ainsi qu'à un chanoine de Notre-Dame, soupçonné d'avoir fait mourir en 1670 l'archevêque de Paris, Mgr Hardouin de Beaumont de Péréfixe, l'ancien précepteur de Louis XIV.

Il travaillait aussi à la pierre philosophale et à la transmutation du mercure en argent. Son rêve était de fabriquer de l'argent en grande quantité, de battre de fausses pièces de cinquante-huit sols et des écus blancs. A cet effet, il s'était associé à un financier véreux, prêteur sur gages, Alexandre Belleguise, commis puis caissier d'un fastueux et fort puissant personnage qui apparaîtra bientôt dans la procédure, Pierre Louis Reich de Penautier, receveur général du Clergé et trésorier général des états de Languedoc. Les conjurés avaient acheté du mercure, de l'eau-forte, du borax, du charbon de bois, des creusets et des mortiers, le tout « montant à 113 livres 3 sols pour un profit de 535 livres ». Un placement d'une jolie rentabilité !

La marquise, pendant ce temps, s'enfonçait chaque

jour davantage dans la ruine et le déshonneur. Elle s'enivrait comme un mousquetaire, fréquentait les tripots et perdait au jeu des sommes considérables. Comme son mari menait, de son côté, une vie analogue, le ménage fut vite contraint de vendre la plupart de ses propriétés, y compris l'hôtel particulier de la rue Neuve-Saint-Paul. Bientôt, Mme de Brinvilliers, poursuivie par ses créanciers, menacée par son amant qui lui réclamait sans cesse de l'argent, ne vit d'autre solution que le crime, et le plus abominable qui soit : empoisonner son père afin de recueillir sa succession, ou tout au moins une partie, le reste devant revenir à ses deux frères.

Sainte-Croix ne fit aucune difficulté à lui fournir des poisons, de « l'arsenic raréfié » et des compositions à base de crapaud[8]. Mais étaient-ils efficaces ? Pouvait-on en déceler les traces ? Méthodiquement, la marquise, déjà criminelle d'intention, les expérimenta sur des animaux. L'épreuve fut satisfaisante mais non concluante. Comment allait réagir le corps humain ? Elle se fit alors infirmière bénévole, rendant visite aux pauvres de l'Hôtel-Dieu, s'asseyant à leur chevet, sourire aux lèvres, et les réconfortant avec des tisanes aux vertus calmantes, des pâtés, un peu de vin ou des friandises, comme de la confiture de groseille... « Qui aurait cru, écrira plus tard le lieutenant général de police La Reynie, qu'une femme élevée dans une honnête famille, dont la figure et la complexion étaient faibles, avec une humeur douce en apparence, eût fait un divertissement d'aller dans les hôpitaux empoisonner les malades pour y observer les différents effets du poison qu'elle donnait[9] ? »

L'enchaînement des crimes

A l'hiver de 1665, lorsque sa recette fut au point, elle introduisit parmi la domesticité de son père un estafier nommé Gascon, fourni par l'inévitable Sainte-Croix. Ce tueur à gages administra au lieutenant civil, huit mois durant, du poison – probablement de l'arsenic – à petites doses afin que, sa santé déclinant progressivement, la mort parût parfaitement naturelle. Au début de septembre 1666, les nouvelles étaient alarmantes. Dreux d'Aubray était au plus mal. Sa fille affectueuse et prévenante vint le rejoindre en son château d'Offémont, en Picardie – il existe toujours –, et lui témoigna les marques les plus tendres de piété filiale. Par la même occasion, elle lui donna le coup de grâce en mêlant du poison à son bouillon de viande. Le malade eut de violents maux d'estomac, suivis de longs vomissements. Ramené d'urgence à Paris, il décéda le 10 septembre, à soixante-six ans, après avoir couché sur son testament sa chère enfant. Il fut inhumé dans l'église des pères de l'Oratoire, rue Saint-Honoré, au côté de son épouse. « Les plus grands crimes, écrit Mme de Sévigné, sont une bagatelle en comparaison d'être huit mois à tuer son père et à recevoir toutes ses douceurs où elle ne répondait qu'en doublant la dose[10] ! » Nul ne soupçonna la vérité. Les médecins de la famille attribuèrent la mort à une forte crise de goutte. Son fils aîné, Antoine d'Aubray d'Offémont, lui succéda dans sa charge de lieutenant civil. Mais celle-ci perdit une partie de ses prérogatives lorsque, en mars 1667, le ministre Colbert créa une nouvelle charge de lieutenant général de police qui fut confiée à un intègre magistrat, Gabriel Nicolas de La Reynie[11].

Ce premier succès incita la marquise à la récidive. Son mari était le seul obstacle à son mariage avec Sainte-Croix.

Il fallait qu'il disparût. Bientôt le mestre de camp ressentit d'intolérables douleurs qui l'empêchèrent de participer à la campagne militaire de 1668. Alors qu'il était cloué au lit, son épouse affectueuse lui apportait chaque jour une bonne tisane, veillant à ce qu'il la bût entièrement. Mais «Sainte-Croix, nous dit encore Mme de Sévigné, qui ne voulait point d'une femme aussi méchante que lui, donnait du contrepoison à ce pauvre mari ; de sorte qu'ayant été ballotté cinq ou six fois de cette sorte, tantôt empoisonné, tantôt désempoisonné, il est demeuré en vie[12] ». Rétabli, le marquis découvrit enfin quelle créature il avait épousée. Lorsqu'il dînait avec elle, ce qui lui arrivait rarement, il veillait à se faire servir par son propre laquais. «Ne changez pas mon verre, lui recommandait-il d'un ton glacial ; rincez-le dès que vous aurez à l'emplir à nouveau»...

On relève encore d'autres tentatives d'empoisonnement contre sa sœur Thérèse d'Aubray, vieille fille bigote qui s'était scandalisée de sa vie privée, et même contre sa propre fille, au prétexte qu'elle était «grande» (devenue belle). Chaque fois cependant, Marie-Madeleine eut quelque scrupule à parfaire ses crimes. En revanche, elle n'en eut aucun à l'égard de ses deux frères, Antoine, le lieutenant civil, et François Dreux, conseiller au Parlement. Ses besoins d'argent étaient devenus obsessionnels : l'héritage paternel, si ignominieusement acquis, avait fondu comme neige au soleil. A nouveau, Sainte-Croix consentit à l'aider, mais, par défiance, lui fit signer deux reconnaissances de dettes de vingt-cinq mille et trente mille livres, à prendre sur sa part future. La marquise fit entrer au service de ses frères un certain Jean Hamelin, dit La Chaussée, ancien soldat, que Sainte-Croix avait recruté pour accomplir ses basses œuvres.

La première tentative, en mars 1670, contre Antoine d'Aubray d'Offémont fut un échec. Les deux frères dînaient ensemble. La Chaussée versa maladroitement une trop forte dose dans son verre. Le lieutenant civil, après une bonne rasade, sentit une terrible brûlure lui déchirer l'estomac. Il blêmit et se leva : « Mon frère, votre valet me veut empoisonner ! Goûtez vous-même ! » François trempa ses lèvres dans le vin et lui trouva en effet très mauvais goût. La Chaussée intervint à propos : un laquais avait pris médecine dans ce verre; sans doute l'avait-il mal rincé ! L'incident fut clos.

Quelques mois plus tard, François Dreux recevait derechef son frère dans l'une de ses campagnes, au hameau de Villequoy, en Beauce. La Chaussée se glissa aux cuisines et saupoudra de poison une succulente tourte de béatilles, faite de ris de veau, de crêtes de coq et de foie gras. Sept convives furent incommodés, parmi lesquels le lieutenant civil qui souffrit d'insupportables migraines. Les médecins, aidés du prévenant domestique, eurent tôt fait de l'achever. Le 17 juin 1670, il expirait à trente-sept ans. Sur sa tombe, l'hypocrite marquise versa des torrents de larmes. A l'autopsie, on trouva « l'estomac et le duodénum de la victime tout noirs, s'en allant par morceaux; le foie gangrené et brûlé ». Etrange maladie, bien étrange assurément, mais de poison nulle trace... La mort de François Dreux d'Aubray, survenue cinq mois plus tard, fit naître des doutes. Cette fois, le médecin Bachot, les chirurgiens Duvaux et Dupré, l'apothicaire Gavart, qui ouvrirent le corps, parlèrent de poison, sans s'inquiéter pour autant des coupables.

« Ma cassette ! »

Plusieurs mois passèrent. Le 31 juillet 1672, Sainte-Croix décéda. La légende veut qu'au cours d'une expérience alchimique particulièrement dangereuse, il ait brisé le masque de verre protégeant son visage et qu'il soit tombé foudroyé par des émanations toxiques. La vérité est moins romanesque : Sainte-Croix mourut après une assez longue maladie, veillé par sa femme Madeleine (il s'était marié avec cette insignifiante personne à sa sortie de prison) et les médecins impuissants. Les amants maudits étaient brouillés depuis longtemps et ne se voyaient plus. Ce décès n'en représentait pas moins pour la marquise une menace. Le chevalier, en effet, en dépit de ses multiples supplications, avait conservé leur correspondance, soit trente-quatre lettres ainsi que les deux reconnaissances de dettes, qu'il avait placées dans une cassette. Celle-ci était soigneusement rangée dans un coin de son laboratoire. Si ces papiers compromettants tombaient aux mains de la police, Mme de Brinvilliers était perdue. Lorsque Lapierre, valet de Sainte-Croix, courut l'avertir de la mort de son maître, elle n'eut qu'un cri, comme Harpagon, mais non pour les mêmes raisons : « Ma cassette ! »

Cette cassette, la marquise, depuis deux ans, ne cessait d'y penser. Allait-on la découvrir au milieu des alambics et des cornues de l'impasse de la place Maubert ? Vite, elle envoya chercher La Chaussée. En premier lieu, il fallait empêcher la police d'inspecter le laboratoire. Aussi conseilla-t-elle à son fidèle factotum de s'opposer vivement à la mise sous scellés de l'appartement de son maître, sous prétexte que lui-même y avait laissé papiers et argent, notamment cent pistoles et cent écus blancs dans un sac, derrière la fenêtre du cabinet.

Le commissaire du Châtelet Picard trouva pour le moins étrange que l'ancien domestique des frères d'Aubray connût si bien la disposition du logis de Sainte-Croix et ne tint pas compte de sa requête. Le 8 août, il vint lever les scellés en compagnie de deux notaires, deux procureurs, d'un sergent et d'un huissier. Tous pénétrèrent enfin dans le laboratoire clandestin. Sur la table, un morceau de papier roulé portait ces mots : « Ma confession ». Les visiteurs se consultèrent. Fallait-il la lire ? Par scrupule religieux, on décida de brûler le document sans l'ouvrir. Une confession est réservée à un prêtre, non à des magistrats chargés d'un banal inventaire. Mme de Brinvilliers n'était pas sauve pour autant, car on trouva la fameuse cassette. Elle était de couleur rouge, grande d'un pied carré. La clé était dans la serrure. On ne résista pas à la tourner. A l'intérieur, on découvrit des fioles, des paquets de poudres, les lettres de la marquise, des documents notariés la concernant et deux billets relatifs à des sommes prêtées par les époux Brinvilliers au financier Penautier. Enfin, une lettre de Sainte-Croix suppliait celui qui ouvrirait la cassette de bien vouloir la remettre à Mme de Brinvilliers, « attendu que tout ce qu'elle contient la regarde et appartient à elle seule ».

Le commissaire Picard flaira un mystère. Il apposa les scellés et, pour plus de précaution, la fit transporter au domicile de son sergent. A ce moment, tout pouvait encore être sauvé. La police, ne l'oublions pas, n'effectuait aucune perquisition. Elle avait pour mandat d'inventorier l'appartement d'un défunt. Tout au plus considérait-elle Sainte-Croix comme un individu bizarre, un de ces amateurs d'alchimie dont Paris regorgeait. Ce fut alors que La Chaussée revint à la charge et s'éleva contre la mise sous scellés. Lorsque le commissaire lui apprit qu'il avait trouvé une cassette et l'avait ouverte, le domestique, décontenancé, tourna les talons et s'enfuit précipitamment. Ce comportement insolite signait sa culpabilité. On se souvint de la mort suspecte des frères d'Aubray. Un décret de prise de corps fut lancé contre lui.

Le 18 août, on procéda à la levée des scellés en présence du lieutenant civil. Sans attendre, le procureur Delamarre, au nom de sa cliente, protesta « que s'il se trouvait une promesse signée de la dame de Brinvilliers de la somme de trente mille livres, c'était une pièce surprise d'elle, contre laquelle, en cas que la signature soit [reconnue] véritable, elle entendait se pourvoir pour la faire déclarer nulle ». Nouvelle maladresse.

Les soupçons se concentrèrent sur la marquise, qu'on hésita à arrêter, faute de preuves. Elle profita de ce répit pour disparaître. Deux semaines après, le 4 septembre, la police se saisissait de La Chaussée en possession d'un sachet de vitriol de Chypre. Son procès commença aussitôt. Marie-Thérèse Mangot, veuve d'Antoine d'Aubray, avait requis en justice contre lui et ses complices pour l'assassinat de son mari, multipliant requêtes et factums.

Le 24 mars 1673, reconnu coupable des meurtres du lieutenant civil Antoine d'Aubray d'Offémont et de son frère François, conseiller au Parlement, il était condamné à être rompu vif, après avoir subi la « question préalable » (à l'exécution), autrement dit la torture, qui dans l'ancien droit suivait la condamnation, sans être en mesure de la remettre en cause. Il s'agissait d'obtenir le nom des éventuels complices du criminel[13]. On distinguait deux étapes, la question ordinaire et la question extraordinaire. Par le même arrêt, la marquise de Brinvilliers était condamnée par contumace à avoir la tête tranchée.

La Chaussée fut soumis aux brodequins. Cela consistait à enserrer les jambes du condamné entre deux planches, maintenues par un cercle de fer, et à enfoncer avec un maillet des coins de bois entre la jambe et la planche. Sous la pression, les chairs, les os éclataient. La question ordinaire comportait quatre coins, la question extraordinaire huit. Au troisième coin de l'extraordinaire, les membres inférieurs horriblement broyés, le condamné demanda grâce. Etendu, comme d'usage, sur un matelas, il avoua tout, chargeant lourdement Sainte-Croix et sa maîtresse[14]. Le même jour, il était roué vif en place de Grève.

L'arrestation et le procès

Quant à Mme de Brinvilliers, dès le courant d'août 1672, elle avait passé la Manche et s'était installée à Londres. L'ambassadeur de France, Colbert de Croissy, fut averti de sa présence et sollicita du roi Charles II l'autorisation de la faire arrêter et ramener à Calais sous bonne escorte. Malheureusement, un contretemps permit encore une fois à la marquise de s'esquiver. Elle erra dans les Pays-Bas espagnols, revint clandestinement en France quelques semaines, puis trouva enfin asile dans un monastère de chanoinesses régulières de Saint-Augustin, non loin de Liège, le manoir de Melkhause. Elle y resta environ un an, occupant une simple cellule aux murs blanchis à la chaux et partageant l'existence frugale et monotone des moniales. Il semble que l'orgueilleuse femme ait connu à cette époque une crise morale, la première peut-être de son existence tumultueuse, traversée de remords. Effrayée de l'abîme dans lequel elle se précipitait, elle se mit à rédiger une confession. Etonnant document en vérité, où elle énumérait la liste de ses crimes et péchés : incestes, masturbations, adultères, avortement (une fois), sodomie (deux fois), confessions sacrilèges, empoisonnements...

En mars 1676, l'armée du roi, toujours en guerre contre les Hollandais, campait dans le pays de Liège. Louvois profita de cette présence militaire pour ordonner à son agent secret dans la ville, Bruant des Carrières, de préparer l'enlèvement de la coupable. L'opération fut minutieusement organisée. Le ministre sollicita des autorités espagnoles un passeport pour un carrosse et une troupe de cavaliers. Le 22 mars, François Desgrez, l'un des meilleurs limiers de son temps, arrivait à Liège. Trois jours plus tard, il se rendait, accompagné du mayeur Goffin et de plusieurs archers, au couvent où il se saisissait sans difficulté de la marquise. Un détachement se chargea de la ramener en France. En cours de route, elle tenta à plusieurs reprises de se suicider, cherchant à avaler des épingles à cheveux ou les morceaux d'un verre qu'elle avait brisé avec ses dents. Une autre fois, elle essaya de se tuer avec un bâton pointu. « Elle s'était fiché un bâton, devinez où, écrivait Emmanuel de Coulanges à Mme de Sévigné : ce n'est point dans l'œil, ce n'est point dans la bouche, ce n'est point dans l'oreille, ce n'est point dans le nez, ce n'est point à la turque : devinez où c'est[15]... »

A Mézières, Denis Palluau, conseiller au Parlement, qui avait fait spécialement le voyage de Paris, examina la malle saisie au couvent de Liège et trouva sa terrible confession. Immédiatement interrogée, la prisonnière admit que parmi ses papiers se trouvait un projet de confession générale qu'elle avait écrit dans un moment de folie, mais elle ne voulut rien reconnaître de ce qu'il contenait. Aux autres questions, elle se contenta de répondre par de sèches dénégations.

Le 26 avril, elle arrivait à Paris et était aussitôt enfermée à la Conciergerie, dans une grande chambre de la tour Montgomery. Trois semaines plus tard, son ami Penautier, le très riche financier du clergé, était arrêté et écroué en la même prison, au rez-de-chaussée de la tour César, le propre cachot de Ravaillac...

La rapide fortune de Penautier avait fait beaucoup d'envieux. On n'imaginait pas qu'il ait pu s'enrichir sans la moindre malhonnêteté. On l'accusait d'avoir empoisonné au moins trois personnes, avec l'aide de Sainte-Croix, son beau-père, Gaspard Le Secq, trésorier des états de Languedoc, dont il avait hérité la charge, Matherel, trésorier des états de Bourgogne, et le sieur Hannyvel de Saint-Laurent, son prédécesseur dans les fonctions de receveur général du Clergé, mort en avril 1669. Marie Vossier, veuve de ce dernier, ne cessait de l'accuser, avec une fougue tardive et un peu suspecte, dans les factums qu'elle faisait diffuser.

Le procès de la marquise s'ouvrit devant la Grand'Chambre et la Tournelle réunies, en présence du premier président de Lamoignon. Il dura du 29 avril au 16 juillet 1676, occupant vingt-deux longues audiences. Des accusés manquaient. Glaser et Sainte-Croix étaient morts. Un monitoire lu aux messes dominicales avait suscité quelques témoins subalternes parmi leur domesticité. Froide, hautaine, méprisante, l'empoisonneuse nia tout avec audace et entêtement, malgré des accusations accablantes, comme celle du jeune Jean-Baptiste Briancourt, avocat stagiaire à la cour, précepteur de ses enfants, garçon influençable, qui était devenu son amant et confident. Leurs confrontations furent pathétiques, la première dura treize heures, la seconde cinq.

A l'issue de son dernier interrogatoire, le président de Lamoignon dit à l'accusée qu'à « la prière de sa sœur carmélite, on lui avait envoyé une personne d'un très grand mérite et d'une très grande vertu pour la consoler et l'exhorter de songer au salut de son âme », le père Edme Pirot, théologien d'excellente réputation. Professeur à la Sorbonne, ses discussions philosophiques avec Leibniz l'avaient rendu célèbre en Europe. « Voilà, lui dit le premier président, en lui confiant cette redoutable tâche, l'âme intrépide ou plutôt insensible que nous avons à mettre entre vos mains. Nous souhaitons que Dieu la touche, mais nous avons intérêt pour le public que ses crimes meurent avec elle et qu'elle confesse par une déclaration tout ce qu'elle sait. »

Avec infiniment de patience, le père Pirot sut mater son orgueil, pacifier son esprit rebelle et querelleur et lui faire découvrir l'abomination de ses crimes. « Il n'y a pas de péchés irrémissibles en cette vie, lui dit-il. Il faut espérer que Dieu aura pitié de vous selon sa grande miséricorde... » Peu à peu, gagnée par la douceur de la voix du prêtre, touchée par sa bonté, elle versa de profondes et sincères larmes, confessa ses péchés et promit d'en faire le lendemain l'aveu le plus complet[16]. Sa conversion fut éclatante et profonde.

Le 16 juillet 1676, elle entendit lecture de l'arrêt du Parlement. Elle était convaincue d'avoir empoisonné Dreux d'Aubray, son père, MM. d'Aubray d'Offémont, ses deux frères, d'avoir attenté à la vie de Thérèse, sa sœur. Pour réparation, elle était condamnée à faire amende honorable sur le parvis de Notre-Dame, nu-pieds, la corde au cou, tenant en main une torche ardente « du poids de deux livres ». Elle devait ensuite être conduite en place de Grève pour y avoir la tête tranchée. Contrairement aux roturiers, pendus ou brûlés, on lui avait réservé ce supplice eu égard à sa noble condition.

La marquise se fit lire une seconde fois l'arrêt, puis elle avoua tous ses crimes, précisa que Gascon, La Chaussée et Sainte-Croix étaient ses seuls complices. Quant aux poisons dont elle s'était servie, il s'agissait d'arsenic, de vitriol et de venin de crapaud. « Je ne dirai rien, avait-elle lancé peu après son arrestation, mais si je voulais parler, il y a la moitié des gens de la ville et de condition qui en sont, que je perdrais[17]. » Elle n'ajouta rien en effet, au soulagement de maintes personnes. Elle subit courageusement la question préalable. Quand elle entra dans la salle de tortures, elle s'écria en voyant trois grands seaux emplis d'eau : « C'est assurément pour me noyer, car de la taille dont je suis, on ne prétend pas que je boive tout cela[18] ! » Elle but pourtant les quatre coquemars d'eau pour la question ordinaire et les quatre autres pour la question extraordinaire, soit plus de seize litres. On les lui fit absorber par une corne servant d'entonnoir. Elle était à demi nue, les mains et les pieds étendus liés par une corde, les reins soulevés par un tréteau. Le lendemain, Mme de Sévigné, qui avait aperçu la suppliciée du pont Notre-Dame, écrivait à sa fille, Mme de Grignan : « Enfin, c'en est fait, la Brinvilliers est en l'air : son pauvre petit corps a été jeté après l'exécution dans un fort grand feu, et les cendres au vent ; de sorte que nous la respirerons et, par la communication des petits esprits, il nous prendra quelque humeur empoisonnante dont nous serons tous étonnés[19]. » La gazetière ne croyait pas si bien dire : quelques mois plus tard éclatait l'affaire des Poisons.

Penautier, pour sa part, fut acquitté en juin 1677 par le Parlement et libéré de la Conciergerie le 23 juillet suivant. Il avait de puissants protecteurs qui étaient intervenus en sa faveur : le ministre et contrôleur général des Finances Jean-Baptiste Colbert, dont il était l'efficace collaborateur, le cardinal de Bonzi, archevêque de Toulouse et grand aumônier de la reine, et le Clergé dans son ensemble, dont il était le trésorier apprécié. Des doutes cependant subsistèrent. « S'il pleut sur moi, il dégouttera sur lui », avait dit la Brinvilliers. « On croit qu'il y a cent mille écus répandus pour faciliter toutes choses, relatait Mme de Sévigné à sa fille. L'innocence ne fait guère de telles profusions. On ne peut écrire tout ce qu'on sait[20]. » Il est vraisemblable que le parlement de Paris ne resta pas insensible aux très hautes et puissantes interventions en sa faveur. En tout cas, ce grand mondain, prodigieusement riche, « fort galant et fort magnifique », dira Saint-Simon, se remit de ses déboires et mourut en Languedoc en 1711. Quant à son commis, Alexandre Belleguise, il échappa aux galères en assurant qu'il n'avait nullement cherché à faire de la fausse monnaie, mais seulement à « solidifier le mercure ». Il s'en tira avec trois ans, trois mois et trois jours de bannissement. Il avait eu de la chance...

II

Les premières arrestations

Madeleine de La Grange

Madeleine Guéniveau, veuve à vingt-neuf ans de Robert Minet, sieur de La Grange, receveur des aides et gabelles d'Anjou, était une belle femme brune de grande taille, dont l'énergie et la détermination se lisaient sur le visage. Son veuvage avait été pour elle une catastrophe. Son mari, en effet, avait été pendu pour recel de lampes volées à l'abbaye de Marolles en Hainaut, et tous ses biens confisqués. Elle se trouvait donc sans ressources. Mais elle ne manquait ni d'habileté ni de charme. Installée à Paris, elle eut tôt fait d'affoler un vieux et riche avocat au Grand Conseil, Me Jean Faurye, dont elle devint l'inséparable compagne. Leur aventure dura huit ans. Elle en profita largement, accumulant avec une avidité frénétique parures, bijoux et sacs d'écus. Ses mauvaises amies, les commères des bas-fonds de la capitale, qu'elle continuait à fréquenter malgré les remontrances indignées de son amant (les « gueuses[1] » comme il les appelait), disaient qu'elle vivait « en reine ». Elle aurait voulu posséder un carrosse à six chevaux, comme une duchesse. Et pourquoi pas se faire recevoir à la Cour ? Mais Me Faurye commençait à se lasser de ses exigences. Il désirait se retirer dans son Périgord natal, et Madeleine Guéniveau était une maîtresse bien encombrante. Il n'eut malheureusement pas le temps de mettre son projet à exécution. En quelques jours, un mal mystérieux le faucha.

Lorsque ses neveux vinrent à Paris, rue de la Jussienne, réclamer leur part d'héritage – un coquet héritage qui se montait à près de 50000 écus, soit 150000 livres –, quelle ne fut pas leur surprise de se trouver en présence d'une femme vêtue de taffetas noir qui leur déclara être la veuve du défunt et son unique héritière. Comment était-ce possible ? Ce vieux célibataire n'avait jamais voulu se marier ! Pleine d'assurance, la « demoiselle » de La Grange (ainsi appelait-on les femmes mariées de la bourgeoisie ou de la petite noblesse) leur montra le contrat passé très régulièrement le 18 août 1676 devant un respectable tabellion, Me Langlois, notaire à Paris, ainsi que le certificat religieux, signé du vicaire perpétuel de la paroisse de Launay-Villiers, dans le Maine, le père Léonard Nail.

Les neveux, dépités et furieux, eurent tôt fait de soupçonner une escroquerie et portèrent plainte au Châtelet pour détournement de succession. Les enquêteurs les rejoignirent vite dans leurs conclusions. Le mariage du vieil avocat était trop surprenant pour être vrai. Le 25 février 1677, la demoiselle de La Grange était arrêtée et conduite à la prison de la Conciergerie. Son présumé complice, le curé Nail, « petit homme assez mal fait, et qui avait des cheveux courts et mêlés de gris[2] », fut à son tour arrêté et, compte tenu de son état ecclésiastique, enfermé dans les prisons de l'Officialité de Paris, annexes de la Conciergerie.

L'affaire fut aisée à débrouiller, malgré les dénégations des accusés. Le père Léonard Nail, amant de la demoiselle de La Grange, s'était présenté avec elle chez le notaire

Langlois en usurpant l'identité de Me Faurye qui, quelques jours plus tard, comme par hasard, trépassait. Interrogés, les domestiques de l'avocat soupçonnaient un empoisonnement.

Cette supercherie du faux mariage suivi d'un crime odieux était en soi banale, tragiquement banale. L'affaire fut instruite par le lieutenant criminel du Châtelet. C'est alors que l'accusée demanda à écrire au marquis de Louvois, pour lui révéler, disait-elle, des choses importantes. Permission accordée. Une plume, de l'encre et une feuille de papier lui furent portées dans sa cellule. Sans donner de détails, elle assura que la vie du roi et celle du dauphin étaient en danger. Vraie ou fausse assertion ? Il ne fallait rien négliger en la matière. Le ministre la fit conduire à son hôtel et la soumit à un long interrogatoire. Le peu d'éclaircissements qu'il lui arracha lui parut suffisant pour en informer Louis XIV qui devait partir le jour même aux armées. Celui-ci s'en inquiéta assez pour donner l'ordre de transférer la demoiselle de La Grange du Châtelet à la Bastille, lieu plus sûr pour garder les secrets. Le lieutenant général de police La Reynie fut chargé d'instruire l'affaire. « Sa Majesté, lui écrivait Louvois, m'a commandé de vous dire qu'elle s'attend que vous suiviez cette affaire avec application et que vous n'oubliiez rien pour l'éclaircir. »

Malgré la grande habileté de cette femme retorse, qui parlait par allusions, mêlant le vrai et le faux dans un jargon déconcertant, ses activités cachées ne tardèrent pas être dévoilées. Elle était devineresse et marchande de philtres. Ses drogues lui étaient fournies par un apothicaire nommé La Serre, demeurant du côté de la montagne Sainte-Geneviève[3]. Elle avait annoncé l'une des grossesses de la reine et prétendait savoir ce qui « se passe d'un pays et d'une armée à l'autre[4] ». Ainsi avait-elle prédit que la place de Maëstricht ne serait pas reprise par les Hollandais lors de la campagne de 1676. « Cette femme, notera plus tard La Reynie, était artiste en poisons et en faisait commerce. Elle était la première qui en a enseigné l'usage et qui a mis les armes à la main à différentes personnes qui ne se portèrent à bien des crimes que par la facilité qu'elles trouvaient de les commettre. »

Sur le crime supposé de lèse-majesté, elle finassait, parlait par énigmes. Elle savait, par ses connaissances de devineresse, que le roi et son fils étaient menacés de poison, mais n'avait rien de concret à livrer. Si on la libérait, si on lui laissait exercer librement ses talents, sans doute parviendrait-elle à les sauver.

La ruse parut trop grosse. Manifestement, elle s'était enfermée dans ce galimatias de révélations sibyllines pour enrayer la marche de la justice et mieux retarder son procès. Il n'y avait pas lieu d'écouter davantage cette criminelle. Le 10 juin 1677, elle réintégra le Châtelet sur ordre de Michel Le Tellier, père de Louvois. Son procès recommença, mais La Reynie restait sur le qui-vive, « afin d'observer ce qui se passerait et quel en serait l'événement[5] ».

A la fin de la même année, dans la toute neuve église professe des jésuites de la rue Saint-Antoine[6], une femme inconnue glissa dans un confessionnal un billet sans nom ni adresse qu'elle prétendit avoir trouvé dans la galerie marchande du Palais de Justice. Le confesseur le lut avec effarement et le porta aussitôt à son supérieur, le père de La Chaise, confesseur du roi. La jeune pécheresse s'était naturellement éclipsée sans attendre. Or, ce billet, daté du 28 septembre 1677, était fort inquiétant par les allusions qu'il contenait. En voici l'essentiel :

> Vous me faites confidence d'un secret que je voudrais bien ignorer pour mon repos, ou plutôt je voudrais que jamais il ne vous fût entré dans la pensée que pour vous donner autant d'horreur que j'en conçois. (...) Vous m'adressez une lettre si capable de me perdre, puisque vous confiez au papier indiscret ce que la discrétion d'un confesseur ne devrait pas taire. Souvenez-vous de ce *prince infortuné* que nous vîmes devant la Bastille. Cet exemple est encore assez nouveau pour vous faire trembler. Cette poudre blanche que vous voulez mettre sur la serviette de *celui que vous savez* ne peut-elle pas être reconnue propre à l'effet auquel vous la destinez et vous-même être découvert ? Si vous ne perdez pour toujours un dessein si criminel, vous me perdrez pour jamais. J'épouserai votre rival devant vos yeux (...). Je crains extrêmement que nos lettres ne soient vues et qu'on ne me croie coupable, car à tous les autres crimes il faut être complice pour être puni, mais à celui-ci il ne faut qu'avoir su. Brûlez cette lettre aussitôt que vous l'aurez vue[7].

Une femme amoureuse avertissait donc son amant de renoncer à un projet lourd de conséquences pour eux deux. Tout indiquait qu'il s'agissait d'un crime de lèse-majesté (on devait empoisonner « qui vous savez », le roi, évidemment), y compris l'allusion au « prince infortuné » qui n'était autre que le chevalier de Rohan, exécuté dans la cour de la Bastille en septembre 1674 pour complot contre l'Etat[8]. Le père de La Chaise s'empressa de le transmettre à Colbert qui, au nom du roi, chargea La Reynie de mener l'enquête.

Les magistrats du Châtelet venaient de condamner à mort la demoiselle de La Grange et son amant le curé Nail. Mais ceux-ci, comme ils en avaient le droit, après avoir subi la question, avaient interjeté appel de la sentence au parlement de Paris. Cela laissait du temps pour poursuivre les investigations, non sur la sinistre machination du faux mariage, mais sur le supposé crime de lèse-majesté.

Madeleine de La Grange nia tout de ce billet, qui venait pourtant conforter sa thèse du complot. Nail en fit autant. La Reynie passa outre et ordonna des expertises en écriture. Les quatre experts consultés furent unanimes à déclarer que le billet avait été rédigé par Nail. Celui-ci avait cherché à contrefaire son écriture, mais elle était reconnaissable. Pas plus à la Conciergerie qu'à la prison de l'Officialité la surveillance n'était rigoureuse. Les prisonniers pouvaient communiquer entre eux, par le moyen de paniers de victuailles qu'ils se passaient d'un étage à l'autre, et même recevoir des visites en cours de procès. Tout ceci rendait possible sinon probable une concertation entre les deux amants. En attendant, La Reynie allait devoir se pencher sur d'autres affaires...

Une bande d'alchimistes

Le 29 novembre 1677, un capitaine du régiment d'infanterie, enfermé à la Bastille pour motif disciplinaire, dénonçait au marquis de Louvois un alchimiste capable « si parfaitement de faire de l'or et de l'argent qu'il avait su depuis un an amasser plus d'un million huit cent mille livres ». L'officier avait vu entre ses mains une lettre de change de 200 000 livres, tirée par un nommé Cadelan. On pouvait légitimement soupçonner, sous couvert de recherche de la pierre philosophale, une prospère entreprise de fausse monnaie. Souvent sceptique sur ce genre de révélations, le ministre avait cette fois averti La Reynie en lui fournissant les lettres de cachet nécessaires à l'incarcération des malfaiteurs. Le 5 décembre, à sept heures du matin, François Desgrez, lieutenant du chevalier du guet – toujours lui –, accompagné de deux commissaires au Châtelet et de quelques archers en armes, arrêtait, au troisième étage d'une maison de la rue Mazarine attenante au collège des Quatre-Nations, le chevalier de Vanens, un homme d'une trentaine d'années, grand et corpulent, à la mine sombre, ainsi que sa jeune maîtresse Louise Leclerc, dite la Finette. Peu après, on se saisissait d'un avocat, Terron de Clausel, et d'un nommé La Chaboissière, alias Jean Barthominat, domestique de Vanens et ancien soldat, chapeau gris, « visage blême » et « méchante mine »[9]. Quelques jours plus tard, Pierre Cadelan, banquier et titulaire d'un office de secrétaire du roi, rejoignait ses complices à la Bastille.

Les premiers interrogatoires menés aussitôt par le lieutenant de police révélèrent l'importance du coup de filet réalisé : on venait de mettre la main sur une dangereuse association d'alchimistes et de faux-monnayeurs. L'inventaire de leur officine, rue d'Anjou, le confirma. On avait découvert un matériel clandestin de distillation avec fourneaux, matras, alambics, cornues et autres creusets ainsi que des lettres de change de montants très élevés, tirées par Cadelan sur ses correspondants de Marseille, Rotterdam et Venise. Celui-ci avait par ailleurs écrit en divers lieux d'Allemagne pour trouver le moyen de faire remettre de l'argent à Klausenburg[10] en Transylvanie et à Belgrade. D'où lui venait cette fortune ? Et que se cachait-il derrière ces opérations financières d'envergure ?

Immédiatement informé, Louvois, le 8 décembre 1677, recommanda à La Reynie « d'approfondir autant qu'il serait possible l'affaire dont il était question[11] » et, comme il devait partir lui-même en Flandre pour accompagner les armées de Sa Majesté, le pria de lui transmettre par pli cacheté le détail des interrogatoires. C'est ainsi que, dès les premières semaines de l'année 1678, une correspondance suivie s'engagea entre le lieutenant général de police et le secrétaire d'Etat à la Guerre. En février, François Desgrez arrêtait d'autres affiliés à la cabale : une ancienne servante et fille d'auberge, Catherine Leroy, maîtresse de La Chaboissière, le chirurgien – c'est-à-dire plus prosaïquement le barbier – Dalmas, aveugle depuis deux ans à la suite d'une malheureuse expérience de chimie, qui demeurait aux Quinze-Vingts...

Au début de mai, un seigneur de petite noblesse, Robert de Bachimont, était enfermé à Lyon au château de Pierre-Encize, avec femme et domestiques, pour avoir été, lui aussi, en relation avec Vanens. Au moment de son arrestation, il occupait un appartement dans la vieille abbaye d'Ainay. Comme ses complices de Paris, le couple Bachimont fut aussitôt pressé de questions. Derrière leurs activités d'alchimistes et de faux-monnayeurs on soupçonnait un commerce de poisons. Mme de Bachimont avait déjà eu des démêlés avec la justice, à la suite du décès, dans des conditions suspectes, de son premier mari, le sieur du Plessis-au-Chat, gentilhomme de Bretagne. Sa belle-mère et sa belle-sœur étaient mortes étrangement, elles aussi, à huit jours d'intervalle. Le 8 juin 1678, Louvois écrivait à M. Dugué, intendant de Lyon : « Il est d'une grande importance de vous appliquer, préférablement à toutes choses, à essayer de tirer la vérité des personnes qui sont à Pierre-Encize, sur la qualité des remèdes auxquels elles travaillaient, sans vous arrêter à ce qu'elles vous diront concernant la pierre philosophale qui n'est qu'un grimoire dont elles essayent de couvrir ce qu'elles font[12]. »

Le 6 juillet, Dugué, assisté d'un procureur et d'un apothicaire, découvrait à la chartreuse d'Ainay leur vaste laboratoire empli des produits les plus divers : cailloux pilés, soufre, arsenic, orpiment, salpêtre, grenaille d'argent, sels de corail, de Lune, de Mars et de Jupiter, de l'« eau pour les perles », de l'« huile de fleur de violette », du vitriol, du sublimé et de l'arsenic, sans compter une petite fiole carrée pleine d'un esprit acide et corrosif, étiquetée « esprit de vitriol de Chasteuil »... Chasteuil ? De qui s'agissait-il ?

François Galaup de Chasteuil

Après plusieurs mois de patience, les déclarations des témoins, les aveux des complices et leurs mutuelles confrontations permirent aux magistrats instructeurs de faire quelque lumière sur cette association de malfaiteurs. Leur chef ou, pour employer une expression du temps, leur « auteur » était introuvable. On l'appelait Boineau, l'Inconnu ou le Chevalier. Son vrai nom était François Galaup de Chasteuil. Il avait quitté la France dès les premières arrestations et s'était réfugié à Verceil en Piémont, où il décéda quelque temps plus tard dans des conditions mystérieuses. « C'était un homme de moyenne taille, disait la Finette, maîtresse de Vanens, qui portait une perruque châtain clair, dont le visage était basané, ayant un nez fort grand, et paraissait être de l'âge de cinquante ans et parlait mal le français[13]. »

Sa vie est une suite d'aventures romanesques, défiant l'imagination du meilleur feuilletoniste. Né à Aix le 15 novembre 1625, il était le second fils de Jean Galaup de Chasteuil, procureur général en la Chambre des comptes, aides et finances de Provence. Après avoir obtenu le bonnet de docteur en droit, il entra dans l'ordre de Malte en

1644 et se distingua sur mer dans la lutte contre les mahométans. En récompense, le grand maître Paul de Lascaris de Castellar lui décerna la croix d'or de Saint-Jean-de-Jérusalem. De retour en France, il se jeta à corps perdu dans la Fronde, servit le prince de Condé et devint le capitaine de ses gardes. En 1652, ayant refusé de se réfugier avec lui aux Pays-Bas espagnols, il se retira à Toulon, arma un vaisseau battant pavillon de Saint-Jean et reprit la course aux barbaresques qui infestaient les côtes méditerranéennes. Il fut condamné à mort pour avoir participé en Provence, le 14 février 1659, à la sédition dirigée contre le premier président du Parlement, Henri de Forbin d'Oppède. Il n'évita la décollation qu'en s'enfuyant à Malte. Malheureusement, capturé en mer, il resta deux ans prisonnier en Alger, avant que sa mère, enfin avertie, payât sa rançon. Il entra alors aux Carmes de Marseille, où le souvenir de son oncle, solitaire du Mont-Liban, était particulièrement vénéré. Et le voici bientôt gardien du couvent, revêtu du manteau brun et du capuce blanc. Il n'avait pas renoncé pour autant à mener une vie mondaine et dissolue. Il tomba amoureux d'une jeune fille qu'il séquestra dans sa cellule. Quand il s'aperçut qu'elle était enceinte de ses œuvres et que le scandale risquait d'éclater, il n'hésita pas à l'étrangler dans son lit. Avec l'aide d'un frère lai, nommé Laroque, il enterra de nuit son corps dans la chapelle. Mais un pèlerin endormi dans la chaire du prédicateur fut témoin de la macabre cérémonie. Chasteuil fut arrêté, jugé et condamné à la pendaison. Au moment d'être exécuté sur une place publique de Marseille, un tumulte s'éleva dans la foule. Les soldats préposés à la garde du gibet furent assaillis et lui-même fut arraché au bourreau par une douzaine d'hommes à la tête desquels se trouvait son ami Vanens[14].

Né à Arles, Louis de Vanens avait embrassé la carrière des armes dès son jeune âge comme enseigne au régiment d'Artois. Il fut ensuite affecté à la Grande Tour de Toulon, puis servit plusieurs campagnes sur la galiote la *Dauphine* et le vaisseau le *Jules*. Prisonnier des Maures lors de la malheureuse expédition française de Djidjelli, en 1664, il fit la connaissance de Chasteuil à son retour à Marseille. Lorsqu'il apprit par le frère lai Laroque, évadé de prison, qu'on allait exécuter son ami, Vanens n'hésita pas à briser sa carrière pour le sauver. Recherchés en Provence, les deux hommes se réfugièrent dans le comté de Nice.

Curieux des mystères de la nature, Chasteuil s'intéressait depuis toujours à la médecine, à l'alchimie et à la fabrication des poisons. Il avait rencontré autrefois deux redoutables aventuriers, Rabel et Cadelan, qui l'avaient initié à la recherche de la pierre philosophale. Pierre Cadelan, ancien commis de banque, avait empoisonné son patron pour lui ravir sa femme et sa place. C'était, semble-t-il, le Provençal Rabel, chimiste empirique, qui lui avait fourni la drogue. Devenu fort riche – il roulait carrosse armorié et avait des domestiques en livrée –, Cadelan, en remerciement, finança les expériences de Rabel. Celui ci cherchait la « médecine universelle », encore appelée « or potable », remède à tous les maux. En attendant, il acquit une grande réputation en composant et vendant une liqueur de pétales de coquelicot et d'acide sulfurique concentré, qui sera utilisée jusqu'au milieu du XXe siècle sous le nom d'eau de Rabel comme astringent pour les hémorragies, mais qui luttait aussi contre les migraines, les rhumatismes, les calculs, la gravelle... Ce n'était pas encore la panacée, mais on s'en approchait !

Chasteuil avait beaucoup appris de cet apothicaire, notamment ce remède souverain contre les blessures. Il était ensuite passé maître en l'art alchimique au point – du moins le laissait-il entendre – d'avoir découvert le secret de la transmutation du cuivre en argent et du mercure en or, rêve que des générations de « souffleurs » avaient poursuivi en vain. A Nice, en remerciement de lui avoir sauvé la vie, l'ancien Carme enseigna à Vanens le secret de l'argent, mais, craignant ses imprudences, refusa de lui confier celui de l'or. Puis les deux hommes se séparèrent. Chasteuil trouva refuge à Turin, à la cour du duc de Savoie. Sa croix de Malte lui permit de se faire admettre dans les gardes de la Croix-Blanche, dont il devint capitaine-major, tandis que son complice Laroque était reçu sergent dans la même compagnie. En plus de ses talents militaires, Chasteuil acquit une réputation d'homme de lettres de grande culture. Très versé dans les langues orientales, il « possédait parfaitement, dit Moreri, la philosophie platonicienne, avait du goût pour la littérature et s'égayait souvent avec les Muses ». Outre plusieurs pièces de poésie, on lui doit la traduction de petits poètes, de plusieurs chants de la *Thébaïde* de Stace, de *La Guerre civile* et du *Satiricon* de Pétrone. C'est pour cela que le duc le nomma sous-gouverneur et précepteur de son jeune fils, Victor Amédée, prince de Piémont et héritier du trône.

Quant à Vanens, misérable canaille qui n'avait rien du voyou de grande classe comme son ami, il remonta à Paris et vécut pauvrement dans l'enclos du Temple, où l'on jouissait d'une immunité de juridiction ; pour cette raison, c'était le refuge de tous les repris de justice de la capitale. Là, il fréquenta le milieu interlope des sorciers et des alchimistes, bien décidé à se tailler dans ce monde souterrain une place enviée grâce aux secrets de son ami.

A la recherche du grand œuvre

La transmutation des métaux vils avait été la préoccupation constante des savants et même de certains théologiens du Moyen Age. Dans toute la chrétienté, des souffleurs, enfermés dans leur laboratoire, courbés sur leurs fourneaux et leurs alambics, avaient tenté de fabriquer la fameuse « pierre philosophale » ou « poudre de projection » qui devait, par simple contact, produire le plus beau et le plus achevé des métaux de l'univers, l'or. Raymond Lulle, Roger Bacon, Albert le Grand, Arnaud de Villeneuve, d'autres encore, avaient voulu percer le mystère des livres secrets de l'Hermès Trismégiste, de Geber l'Arabe ou d'Avicenne. L'alchimie primitive ne visait pas seulement la possession de richesses matérielles. Par la recherche inlassable du grand œuvre, l'« artisan » devait élever, purifier son âme, atteindre la perfection morale avant de pénétrer l'éblouissant mystère de la création cosmique. Dans la conception hermétique des alchimistes, sous la diversité des formes et des aspects, l'unité de la matière était affirmée. Mars (le fer), Vénus (le cuivre), Jupiter (l'étain), Saturne (le plomb), la Lune (l'argent), et tous les autres métaux pouvaient se transformer en soleil, c'est-à-dire en or, sous l'effet immédiat de la pierre philosophale.

Parvint-on avec ces divers procédés à fabriquer de l'or ? On l'a prétendu. Il est certain, par exemple, qu'au XVIe siècle, un adepte de la science hermétique, le fameux Nicolas Flamel, après avoir déchiffré un manuscrit d'Abraham le Juif couvert de formules cabalistiques, devint immensément riche, multiplia les fondations charitables, les hôpitaux et les chapelles. A l'image de son temps, Buffon, deux siècles plus tard, sera plus sceptique : « Il faut avouer, écrit-il dans son *Histoire naturelle des minéraux*, qu'on ne peut rien tirer des livres d'alchimie ; ni la Table hermétique, ni la Tourbe des Philosophes, ni Philarète et quelques autres que j'ai pris la peine de lire, et même d'étudier, ne m'ont présenté que des obscurités, des procédés inintelligibles où je n'ai rien aperçu et dont je n'ai pu rien conclure, sinon que tous ces chercheurs de pierre philosophale ont regardé le mercure commun comme la base commune des métaux et surtout de l'or et de l'argent. »

La science moderne, quant à elle, rejoignant les considérations de bon sens de Buffon, estime que la transmutation des métaux, théoriquement possible en laboratoire par bombardement d'atomes, est irréalisable à grande échelle. Mais elle reconnaît que l'alchimie a ouvert la voie à des découvertes fondamentales.

Celle-ci amorça d'ailleurs une importante évolution à partir du XIVe siècle. D'un art réservé à quelques initiés, elle se transforma en une véritable science, se dépouilla progressivement de son aura mystique et philosophique pour s'acheminer vers la chimie moderne. Evolution très lente, il est vrai. A la fin du XVIIe siècle, philosophie, médecine, chimie, alchimie, astrologie restaient encore inextricablement liées. Un grand esprit scientifique comme Newton demeura toute sa vie marqué par les rêveries de la transmutation. Par ailleurs, elle était devenue la tentation constante des charlatans et des faux-monnayeurs. Au XVIIe siècle, Franz Gassman le remarquait dans son *Examen alchemisticum* :

> Presque tout le monde veut être alchimiste,
> Un grossier idiot, le garçon et le vieillard,
> Le barbier, la vieille femme, un conseiller facétieux,
> Le moine tondu, le prêtre et le soldat.

La plupart des sorciers et empoisonneurs impliqués dans l'affaire des Poisons taquineront la pierre philosophale. « Les alchimistes, observe au XVIIe siècle un étranger de passage à Paris, sont ici en aussi grand nombre que les cuisiniers... » Sans doute exagérait-il, mais la capitale regorgeait certainement de plusieurs dizaines de laboratoires clandestins, petits ou grands.

Les Bachimont

Parmi la foule obscure des chercheurs, le chevalier de Vanens fit la connaissance de l'étrange couple Bachimont dans leur petite maison de la rue des Fontaines. Robert de La Miré, seigneur de Bachimont, Rurecourt et Yvranches, né vers 1628, appartenait à une vieille mais pauvre famille de la noblesse terrienne d'Artois. N'ayant pour seule fortune que des fiefs insignifiants, il s'était marié en 1674 avec une veuve aisée, Marie de La Haye de Saint-Hilaire du Plessis-au-Chat, cousine de l'ancien surintendant Fouquet et alliée aux Grignan et aux Simiane. Tout en vivant des revenus de sa femme, Bachimont rêvait de relever son nom et sa fortune grâce à la pierre philosophale. Avec l'aide de deux autres souffleurs, il avait transformé son logis en un laboratoire avec trois fours de brique et une soufflerie pour la fabrication de cristaux et de pierres précieuses.

Vanens les rencontra pour la première fois en décembre 1674 et, flairant le pigeon idéal, résolut de tenter devant eux la transmutation du cuivre en argent. Dans un grenier situé au-dessus de la chambre de Mme de Bachimont, il fit construire un athanor. C'était un gros four en pierre surmonté d'un tuyau où l'on mettait le charbon qui descendait dans le foyer en se consumant et que l'on surnommait «fourneau philosophique» ou «fourneau des paresseux» pour le peu de soin qu'il exigeait. Pour travailler à la «métallique», il fallait distiller trois simples, du séneçon, du genêt et du vermiculaire (ou *tête-de-souris*), que La Chaboissière, valet de Vanens, allait chercher dans les bois des environs de Paris ou au marché aux herbes. Pendant quelques jours, l'athanor, rempli de cucurbites de verre, répandit dans l'étroit galetas de la rue des Fontaines une douce chaleur odorante provenant de la macération des herbes sauvages. On acheta cent livres de cuivre ainsi que deux d'arsenic et trente de salpêtre, pour épurer le cuivre. Enfin, le grand jour arriva. Sous le regard attentif et anxieux de la maisonnée, Vanens tenta l'expérience sur laquelle de plus doués s'étaient cassé les dents.

Il sortit avec précaution de son pourpoint un petit sachet de poudre rougeâtre – la fameuse «poudre de projection» – et en jeta une pincée dans l'écuelle bouillonnante. L'eau distillée se congela en un «vitriol corporel» de couleur blanche. Puis, il prit la grenaille de cuivre traitée au salpêtre et à l'arsenic, la mit dans une peau de bouc, versa délicatement dessus la fiole de «vitriol blanc», ajouta un peu de mercure et noua la bourse ainsi formée. Il remplit ensuite un énorme chaudron de vinaigre, de gravelle, de couperose, d'huile de pétrole, d'eau-forte et plaça cette inquiétante mixture sur le feu. Au premier bouillon, il trempa la peau de bouc quelques secondes dans le chaudron, l'ôta et enfin dénoua le lien. Victoire ! Au ravissement des spectateurs, à la place de la grenaille de cuivre, il y avait une belle poudre grisâtre : de l'argent ! L'opération avait duré quatre heures. Le plus étonnant fut que cette poudre métallique, après avoir été fondue, donna un lingot de quatre onces qui fut pris à l'hôtel des Monnaies «à onze deniers douze grains pour fin»... pour argent comptant !

Il est vraisemblable qu'au cours de ces simagrées Vanens, passé maître dans l'art de l'escamotage, avait procédé à un tour de passe-passe. Peu importe, le naïf Bachimont exultait. Sa fortune était faite ! Avait-il remarqué que la plupart des substances utilisées, la joubarbe âcre, le suc d'oignon de scille, sans parler de l'arsenic, étaient des poisons ? Restait à s'occuper du côté industriel de l'affaire. Pouvait-on fabriquer de l'argent en grande quantité ? Certainement, lui répondit Vanens, à condition d'avoir de la poudre de projection. Il le persuada donc de se rendre avec lui en Savoie à la recherche de son «auteur», autrement dit Chasteuil. Avec un peu d'habileté on parviendrait bien à lui soutirer le secret de la fabrication de l'or.

Bachimont avait atteint le fond de ses économies et de celles de sa femme. Tous deux vivaient de prêts familiaux et d'emprunts sur gages – bagues de diamants, boucles d'oreilles, tasses d'agate orientale, tout y passait. Les expériences de Vanens lui avaient déjà coûté plus de mille pistoles. Mais, persuadé que la fortune était à ce prix, il consentit encore à financer l'entreprise. Le vaniteux jobard se voyait duc et riche à millions. Ne doutant pas du succès, il s'était abouché avec le duc de Brissac, autre passionné d'alchimie, pour lui acheter une partie de ses terres.

L'étrange mort du duc de Savoie

Le 13 mars 1675 donc, Vanens, Bachimont et sa femme partaient par la chaise de poste en direction de Turin. Ils restèrent un mois et demi dans la capitale savoyarde, où ils rencontrèrent Chasteuil et son complice Laroque. Le major de la Croix-Blanche accepta de leur livrer la formule tant convoitée et dans la composition de laquelle entraient une huile «noire et fort puante» ainsi que des extraits de tournesol. Il fournit l'huile mais, n'ayant pu trouver des tournesols, convint avec Vanens de le rejoindre secrètement à Lyon pour y travailler ensemble. A leur dernière réunion, les alchimistes décidèrent de quitter Turin et de «se tenir clos et couverts, sans se communiquer à personne» en attendant la venue de Chasteuil en France.

Le 8 juin, jour fixé pour le départ, Vanens arriva vers midi à l'auberge de la Rose-Rouge en proie à de violentes douleurs. Les Bachimont étaient à table. Il eut un grand vomissement, tituba et s'effondra sur une chaise, le visage livide. Il avait bu le matin même un verre avec Laroque dans un cabaret. Tandis qu'il se déchaînait contre le major de la Croix-Blanche, le vouant à tous les diables, Mme de Bachimont lui administra de l'orviétan en guise de contrepoison. Il se sentit un peu soulagé mais ne voulut pas partir avant d'avoir réglé ses comptes. Jouait-il la comédie? Etait-ce un coup monté avec Chasteuil? Ou celui-ci, au contraire, voulait-il se débarrasser d'un témoin gênant? Malgré l'incident, Vanens, le comte et la comtesse de Bachimont quittèrent Turin le jour même et prirent la direction de la frontière, comme pressés de regagner la France. Parvenus à Chambéry, ils apprirent la mort du souverain de Savoie le 12 juin.

On aborde ici le côté le plus mystérieux de cette affaire. Vanens et ses complices furent-ils responsables de cette mort? Charles Emmanuel II, fils de Victor Amédée Ier, petit-fils d'Henri IV par sa mère Chrestienne de France, était un homme dans la force de l'âge, sain, robuste et grand chasseur. Sa disparition subite fut accueillie avec surprise en Europe. « N'êtes-vous pas bien étonnée de cette mort du duc de Savoie si prompte et si peu attendue à quarante ans[15] ? », demandait Mme de Sévigné à sa fille. Officiellement, son décès fut attribué à une « fièvre double tierce[16] ». Sa femme était une princesse française, Marie Jeanne de Savoie-Nemours, ancienne demoiselle de compagnie de la reine Anne d'Autriche. Bien que fiancée au prince Charles de Lorraine qu'elle aimait tendrement, elle avait dû épouser le duc pour raisons diplomatiques. A sa mort, elle devint régente sous le nom de Madame Royale, son fils Victor Amédée II n'ayant que neuf ans. Elle dépêcha alors à Paris, à titre d'ambassadeur extraordinaire, le jeune et galant marquis de Saint-Maurice qu'on disait être son favori. Saint-Maurice rendit visite au roi et à la comtesse de Soissons, alliée par son mariage à la famille régnante de Savoie.

Or, Chasteuil, sous-gouverneur du jeune héritier, n'avait aucune difficulté à pénétrer dans le palais royal de Turin ; les Bachimont non plus qui y rencontrèrent, entre autres, la femme de l'ambassadeur de France et l'apothicaire de Madame Royale. Par la suite, à Paris, La Chaboissière, valet de Vanens, allait être en relation avec le comte de Saint-Maurice et des gens de l'hôtel de Soissons. D'autres indices sont plus sérieux. Les alchimistes, partis de Turin lors de la maladie du duc, avaient décidé de prendre de grandes précautions pour communiquer entre eux lorsqu'ils seraient en France. Pour quelle raison ? Dans leur correspondance, saisie ultérieurement, on constate qu'ils se désignaient les uns les autres par des noms d'emprunt. Un laquais de Vanens, Nicolas d'Hostel, arrêté et interrogé, avoua que son maître avait parlé de cette maladie peu avant son départ de Turin. Cela se passait en compagnie des Bachimont : « Etant à Turin, deux ou trois jours devant que d'en partir, il leur entendit dire que M. le duc de Savoie s'était échauffé à la chasse et qu'en lui changeant de chemise on lui avait donné une empoisonnée[17]. » Dans ces conditions, ne faut-il pas considérer, comme le pensait Louvois, que, quelle que fût leur passion pour le grand œuvre, leurs travaux alchimiques servaient surtout à couvrir des activités criminelles ? La Reynie, qui partageait cette opinion, rechercha activement le « nom du médecin de Mme la comtesse de Soissons qui passa par Lyon, en venant de Turin, après la mort de M. le duc de Savoie ».

Selon cette hypothèse, Vanens et Chasteuil ne seraient que des comparses[18]. Reste à savoir pour le compte de qui ce meurtre aurait été commis. Madame Royale ? La comtesse de Soissons ? L'intrigant marquis de Saint-Maurice, cornette de la compagnie des gentilshommes archers et amant de la duchesse ? Le comte de Castelmelhor, ce Luis de Vasconcelos y Sousa qui avait été le favori d'Alphonse de Portugal avant de se réfugier à Turin ? Lui aussi fut un moment en rapport épistolaire avec Bachimont. Ou encore le très intrigant Truchi, président du conseil des Finances de Savoie ? En vérité, aucune preuve décisive n'a jamais pu être relevée contre quiconque.

Vanens à Paris

A Lyon, la bande décida de se séparer. Complètement ruiné, et d'autant plus déçu que ses espoirs avaient été immenses, Bachimont se retira avec sa femme dans un petit appartement de l'abbaye d'Ainay, prêté par l'archevêque. Il y installa un laboratoire et continua à chercher fiévreusement le «grand œuvre». Pour vivre, il se mit à vendre des remèdes censés guérir la goutte ou l'hydropisie et à fabriquer des verres de couleur. Grandeur et décadence d'un alchimiste !

Quant à Vanens, qui avait vécu des mois à ses crochets, il avait repris ses expériences à Paris, en compagnie d'un certain Grémont et d'un soi-disant baron de Sainte-Colombe. Accusé de faux-monnayage, il fut arrêté et conduit à la Bastille, où il resta quelques mois. A sa sortie, il se fixa à l'hôtel de Mantoue, rue de la Monnaie. Sa réputation de sorcier avait grandi. Chaque jour, une vingtaine de personnes venaient le consulter dans la grande salle de l'hôtel, les unes pour faire réussir un mariage, les autres pour lever un trésor ou parler au diable. On y voyait aussi des maris mécontents de leur femme ou des femmes désireuses d'expédier leur cher époux dans l'autre monde. L'alchimiste proposait des poudres appropriées à chaque demande ou orientait vers un comparse mieux à même d'y répondre. Lui et sa bande connaissaient nombre de devineresses et de sorciers, notamment la de La Grange et le curé Nail, à qui La Chaboissière avait rendu visite alors qu'il était détenu à la prison de l'Officialité. «Si j'étais dehors, lui avait confié le petit prêtre, nous ferions bien des affaires[19].» Ensemble, ils avaient déjà participé à la recherche d'un trésor dans les bois de Passy.

Les activités fort lucratives de Vanens ne l'empêchaient pas de vouloir reprendre ses expériences alchimiques. Le rêve de l'or hantait toujours sa cervelle dérangée. Il s'était associé à cet effet à un petit avocat au Parlement, Terron de Clausel, et au banquier Cadelan. Restait à trouver un local suffisamment vaste et isolé pour y installer un nouveau laboratoire. Une de ses clientes, Madeleine Chappelain, une empoisonneuse, passionnée de sciences occultes, dont on aura l'occasion de reparler, mit à la disposition du groupe sa maison de campagne, un discret pavillon à étage situé au sortir de Paris, au carrefour de la Croix-Faubin, au milieu des marais et des bois[20]. Elle avait obtenu l'accord de son mari, un bon bourgeois, trésorier des Aumônes du roi, lui faisant croire que des apothicaires réputés allaient y distiller des herbes pour soulager ses incessants maux de tête ! Cadelan, Terron et Vanens installèrent en ce paisible endroit deux athanors garnis de six cucurbites de verre et de matras. Avec ce matériel, ils entreprirent la transmutation du cuivre en argent. Ils essayèrent un procédé plus actif que le précédent qui apparemment n'avait pas donné satisfaction. Les simples distillés étaient toujours du séneçon, du vermiculaire et des brins verts de genêt, mais au lieu de recueillir l'eau sortant des alambics, on la remettait dans la cornue jusqu'à disparition complète, pour fixer le sel par cohobation[21].

Malheureusement, l'opération ne fut pas menée à terme. Le valet de Vanens, La Chaboissière, avait été préposé à la garde du feu qui devait fonctionner nuit et jour, pendant plus d'un mois. Il avait ordre de mettre dans les athanors des pelletées de charbon matin et soir. Il faut croire que le drôle ne fit pas correctement son travail car, un jour de décembre 1676, le feu du fourneau calcina les solives du plancher. Furieuse, Mme Chappelain le chassa et brisa les cucurbites. Ainsi se terminèrent les expériences de la Croix-Faubin qui avaient donné tant d'espoirs à leurs protagonistes.

Après tous ces déboires, pourquoi ne pas faire plus simplement de fausses pièces avec un alliage de cuivre et d'or ? Vanens fut chargé de se procurer de la grenaille d'or en grande quantité, Cadelan, d'avancer les fonds et de mouler des pistoles et doubles pistoles d'Espagne. Enfin, un réseau chargé plus spécialement d'écouler les pièces au détail fut organisé. L'entreprise devint si florissante qu'il fut question de prendre le bail de la Monnaie pour inonder le marché.

La fabrication de la fausse monnaie était l'activité la plus avouable de la bande. Il y avait aussi la composition de poisons subtils, dont on faisait grand commerce, y compris à l'étranger (on mettait alors les fioles dans des caissettes emplies de son). On chuchotait que Vanens avait le secret de faire mourir les gens à volonté en un an, trois mois, un mois, quinze ou huit jours, et même sur-le-champ « par le moyen d'un bouquet ». « La Brinvilliers n'est pas morte, avait ricané La Chaboissière, il y en a bien d'autres[22]... »

Un Italien, attiré par cette intéressante recette, avait voulu l'acquérir moyennant la bagatelle de 40 000 livres. Vanens avait accepté de lui vendre de la drogue, mais non le brevet. Le misérable s'en était servi pour se défaire du trop bavard Petit-Jean, jardinier de la dame Chappelain. On avait entendu dire que l'adolescent était « mort à l'Hôtel-Dieu d'une maladie extraordinaire et inconnue ». Vanens était encore soupçonné d'avoir empoisonné une de ses anciennes logeuses qui l'avait dénoncé aux autorités, la Laforêt, morte après avoir absorbé un verre de vin mêlé « d'écume de plomb[23] », l'abbé Chapelle qui avait travaillé à la transmutation des métaux et lui avait prêté de l'argent et plusieurs autres personnes. Le sinistre La Chaboissière était responsable de quelques meurtres, dont celui d'une dame Levasseur, à qui il avait fait porter à l'Hôtel-Dieu des prunes empoisonnées. Il semble aussi que le vieux chancelier de France, Etienne d'Aligre, décédé officiellement à quatre-vingt-cinq ans d'une « rechute d'apoplexie », ait été victime de la recette de Vanens. Le soir de sa mort, des témoins avaient entendu

La Chaboissière et son ami, le chimiste aveugle Dalmas, qui fréquentaient le cuisinier et le cocher du vieil homme, tenir des propos étranges : « Nous venons de faire une bonne capture chez M. le Chancelier, s'était écrié La Chaboissière. Dalmas, tu auras demain deux pistoles de M. de Vanens. — Sûrement, répondit l'autre, je les ai bien gagnées ! » Et La Chaboissière avait ajouté : « Sacredieu ! J'en ferai bien d'autres ; je connais toutes les ruses de Paris[24]. »

Les poisons étaient fabriqués par eux. Une de leurs préparations consistait à faire bouillir des herbes dans une grande lessiveuse, à les tamiser dans un linge, à laisser refroidir le jus ainsi recueilli puis à y ajouter diverses poudres. D'épaisse et verdâtre, la liqueur devenait, au repos, comme « du vin bourru qui serait clair ». Catherine Leroy, maîtresse de La Chaboissière, sans doute la plus sincère de tous, révéla que, maltraitée, rouée de coups par son amant, elle avait été forcée de participer à la confection des poisons et à en porter plusieurs fioles cachetées à Cadelan. C'était pour les expédier hors de France... La Chaboissière avoua que son maître et lui « trouvaient bien mieux leur compte quand ils allaient eux-mêmes en campagne ». Le dernier voyage que Vanens fit dans ce but dura six semaines. Il rencontra, à l'église des Augustins de Lyon, son vieil ami l'Auteur qui lui demanda de passer en Italie pour une mission inconnue. Un témoin l'aperçut près de Venise, un deuxième le rencontra dans une auberge d'Avignon sous un habit religieux, accompagné d'un ou deux laquais en livrée. Il se faisait appeler le commandeur de Vanens et prétendait avoir un paquet du roi à remettre au vice-légat du pape. Au retour, La Chaboissière, d'un air triomphant, dit à Dalmas et à Catherine Leroy, en leur montrant de belles pièces d'or : « Il y a une grosse tête qui est allée porter sa cuillère dans l'autre monde. On en fera sauter bien d'autres[25] ! »

Quelle était cette nouvelle victime ? Sans aucun doute un personnage important. On sait seulement qu'il était venu autrefois à la cour de France présenter des lettres au roi Louis XIII[26]. Si l'on en croit un propos de la Finette aux magistrats instructeurs, « Vanens, Cadelan et Terron avaient fait beaucoup de voyages à Saint-Germain pour toutes ces affaires-là ».

Quinze jours après le retour de Vanens à Paris, la police se saisissait de toute la bande, mettant un point final à leurs activités criminelles.

III

Les sorcières

La Bosse et la Vigoureux

Vers la fin de l'an de grâce 1678, Me Perrin, avocat sans grande clientèle, dînait rue Courtauvilain[1] chez une devineresse nommée Vigoureux. Dans la chaleur du repas, une imposante commère quadragénaire, au visage rouge et bouffi, Marie Bosse, s'étrangla de rire entre deux rasades de vin. « Quel beau métier !, s'écria-t-elle, et quelle clientèle ! Je ne vois chez moi que duchesses, marquises, princes et seigneurs ! Encore trois bons coups et je me retire, fortune faite ! »

Tous les convives s'esclaffèrent. Tous, excepté l'honorable Me Perrin, assez troublé pour aller le lendemain matin rapporter ces paroles au lieutenant du chevalier du guet. François Desgrez n'était pas homme à négliger une information. Il envoya aussitôt la femme d'un de ses archers chez la devineresse, à son bouge de la rue du Grand-Huleu[2], avec mission de se plaindre de son mari : « Revenez dans quelques jours, lui répondit celle-ci, j'aurai ce qu'il vous faut. »

A la seconde visite, en effet, la Bosse lui remit une petite fiole de liquide transparent : c'était du poison ! Preuve était faite que Me Perrin avait dit vrai.

Le 4 janvier 1679, le lieutenant général de police La Reynie faisait arrêter Marie Bosse, sa fille Marie, dite Manon, et ses deux fils, François dit Belamour, soldat aux gardes françaises, et Guillaume, quinze ans, qui avait été placé par sa mère à l'hôpital de Bicêtre « pour le moraliser et lui donner l'amour du travail ». Le même jour, on se saisissait de Marie Vandon, femme de Mathurin Vigoureux, tailleur d'habits, âgée de quarante ans, native d'Aurillac, venue s'installer à Paris quatre ans auparavant.

Les aveux de la Vigoureux et des membres de la famille Bosse, tous enfermés au donjon de Vincennes, ne tardèrent pas à soulever l'effarement et l'indignation du brave La Reynie. Il avait l'impression de s'enfoncer chaque jour davantage dans le cloaque répugnant des bas-fonds criminels.

Agée de quarante-quatre ans, Marie Marette, veuve en premières noces de Nicolas Bosse, marchand de chevaux, remariée à un nommé Mulbe, fils d'aubergiste, tapissier et faux-monnayeur condamné aux galères, exerçait la profession fort lucrative de devineresse. « A ses clientes, elle disait ce qui lui venait à l'esprit », affirmait méchamment sa vieille amie et rivale la Vigoureux, qui avait été la maîtresse de ses deux maris. Mais la Bosse ne se contentait pas de chiromancie. En bonne chrétienne, elle faisait célébrer des messes à l'église du Saint-Esprit, priait saint Nicolas de Tolentin et saint Antoine de Padoue pour faire réussir des mariages... et sans doute également des enterrements !

Une autre surprise du lieutenant général de police fut d'apprendre que la Bosse connaissait aussi le curé Nail et la demoiselle de La Grange, qui décidément étaient très liés au milieu des empoisonneurs. Cela confortait évidemment l'idée qu'ils n'avaient pas menti en parlant d'un complot contre le roi. Avec elle, la Bosse était allée chercher un trésor à Ivry, dans la propriété d'un riche partisan, Guillaume Languet, condamné par la Chambre de justice de 1661 et mort en 1666[3]. Les deux femmes, en compagnie d'une troisième, avaient retourné une partie du jardin, en vain. « Le soir, la de La Grange lui donna un écu pour sa peine et six harengs frais pour son souper[4]. »

La de La Grange et le curé Nail exécutés

Cette affaire de la demoiselle de La Grange traînait depuis trop longtemps. Le 15 janvier 1679, le roi agréa la proposition du lieutenant général de police de clore l'instruction et d'envoyer le dossier au Parlement. Le 4 février, la veuve de La Grange fut donc conduite devant ses juges et interrogée sur la sellette – cette petite chaise basse humiliante prévue dans les procédures criminelles. Elle déclara que, si elle était condamnée, « elle ferait un testament de mort dont il serait parlé ». La sentence rendue par la Grand'Chambre et la Tournelle assemblées suivit de peu. Comme il fallait s'y attendre, la peine capitale, déjà prononcée en première instance par le Châtelet, fut confirmée à son encontre comme à celle de son complice Nail. La Reynie fit immédiatement avertir le roi. Celui-ci, s'attendant à d'ultimes révélations, demanda à surseoir à leur exécution, jusqu'à ce qu'il eût en main les procès-verbaux de la question ordinaire et extraordinaire. Tout ceci témoignait de l'extrême attention portée par Louis XIV à ce procès.

Le 6 février, à huit heures du matin, en la Chambre de la question de la Conciergerie, Amyot, principal greffier de la cour, lut le verdict à la demoiselle de La Grange. On l'interrogea à nouveau sur l'escroquerie de son faux mariage, mais surtout sur le billet et ses accusations mystérieuses de complot contre le roi. Sa réponse demeura ferme et constante. Elle nia tout : « Elle proteste sur la part qu'elle prétend au paradis qu'elle ne sait ce que c'est du billet. » Ni elle ni le curé Nail ne l'avaient écrit. Elle répéta qu'elle pensait qu'il avait été fait par un certain chevalier de La Sablonnière. On n'en crut pas un mot et on la pressa de nouveau.

Elle continua ses mensonges, affirmant ne pas avoir vu la Bosse depuis dix ans (l'intéressée avait dit le contraire), ne connaître ni Vanens ni son valet La Chaboissière ni leurs amis et complices.

On devait lui faire subir le supplice de l'eau comme à la Brinvilliers, mais il faisait si froid dans cette salle de la Conciergerie que l'eau était gelée. On lui appliqua donc à la place les brodequins.

> L'avons interpellée derechef de nous reconnaître la vérité sur tous les faits.
>
> Elle n'a rien à dire et y a répondu.
>
> Au premier coin, elle n'a rien voulu dire.
>
> Au deuxième coin, elle n'a rien à dire autre chose que ce qu'elle nous a répondu par ses réponses ci-dessus.
>
> Au troisième coin, n'a voulu rien dire.
>
> Au quatrième coin, admonestée de reconnaître la vérité, elle l'a reconnue et dite par ses réponses.
>
> Au cinquième, l'avons derechef interpellée de nous dire la vérité sur le billet en question, et qu'elle ait à nous déclarer ce qui est contenu dans le testament de mort qu'elle dit avoir fait et donné pour le donner entre les mains du roi, et à qui elle en a donné des copies.

Le testament de mort qu'elle a fait a justifié son innocence, et il sera porté au roi, et Danzy, prisonnière à la Conciergerie, en a une copie (...).

Au sixième, a dit en ces mots : Qu'un million de diables me puissent étouffer si je n'ai dit la vérité (...).

Au septième, l'avons derechef interpellée de nous reconnaître la vérité ; elle n'a rien à dire davantage.

Au huitième, a dit la même chose[5]...

Son testament de mort, remis par une compagne de cellule, la Danzy, fut saisi sans scrupules et examiné. En fait, il ne contenait rien d'autre que des protestations d'innocence. Rien sur le billet, rien sur le complot hypothétique contre le roi.

Le lendemain, à huit heures du matin, on prononça devant le curé Léonard Nail l'arrêt rendu contre lui. A son tour, il fut soumis à la question. Il refusa encore d'admettre qu'il était l'auteur du fameux billet et essaya de donner le change :

Si la vérité n'est pas qu'il a écrit le billet en contrefaisant son écriture ? – Non, et il connaît l'écriture contenue au billet comme étant celle de la de Lapalme, qui faisait toutes les écritures de la Guéniveau, ainsi que les guichetiers du Grand Châtelet lui ont rapporté, et la de Lapalme, allant à la messe, lui a dit un jour à travers la porte que la Guéniveau et le chevalier de la Sablonnière le voulaient embarrasser [6].

Après ces propos confus, Nail refusa également de reconnaître qu'il fréquentait la Bosse, Vanens et La Chaboissière, et nia avec l'énergie la plus farouche avoir entendu parler d'un complot contre la vie du roi. Mais comment s'en étonner ? Il y allait de l'effrayant supplice de l'écartèlement, qu'on avait infligé à Ravaillac : le corps tenaillé au fer rouge, le plomb fondu versé sur les plaies, les membres tirés par quatre chevaux. L'horreur absolue ! On lui attacha alors les brodequins. Au deuxième coin, plus douillet que sa maîtresse, il eut une syncope. Le médecin accrédité auprès du Parlement, Rainssant, dut le soulager. Son état était tel – il avait perdu la parole et son pouls battait la chamade – qu'il le fit délier, l'installa au coin du feu avec un verre de vin. Mais, à peine remis, on reprit la procédure.

> Au troisième coin : Si ce n'est pas lui qui a fait le billet ? – Il ne sait ce que c'est, et qu'on le fasse mourir.
>
> Au quatrième : il n'a aucune connaissance du billet.
>
> Au cinquième, a dit la même chose.
>
> Au sixième : Si ce n'est pas lui, qui a fait le billet ? – Il ne verra jamais son Créateur s'il est vrai qu'il ait eu connaissance du billet.
>
> Au septième : il ne sait ce que c'est du billet.
>
> Au huitième : il ne veut jamais voir Dieu s'il a aucune connaissance du billet[7]...

Le roi, à la lecture de ces procès-verbaux, ordonna une confrontation avec certains des prisonniers de la Bastille, probablement Vanens et sa bande. Celle-ci eut-elle vraiment lieu ? On ne sait, car le compte rendu manque. En tout cas, le 8 février au soir, par un froid coupant, après avoir enfin avoué sur le chemin de Notre-Dame le faux contrat de mariage et l'assassinat de Faurye, mais nié une nouvelle fois leur connaissance d'un complot contre le roi, les deux complices étaient brûlés vifs en place de Grève, à la lueur des flambeaux et au chant du *Salve*.

La dame de Poulaillon

Pendant ce temps, s'était poursuivie l'instruction du procès de la Bosse. On l'avait interrogée sur sa passion de la chimie. Elle avait répondu que c'était la femme Monvoisin, dite la Voisin, qui, dès son jeune âge, lui avait « mis cela dans la tête[8] ». N'ayant ni creuset ni alambic à sa disposition, elle se contentait de faire ses expériences dans des casseroles au coin du feu, utilisant du vif-argent, de l'eau-forte et surtout de la ciguë qu'elle allait ramasser dans les champs et dont elle avait, assure-t-elle, « employé plus qu'elle n'est grosse[9] », ce qui avait laissé La Reynie rêveur en contemplant son embonpoint ! Qu'en faisait-elle ? Elle pilait ces herbes, en tirait un suc épais qu'elle versait dans un matras avec du mercure et du vif-argent. Ainsi confectionnait-elle les fameux bouillons de la rue Saint-Denis...

La plupart de ces affreuses mégères étaient en relation suivie avec des membres de la haute société riche et huppée. « Le roi, déclara un jour la Bosse, ne saurait faire un plus grand bien à Paris et à son royaume que d'exterminer cette malheureuse engeance de personnes qui se mêlent de deviner et de tels commerces ; il y en a plus de quatre cents à Paris[10]. »

C'est ainsi que la Vigoureux et la Bosse avouèrent compter parmi leur clientèle Mme de Poulaillon qui recherchait un somnifère puissant pour son vieux et fort riche mari. Etait-ce pour l'endormir d'un sommeil éternel ? La Reynie voulut en avoir le cœur net. Le 11 février, il faisait arrêter la ravissante Marguerite de Jehan, épouse du sieur de Poulaillon. C'était l'une des plus jolies femmes de son temps, issue d'une noble famille bordelaise. Les contemporains vantaient unanimement sa distinction, sa fraîcheur, la beauté de ses traits et le charme délicat de sa personne. Intelligente et instruite, elle avait fait, comme il était fréquent à l'époque, un mariage de convenance en épousant un veuf fort riche, plus âgé qu'elle, Alexandre de Poulaillon, maître des eaux et forêts de Champagne. Elle vécut avec lui en bonne intelligence jusqu'au jour où elle se donna à un certain marquis de La Rivière, prétendument seigneur de Coussy, ancien aide de camp du duc de Beaufort, irrésistible bellâtre plus habile à profiter des femmes qu'à brandir l'épée sur les champs de bataille. Dès lors, Mme de Poulaillon se ruina pour garder cet amant incomparable.

Son barbon de mari s'aperçut de ses dépenses inconsidérées et eut tôt fait de pressentir la vérité. Il ne se fâcha pas. Il faut dire qu'il était d'une patience sans limites et d'une bonté confinant à la complaisance. Sa femme se vantait de pouvoir tirer de lui ce qu'elle voulait d'un simple mot d'amitié. En homme prudent, il serra néanmoins les cordons de la bourse, ferma sa cassette à double tour et fit mettre des serrures aux fenêtres de son cabinet. Qu'à cela ne tienne ! L'infidèle épouse vendit peu à peu ses meubles, chaises, tables et même son grand lit à garniture d'Angleterre. Par l'intermédiaire de la Bosse, qui venait la voir déguisée en marchande, elle mit en gage jusqu'à ses cuillères d'argent et sa belle robe de moire aurore et blanc, doublée de vair. Que n'aurait-elle fait pour son cher marquis !

Comme ces expédients ne suffisaient pas à satisfaire ses besoins pécuniaires, elle en vint à concevoir des stratagèmes plus compliqués et plus dangereux. Avec un morceau de cire, elle prit l'empreinte de la serrure du cabinet secret où son mari gardait jalousement ses économies. La Bosse se chargea de faire faire la clé par un serrurier du quartier du Temple. Deux ou trois spadassins devaient sauter à la gorge du maître des eaux et forêts, le bâillonner, le ligoter, ouvrir ses cassettes et, avant de prendre la fuite, jeter les sacs d'écus par la fenêtre. Projet audacieux. Malheureusement la clé fournie ne fut pas assez résistante et se brisa dans la serrure !

Mme de Poulaillon avait l'esprit tenace et ingénieux. Elle imagina alors d'endormir son mari et, pendant son sommeil, de lui dérober son trousseau de clés. Son mauvais ange, la Bosse, promit de lui donner une « eau claire comme de l'eau de fontaine » contenant un soporifique inodore. Le même jour, sur les quatre heures de l'après-midi, elle lui apporta une fiole dans laquelle il y avait un liquide suspect « qui sentait fort, qui n'était point clair, environ d'un demi-setier » : c'était une décoction de pavot que la trop prévenante Mme de Poulaillon ne put faire prendre à son époux en raison de son odeur et de sa couleur.

Elle n'eut pas plus de succès avec les douze grains d'opium qu'elle mêla à ses aliments. Cette fois, il ne s'agissait plus de l'endormir, mais bel et bien de l'envoyer *ad patres*. Celui-ci goûta au plat et lui trouva une saveur bizarre. Elle en fut quitte pour prendre son écuelle et vite en jeter le contenu. Toute la domesticité, au courant de ses projets, s'efforçait de les contrecarrer, sans rien oser dire. La cuisinière, voyant un jour le pauvre homme se trouver mal après son repas, comprit qu'il venait d'absorber quelque poudre mortelle. Immédiatement, elle lui fit avaler du jus de citron et, en même temps, lui révéla qu'un inconnu en voulait à ses jours. Qui ? Tout autre que ce bon M. de Poulaillon l'eût deviné...

Marie Bosse elle-même, qui n'en était pourtant plus à ses coups d'essai – il y avait quinze ans qu'elle exerçait ce délicieux métier –, trouvait inquiétante la froide résolution de cette femme. Elle redoutait qu'une mort trop soudaine n'éveillât les soupçons. Aussi conseilla-t-elle une recette discrète et des plus efficaces, dont elle avait usé à deux reprises avec succès. Il s'agissait d'« accommoder » le bas d'une chemise de nuit de son mari au moyen d'un mélange de savon noir et d'arsenic.

> La chemise empoisonnée n'avait rien d'extraordinaire, sinon qu'elle était un peu plus rousse et comme mal blanchie, et plus ferme qu'à l'ordinaire, ce qui était difficile d'être remarqué à moins d'être prévenu, et la lui faisant voir, elle dit qu'il n'y avait que le bas de la chemise qui fût préparé, et qu'elle n'avait rien fait au corps de la chemise et que l'effet que la chemise devait produire était de causer une grande inflammation et grandes douleurs au derrière et parties voisines de M. de Poulaillon[11]...

On attribuerait cette inflammation à la syphilis ou à quelque autre maladie honteuse. Le crime était particulièrement odieux puisqu'il permettait non seulement de se débarrasser sans grand risque de la malheureuse victime, mais par la même occasion de ruiner sa réputation, sa fin passant pour la juste sanction de ses débauches.

Tout avait été prévu : si l'effet était insuffisant, on devait achever l'infortuné en lui administrant un lavement d'eau-forte en solution. Une fois encore, la tentative échoua. L'acide arsénieux n'était pas assez concentré pour produire des lésions cutanées. Le maître des eaux et forêts, qui commençait à avoir de sérieux doutes, fut averti par un billet anonyme écrit par l'une de ses servantes sur l'invitation de son confesseur. Comme il avait la faiblesse d'aimer encore sa femme, il se contenta de lui présenter le billet et de lui faire des reproches. L'effrontée nia tout, fit un charmant sourire et calma ses inquiétudes par de douces caresses.

Mais il perdit toute patience lorsqu'il apprit peu après qu'elle avait engagé deux ou trois solides rapières aux fins de l'assassiner au coin d'une rue. Il la fit enfermer au couvent et ne la libéra que pour entamer au Châtelet la procédure de séparation de corps et de biens. C'est à ce moment que, sur ordre de La Reynie, elle fut arrêtée et menée à Vincennes.

Quant au marquis de La Rivière, l'amant de la belle, il jugea opportun de changer d'air et de se retirer en Bourgogne dans une propriété voisine des terres de Bussy-Rabutin. Incorrigible séducteur, il entreprit alors de conter fleurette à Mme de Coligny, fille du célèbre écrivain. Il la séduisit, signa de son sang une promesse de mariage et finit par s'exécuter. Elle avait 20 000 livres de rente, lui rien...

La Chambre ardente

Après l'horreur de ces révélations, on comprend la hâte des autorités à clore les instructions en cours. Dès le 24 janvier 1679, Louvois avait demandé à Robert, procureur du roi au Châtelet, de « mettre au plus tôt ces affaires-là en état de finir[12] ». Nul ne pouvait se douter que l'affaire des Poisons allait encore durer plus de trois longues années, jalonnées de coups de théâtre et d'arrestations en chaîne. En tout cas, la fâcheuse publicité et le scandale nés autour de la marquise de Brinvilliers avaient déterminé le roi à ne plus confier ces sortes d'affaires au parlement de Paris, auquel il n'avait pardonné ni sa lenteur, ni ses échecs, ni sa complaisante indulgence lors de l'affaire Penautier. Par ailleurs, des procédures comme celles entreprises contre

Vanens et sa bande, qui mettaient en cause un pays voisin, la Savoie, essentiel dans le jeu des alliances, ne pouvaient donner lieu au moindre déballage judiciaire. Louis XIV souhaitait donc une justice à la fois discrète, efficace, impartiale, « soustraite, comme dit l'historienne Arlette Lebigre, à la curiosité angoissée du public[13] ». Voilà pourquoi il décida de créer une juridiction extraordinaire, comparable à celles qui avaient jugé le surintendant Fouquet et le chevalier de Rohan, ou encore aux Grands Jours d'Auvergne qui s'en étaient pris aux petits potentats seigneuriaux de cette province encore à demi féodale. Par lettre patente du 7 avril 1679, il constitua officiellement une nouvelle commission, vite surnommée la « Chambre ardente », en souvenir de ces juridictions médiévales qui délibéraient dans une salle tendue de noir, éclairée de torches et de flambeaux. La nouvelle cour s'installa à deux pas de la Bastille, dans le triste bâtiment de l'Arsenal qui avait perdu tout caractère militaire depuis qu'il était devenu la résidence habituelle du maréchal-duc de La Meilleraye, grand maître de l'Artillerie.

On prit un soin tout particulier à nommer des magistrats dévoués et triés sur le volet : Louis Le Tonnelier de Breteuil, ancien contrôleur général des Finances, Gaspar de Fieubet, Augustin Robert de La Bretesche, Daniel Voisin, M. d'Argouzes, Michel Le Pelletier de Souzy, tous conseillers d'Etat, Bernard de Fortia, André Le Fèvre d'Ormesson, MM. Antoine de Turgot, de Seine et de Thuiz, maîtres des requêtes. Au ministère public, on désigna M. Robert, avec pour substitut M. de Pérez. MM. de Bazin de Bezons, conseiller ordinaire du roi en ses conseils et membre de l'Académie française, et La Reynie, lieutenant général de police, furent choisis comme rapporteurs chargés de l'instruction. A en croire Primi Visconti, Bazin de

Bezons, sous des dehors bien enrobés, était assez méchant homme. Comme il somnolait souvent, il suffisait de lui dire : «Monsieur, l'accusé fait des aveux[14]» pour le faire revenir à lui. Son rôle dans le procès des Poisons restera marginal. C'est La Reynie, et lui seul, qui en sera la cheville ouvrière.

Né en 1625 à Limoges, issu d'une riche famille de robe, Gabriel Nicolas de La Reynie avait épousé la fille d'un avocat bordelais. Après avoir terminé ses études de droit, fréquenté le barreau, il se tourna vers la magistrature. Resté fidèle au duc d'Epernon, gouverneur de Bordeaux, il devint son intendant avant d'acquérir en septembre 1661 une charge de maître des requêtes. On l'a dit, c'est lui que choisit Jean-Baptiste Colbert, ministre et secrétaire d'Etat à la maison du roi, qui avait de ce fait la tutelle de la ville de Paris, pour exercer à partir de 1667 la charge nouvellement créée de lieutenant général de police.

Malgré la faiblesse des effectifs des commissaires et des exempts de police, La Reynie accomplit un travail gigantesque durant les trente années qu'il resta en fonction, assurant de son mieux la sécurité de la ville, pourchassant les bandes d'errants et de délinquants, souvent très violentes, faisant disparaître les cours des miracles, veillant à l'éclairage des rues, à l'hygiène et à l'approvisionnement des marchés, à la traque des libellistes et libraires clandestins ainsi qu'au contrôle des maisons de jeu.

La présidence de la commission revint à un intègre mais terne sexagénaire, Louis Boucherat, comte de Compans, futur chancelier de France. On désigna comme greffier Jean Sagot, qui officiait au Châtelet et était secrétaire de La Reynie. Enfin, les experts chargés des rapports médicaux et toxicologiques furent les médecins Fresquières et

Dugué, les apothicaires Simon et Geoffroy, des hommes réputés.

La procédure établie était formaliste et minutieuse, respectant les règles de la justice criminelle codifiée par l'ordonnance de Saint-Germain de 1670. Le suspect arrêté par lettre de cachet signée du roi était enfermé à la Bastille ou au donjon de Vincennes. Au vu des premiers interrogatoires, le procureur général Robert ordonnait les réquisitions, les confrontations avec les coaccusés et les divers récolements. Les commissaires instructeurs, Bazin de Bezons et La Reynie, soumettaient ensuite leurs rapports à la Chambre, de même que le ministère public ses conclusions. Les juges décidaient alors si l'accusé devait être ou non « recommandé », c'est-à-dire gardé en prison sur ordre de la commission. Dans l'affirmative, l'instruction était poursuivie. Le procureur prononçait son réquisitoire. L'accusé était entendu une dernière fois sur la sellette, puis les juges rendaient leur sentence, une sentence sans appel. Le prisonnier condamné devait subir avant son exécution les questions ordinaire et extraordinaire, soit par les brodequins, soit par le supplice de l'eau.

En apprenant la création d'une juridiction spéciale chargée des affaires d'empoisonnement et de sorcellerie, ces messieurs du Parlement firent grise mine. Le premier président Guillaume de Lamoignon, drapé dans sa toge rouge doublée d'hermine et coiffé de sa toque noire, vint auprès du roi défendre avec sa dignité habituelle la « justice immaculée », protestant contre l'existence même d'une telle cour d'exception. Mais Louis XIV resta de marbre.

La Voisin

Entre-temps, on avait mis sous les verrous la plupart des complices cités lors des précédents interrogatoires. C'est ainsi que le 12 mars 1679, à 8 heures du matin, François Desgrez, le commissaire Camuset, assistés de plusieurs huissiers et sergents à verge, appréhendaient, à l'issue de la grand-messe de Notre-Dame-de-Bonne-Nouvelle, une pieuse paroissienne, Catherine Deshayes, épouse du sieur Antoine Monvoisin (ou Montvoisin), immortalisée sous le sobriquet de la Voisin, une des plus habiles empoisonneuses de tous les temps. Interrogée le 17 mars 1679, elle déclara être âgée de quarante-deux à quarante-trois ans et demeurer à la Villeneuve-sur-Gravois, rue Beauregard.

Au début du règne personnel de Louis XIV, la Voisin habitait une étroite maison du pont Marie où son époux, un parfait incapable, avait exercé avec un égal insuccès les professions de marchand mercier, joaillier et bonnetier. Il avait perdu toutes ses pratiques. C'est la raison pour laquelle la sorcière s'était attachée à cultiver deux sciences « que Dieu lui avait données », la chiromancie et la physionomie, qu'elle avait apprises dès l'âge de neuf ans. Etablie devineresse, elle avait eu plusieurs fois maille à partir avec la justice et les autorités ecclésiastiques. En 1664, elle avait dû s'expliquer devant les vicaires généraux et plusieurs docteurs en théologie de la Sorbonne, qui n'avaient finalement rien trouvé à redire à son « art ». A trois reprises, elle avait connu la prison et avait été condamnée la dernière fois au bannissement et à une forte amende. Pour échapper aux poursuites, à la fin de 1664 elle s'était retirée avec sa famille aux confins de la capitale, loin de ses ruelles fétides et sordides, de ses encombrements, dans le faubourg de la Villeneuve-sur-Gravois. Situé entre les remparts et le faubourg Saint-Denis, c'était au Moyen Age un glacis désert servant de décharge publique aux habitants des environs. Lorsque Paris se trouva trop à l'étroit dans sa vieille enceinte, on autorisa quelques artisans à s'y fixer, sans être rattachés aux corporations et aux jurandes de la ville. Ainsi naquit autour du clocher de Notre-Dame-de-Bonne-Nouvelle[15] ce quartier populaire, garni de petites maisons basses, isolées au milieu de grands jardins et de terrains vagues, bientôt percé par les rues de Bourbon, de Cléry et Beauregard.

Dans cette dernière rue, la Voisin acquit un logis composé de deux pièces de plain-pied et de quelques chambres au premier étage[16]. Au fond du jardin, elle installa son cabinet de consultation dans une baraque meublée simplement d'une table, de deux chaises et d'une tapisserie. Détail atroce, derrière la tapisserie on découvrit un petit four crématoire qui servait à calciner des fœtus d'enfants. Il était encore empli d'un tas de cendres grises. Un jour qu'elle était ivre – ce qui lui arrivait souvent, même en prison –, elle avoua qu'elle avait « brûlé dans le four ou enterré dans son jardin les corps de plus de deux mille cinq cents enfants nés avant terme[17] ». Chiffre sans doute très exagéré, en tout cas non vérifié, puisque les magistrats, peu curieux, ne cherchèrent pas à remuer son jardin. Quand ses amies s'étonnaient de ce four, elle répondait que c'était pour y faire « cuire des petits pâtés[18] ».

Le plus grave est qu'elle n'avait aucune conscience de son péché. En bonne chrétienne, l'âme en paix, elle ondoyait toujours l'enfant avant de le jeter dans les braises ! Elle témoignait même bien « de la joie[19] » de ce geste de salut. Une de ses vieilles amies, sa précieuse collaboratrice, Catherine Belleau, veuve d'Etienne Lepère, sage-femme et faiseuse d'anges, n'agissait pas de façon différente. Quand elle avait trop de demandes, la Voisin sous-traitait avec elle. Arrêtée à son tour, celle-ci avoua ingénument à La Reynie le 27 mai 1679 qu'elle avait le secret de « faire vider » des femmes ou des filles enceintes avec une seringue spéciale, selon une technique qu'un médecin anglais lui avait apprise : « Pourvu qu'elle ait senti remuer l'enfant auparavant que de se servir de son remède, elle le fait venir au monde et le baptise. Elle le porte elle-même dans une boîte au fossoyeur, à qui elle donne une pièce de trente sols pour le mettre dans un coin du cimetière, ce qu'il fait sans en parler au curé, au vicaire, ni à personne. Elle en a fait enterrer de la sorte à Saint-Innocent et à Saint-Joseph[20]. » Comme les magistrats lui demandaient si elle savait que « c'était un crime de faire avorter des femmes ou des filles de la sorte », elle répondit qu'une « personne constituée en grande dignité ecclésiastique lui avait dit qu'on pouvait ainsi sauver l'honneur des femmes et des filles à qui il arrivait de pareils accidents[21] ».

Lorsque la Lepère manifestait quelque répugnance à poursuivre dans cette voie, la Voisin s'écriait : « Va, va, tu es folle ; le temps est trop mauvais ; comment veux-tu que je nourrisse mes enfants et ma famille ? J'ai dix personnes à charge[22]. » Il est vrai que la sorcière menait grande vie. Elle multipliait les neuvaines, vendait à ses clientes des onguents, des pommades, des philtres et des poisons de toutes sortes. Les membres de la plus haute société parisienne se rendaient à son officine, qui pour se défaire d'un mari gênant, d'un amant lassant ou d'une femme encombrante, qui pour parler au diable ou trouver un trésor.

Tel un oracle de l'Antiquité, la Voisin s'était fait tisser une « robe d'empereur » qui lui avait coûté la bagatelle de 15 000 livres. Le manteau était de velours cramoisi semé d'aigles «esployés à deux têtes, d'or fin», et la jupe de velours vert d'eau drapé de point de France, ce qui fit «bien du bruit dans Paris», confessa-t-elle. Mais la jacassante commère dilapidait si vite l'argent gagné en plaisirs ou en ripailles qu'elle connaissait le plus souvent des heures de misère, comme les autres, et comme les autres était obligée de mettre en gage ses hardes.

La sorcière avait toujours sous la main le remède miracle ou la personne susceptible de rendre le service désiré. Habile entremetteuse, elle connaissait le repaire secret de la plupart de ses acolytes, devineresses, empoisonneurs ou alchimistes, dont regorgeait la capitale, et à qui elle fournissait une bonne partie de la clientèle : la de La Grange (qui, on l'a vu, venait d'être exécutée), la Trianon, la Vautier, la Chéron, la Vigoureux, la Bosse qu'elle hébergea quelque temps, Mulbe, mari de la Bosse et faux-monnayeur, maître Pierre, berger du Roule, qui faisait des décoctions d'herbes vénéneuses et avait la réputation d'être le «plus habile et grand empoisonneur de France[23]», Vanens et sa bande, l'Italien Marre, «aussi savant en magie qu'il l'était sur la pierre philosophale», Chambellan, propriétaire d'un «grand laboratoire avec un grand nombre de fioles où il distillait», le chevalier de Saint-Renant «qui avait de méchants commerces sur le fait du poison et de la fausse monnaie»... Mais on n'en finirait pas d'évoquer cette maffia de coquins et de scélérats, organisée en réseaux souterrains. Tous ces gens se fréquentaient, s'encourageaient, se prêtaient ou au contraire se volaient la clientèle, les amants ou les maîtresses, se querellaient, cherchaient même à s'empoisonner. Il fallait être vigilant, surtout entre amis, porter sur soi du contrepoison. Telle était la loi du milieu...

Ses soupirants non plus ne se comptaient pas. Le mari, Antoine Monvoisin, terrorisé par sa femme et plusieurs fois menacé de poison, devait s'en accommoder. L'un de ses chevaliers servants était le bourreau de Paris, André Guillaume. Plus surprenant est de voir parmi eux l'architecte Fauchet, le comte de La Batie ou le vicomte de Cousserans. Quel charme pouvaient-ils trouver à cette femme aux mœurs crapuleuses ? Le seul portrait d'elle, celui du graveur Guillaume Chasteau, nous montre un visage épais, adipeux, des yeux matois, un nez trop long, une bouche large et sensuelle. Mais sans doute attirait-elle davantage par son pouvoir maléfique que par ses traits lourds.

Lesage

Le plus célèbre de ses amants fut le magicien Lesage, un aventurier de bas étage, encore appelé Dubuisson. Il fut arrêté le 22 mars 1679. De son vrai nom Adam Cœuret, originaire du village de Venoix, près de Caen, il était âgé d'environ trente-huit ans lorsqu'il arriva à Paris en avril 1667. Mal bâti, le visage sournois, vêtu habituellement de gris avec un manteau de bouracan, coiffé d'une perruque roussâtre, il se disait marchand de laine venu établir dans la capitale une « manufacture de poil ».

En vérité, ce rustaud, d'un aplomb magnifique, était un habile escroc passé maître en escamotages et jongleries. Un de ses tours favoris consistait à faire écrire par ses clients sur un billet les vœux qu'ils souhaitaient voir exaucer. Il pliait ensuite le papier sans le lire, l'insérait dans une boulette de cire contenant de la poudre noire. Le tout, jeté au feu, explosait dans un éclair digne de l'enfer, tandis qu'il récitait une formule magique tirée d'un vieil *Enchiridion Leonis papæ*, le manuel bien connu du parfait magicien :

Otos, anostra, baï, agius, agia, ischiros... « Revenez dans quelques jours, leur disait-il, Satan vous donnera une réponse ! » Les naïfs revenaient et avaient la surprise de se voir présenter une prétendue réponse du prince des Ténèbres inscrite sur leur propre billet. En réalité, l'adroit magicien avait jeté aux flammes une boule de cire identique mais ne contenant rien...

Ce sinistre bouffon habita quelque temps chez la Voisin puis, après une brouille, vint loger chez une de ses rivales, la Duverger, dont il fit sa maîtresse. Il s'associa alors avec un certain François Mariette, prêtre à Saint-Séverin, un gaillard « grand et bien fait, le teint blanc et les cheveux noirs », qui vivait publiquement avec deux traînées, la Boulard et la Leroux. Les deux compères cherchèrent à ravir la clientèle de la Voisin. Dans une petite maison de la rue de la Tannerie, le père Mariette, revêtu de l'étole et du surplis, lisait l'Evangile sur la tête de « femmes de qualité », disait des messes sacrilèges et, entre les deux élévations, récitait des conjurations. Il passait également sous le calice des poudres pour l'amour et des billets contenant des demandes compromettantes. Quant à Lesage, il faisait des invocations au diable, organisait des parodies de processions religieuses avec des lauriers et des hosties consacrées. « Outre cela, disait Primi Visconti, il donnait à faire des neuvaines à ses clientes et, le premier jour, il leur frottait la tête et les pieds, le second, les épaules et les genoux, et ainsi, peu à peu, il les accoutumait à se laisser tout faire[24]... »

Ces cérémonies avaient fini par attirer du monde. Ulcérée de cette concurrence qu'elle jugeait déloyale, la Voisin fit un éclat chez la Duverger, menaçant de perdre son amant et ses acolytes. Le Normand, habitué à ces querelles de poissardes, ne tint pas compte de l'avertissement.

Il eut tort. Leurs démêlés « ayant fait quelque éclat, remarque La Reynie, et le roi ayant eu avis que ces gens faisaient des impiétés et des sacrilèges », Mariette et Lesage furent arrêtés le 29 juin 1668 par les archers du guet et conduits à la Bastille. La Voisin révéla plus tard à l'une de ses amies que c'était elle qui les avait livrés...

Une fois l'instruction commencée au Châtelet, on s'aperçut que Mariette était cousin germain de la femme du président de la Tournelle, Henri de Mesmes. L'honneur de la magistrature interdisait de statuer sur son cas. Seul Lesage fut condamné aux galères et l'affaire, renvoyée devant le Parlement qui ne daigna pas pousser plus avant l'enquête. Il confirma la condamnation de Lesage aux galères et se contenta de bannir Mariette de la généralité de Paris pour neuf ans. Ce dernier alla se réfugier en province chez le vicomte de Cousserans, un des amants de la Voisin, propriétaire d'un château dans le Bordelais. Là, il changea de nom et se fit appeler prieur de Sainte-Catherine. Lesage, quant à lui, partit avec la chiourme pour Marseille. Il retrouva aux galères des individus de son espèce, charlatans, prestidigitateurs, empoisonneurs et chercheurs de trésors, dont certains avaient connu la Voisin. Mais il ne partagea pas leur sort, enchaînés à leur banc, vêtus de misérables haillons et fouettés jusqu'au sang par leurs féroces gardiens. Avec la complicité du capitaine qui était « bien aise d'avoir de ces gens-là », il se mit à rechercher la fixation du mercure et à fabriquer en mer de la fausse monnaie...

Interrogé le 22 mars 1679, Lesage déclara qu'il n'avait pas achevé son temps lorsque le roi, de Maëstricht, envoya un ordre pour le tirer des galères. Son navire croisait alors au large de Gênes[25]. Le roi ? De quelle mystérieuse protection Lesage disposait-il donc à la Cour ? Le 28 mars 1679,

Louvois demandait à Colbert de Seignelay, secrétaire d'Etat à la Marine, s'il avait entendu parler de cette affaire[26]. La réponse n'ayant malheureusement pas été retrouvée, les historiens ont supposé qu'il s'agissait d'une « puissante intervention sollicitée par la Voisin ». C'était oublier que la sorcière avait tout fait pour se débarrasser de son ancien amant. La vérité est plus simple. Il résulte de la correspondance de l'intendant des galères Arnoul qu'en juin 1673, une escadre de galères commandée par M. de Manse avait fait une démonstration militaire au large des côtes de la République de Gênes. Quelques barques et bateaux de pêche avaient été saisis. Une des galères s'étant particulièrement distinguée, M. de Seignelay manda à l'intendant Arnoul le 22 juin : « Envoyez-moi les noms des quinze Français qui se sont trouvés sur la galère de Gênes, le roi voulant leur donner la liberté[27]. » Ainsi, c'est à une mesure de grâce collective que Lesage avait dû son retour à Paris. Sans travail et ayant abandonné sa femme en Normandie depuis plusieurs années, le magicien reprit ses sordides activités, retrouva ses fréquentations. Il se réconcilia avec la Voisin en lui montrant un lingot d'argent qu'il prétendait avoir fabriqué : la Voisin, qui savait si bien exploiter la crédulité publique, était elle-même d'une grande naïveté. Durant toute sa carrière de devineresse, elle dépensa une fortune à entretenir de soi-disant alchimistes.

Son entente avec Lesage fut courte. Bientôt, elle s'amouracha d'un étrange et sentencieux personnage qui affirmait avoir « la connaissance des génies ». Elle l'appelait le « Grand Auteur ». Ce péroreur d'une quarantaine d'années, assez froid, d'une « bonne taille, ayant les épaules un peu hautes, assez épais, et avec des cheveux noirs », était natif d'Autun, en Bourgogne. Quelle était donc l'identité de ce mystérieux oracle ? C'est un homme de condition, répétait la sorcière, et le plus savant homme du monde, un prince italien. La réalité est bien différente. De son vrai nom Regnard, cet amateur de pseudonymes se faisait appeler Latour, Sertrouville ou Titreville. Comme le remarquait La Reynie, sa profession résistait « à l'opinion que plusieurs des accusés ont essayé de donner de son esprit et de sa conduite » : il était tout bonnement tailleur de pierre ! Hébergé par le peintre et chimiste Denis Jean Vautier, puis par la Voisin, ce rustre prétentieux n'avait en fait aucune demeure fixe à Paris. Comme tous les chercheurs de pierre philosophale, il fuyait la police. L'entremetteuse resta environ un an avec lui. Au printemps de 1676, le madré artisan la quitta brusquement, emportant toutes ses économies, soit douze à quinze mille livres...

Blessis

Il eut vite un successeur dans le cœur de la devineresse, Denis Poculot, sieur de Blessis, originaire de Lyon. Comme le Grand Auteur, cet ancien lieutenant d'infanterie était alchimiste et empoisonneur. Il tenait le secret de la poudre de projection d'un aventurier italien dont il avait fait la connaissance à Perpignan. Celui-ci avait longtemps refusé de le lui révéler, mais un jour, gravement malade, se voyant à l'article de la mort, il promit de lui donner le fruit de ses recherches. Malheureusement, la camarde frappa plus tôt que prévu : l'Italien décéda à l'Hôtel-Dieu sans avoir parlé ! A cette nouvelle, Blessis courut à l'hôpital et demanda les vêtements du miséreux. Les religieuses, le prenant sans doute pour un parent, ne firent aucune difficulté à les lui remettre. Fébrilement, il palpa les loques et y trouva un flacon de poudre rougeâtre et une formule en grec ou en hébreu. Enfin, il allait être riche !

De retour à Paris, il s'installa dans le quartier du Temple, rue des Fontaines, où le couple Bachimont distillait déjà à « la lueur de la lampe ». Il fit connaissance de Vanens, Sainte-Colombe et la Voisin, dont il devint l'amant. Cette dernière suivit avec un grand intérêt la progression de ses expériences. Blessis se conforma scrupuleusement aux opérations décrites dans le grimoire de l'Italien. Au début, le résultat fut plutôt décourageant. Un soir, fatigué, il lui rapporta une masse de matière noirâtre de deux onces et demie qui ne ressemblait à rien. « Je n'y parviendrai jamais ! soupira-t-il. Voilà tout ce que je peux faire avec les formules de ce faquin ! »

La commère prit le lingot, le soupesa et eut l'idée – étrange, en vérité – de le nettoyer avec un chiffon imbibé d'urine. A mesure qu'elle frottait, le métal devenait d'un blanc éclatant. Consulté, un orfèvre de la porte du Temple assura que c'était bien de l'argent ! Ragaillardi par ce succès, Blessis se mit aussitôt à la confection de pièces de deux ou quatre livres. Sa production était plutôt artisanale et excessivement lente : il n'avait qu'un moule pour chacun des deux types de pièces. De ce point de vue, il était loin d'égaler l'astucieuse bande de Vanens, Cadelan et Terron...

Blessis, il est vrai, excellait en d'autres activités. Il savait fabriquer les poisons les plus rares et les plus subtils. Sa spécialité était la préparation de parfums qu'il suffisait, paraît-il, de sentir pour expirer sur-le-champ. Il distillait également des remèdes appréciés des malades. Sa réputation dépassa bientôt le cercle des sorcières et de leur clientèle. Mme de Béthune, enchantée de ses services, l'introduisit à la Cour et le présenta au roi, à la reine et au dauphin. Ses travaux intéressaient particulièrement un autre chercheur du grand œuvre, non pas un de ces gueux qui faisaient bouillir du mercure au fond d'un misérable bouge, mais un grand seigneur, Roger de Pardaillan de Gondrin, marquis de Termes, neveu de M. de Montespan, qui prenait les eaux à Vichy en compagnie de Mme de Sévigné. Aigri, ruiné depuis le procès Fouquet, il s'était retiré de la vie mondaine et vivait discrètement dans son château de Fontenay-en-Brie[28] avec sa maîtresse, la marquise de Castelnau, « laquelle avait si bien renoncé à la pudeur, dit un chroniqueur de l'époque, que, quoique son mari, qui lui avait servi un temps de couverture, fût mort, elle ne laissait pas de paraître publiquement le ventre plein ». Les méchantes langues insinuaient que le marquis de Termes, « homme dans un désordre épouvantable », qui ne venait à la Cour qu'à la dérobée, avait trouvé un moyen efficace de ne pas régler ses dettes : il invitait ses créanciers au château. On les voyait franchir la passerelle dans un sens, jamais dans l'autre... Le pont-levis, d'ailleurs, restait habituellement levé, ce qui accréditait dans les environs la rumeur selon laquelle son propriétaire « travaillait à la fausse monnoye[29] ».

Toujours est-il qu'à la fin de 1678, l'inquiétant marquis enleva Blessis et le retint prisonnier jusqu'à ce qu'il pût transmuter devant lui le plomb en or. En février de l'année suivante, un agent de Colbert, M. de Selve, avertissait son patron qu'il se passait d'étranges choses au château. On y faisait venir de Paris des fourneaux, des ustensiles et des armes. « Il y a un athanor, un grand fourneau à fondre à feu ouvert et à feu clos, fourneau de réverbère, des grilles, plusieurs grands creusets, plein un baril de pierres blanches cristallines pour piler et réduire en poudre, des tamis pour les tamiser, plusieurs autres choses enfermées dans des coffres, le tout mis dans une très grande charrette attelée de trois bons chevaux (...). Huit jours après, il a été encore mené audit Fontenay par des mulets chargés de trois coffres et un grand panier plein, et entre autres choses plusieurs creusets, plusieurs marcs d'argent de coupelle, quantité de salpêtre, plusieurs bouteilles d'eau-forte, esprit-de-vin, esprit de nitre, du cuivre, du sel ammoniac, de la limaille de fer et autres drogues, quantité de vaisseaux de verre, cornues et matras. Le sieur marquis de Termes est audit château, qui est entouré de fossés, avec un pont-levis. Ils sont plusieurs personnes qui travaillent auxdits fourneaux dans une chambre qui est dans une tour (...). De plus, il y a encore le nommé Denis Poculot, dit Blessis, que l'on dit qui sait faire et convertir le cuivre en argent par le moyen d'une poudre qu'il fait. Il est accompagné d'un autre qui s'appelle Denis Jean Vautier, qui est peintre de son métier, lequel Vautier travaille à faire des huiles et poudres pour ledit travail. »

Dans la lettre accompagnant ce rapport, M. de Selve estimait « qu'il serait de l'autorité du roi d'envoyer voir ce qui se passe dans ce château[30] ». Mais rien ne fut décidé. La Voisin, quant à elle, se préoccupa d'obtenir la libération de son amant. Au début de mars 1679, elle se rendit à Saint-Germain avec un placet destiné au roi, attendant plusieurs jours le moment propice où, dans un couloir, elle pourrait le lui remettre en main propre. Après une seconde tentative, elle s'en revint à Paris. C'était le vendredi 10 mars. Elle projetait d'y retourner le lundi mais fut arrêtée le dimanche 12 au matin, à la sortie de la messe...

De quelques « dames de qualité »

La capture d'une telle femme allait donner au procès un regain d'intérêt. En effet, elle se montra tout de suite plus loquace que la Bosse et la Vigoureux, citant les noms de membres de l'aristocratie ou de la haute bourgeoisie parisienne venus en consultation à son cabinet de la rue Beauregard.

C'est ainsi que Marguerite Gallard, épouse de Jérôme Leféron, président de la première Chambre des enquêtes, lui avait demandé de la défaire de son mari par poison ou sortilège. Le 8 septembre 1669, le pauvre homme mourait subitement. Dans le rôle de la veuve inconsolable, sa femme fut une excellente comédienne. Sa première visite fut naturellement pour sa bienfaitrice. « Voilà qui est fait, Dieu merci !, dit-elle avec un soupir de soulagement. Je ne puis témoigner ma joie qu'ici, ailleurs je suis obligée de faire mille grimaces. »

Le 9 avril 1679, Mme Leféron était arrêtée par les archers du sieur Desgrez et conduite incontinent au donjon de Vincennes. Deux jours après, elle était rejointe par une autre cliente de la Voisin, Catherine Françoise Sainctot, femme de Philippe de Dreux, maître des requêtes au Parlement et cousine de deux juges de la Chambre ardente. Décidément, la magistrature était bien représentée des deux côtés de la barre !

Mme de Dreux ne ressemblait en rien à l'acariâtre Leféron, sinon par son égale absence de moralité. C'était une jeune personne, intelligente, séduisante, dévorée de coquetterie, affamée de plaisirs, affolée d'amour et courant le galant. Cette émule de la Brinvilliers qu'aucun scrupule n'arrêtait savait manier le poison avec une désinvolture et une dextérité inégalées. Tombée éperdument amoureuse de M. de Richelieu, petit-neveu du grand cardinal, et voyant qu'il ne répondait pas à sa flamme, elle avait d'abord songé à le tuer. En couchant avec elle, le galant marquis ne soupçonna pas un instant qu'il venait de sauver sa vie ! Cette tigresse avait d'ailleurs expédié dans un monde meilleur deux anciens amants devenus par trop encombrants et qui, apparemment, n'avaient plus l'heur de lui plaire. Il faut croire pourtant qu'elle jugeait sa connaissance des poisons encore bien imparfaite puisqu'elle demanda à M. de Marigny, capitaine aux gardes, de l'accompagner chez la Voisin. Elle s'y rendit à plusieurs reprises, un masque de velours sur le visage, cherchant à « se venger par le poison, par le fer et par l'assassinat ». Cette froide détermination était effrayante. Pour faire mourir son mari et Mme de Richelieu, elle remit à la sorcière une croix de diamants valant environ cinquante pistoles : chez la Voisin, on payait toujours d'avance. Selon le rite des conjurations, celle-ci fit alors brûler un fagot en prononçant des paroles incantatoires. Mais la police ne lui laissa pas le temps de poursuivre plus avant ses projets criminels.

La Voisin avoua encore que, quelques années auparavant, la marquise de Beaufort-Canilhac était venue masquée avec son amant, M. de Broglio, aimable blondin au visage « rond et vermeil ». Tous deux lui avaient réclamé de quoi occire le mari gênant, tellement adonné au vin qu'il était « pire qu'un cochon et une bête brute[31] ». On lança des recherches contre les amants criminels, devenus entre-temps mari et femme, tant à Paris qu'en Auvergne. En vain. Les croyant réfugiés en Savoie, on présenta une demande d'extradition à la duchesse, mais ils avaient disparu[32].

Marie Miron, veuve de Brissart, conseiller au parlement de Paris, n'eut pas leur chance. Elle voulait se faire aimer de M. de Rubentel, capitaine aux gardes françaises, et se débarrasser de sa sœur. Arrêtée à son domicile parisien, rue du Vieux-Colombier, paroisse Saint-Sulpice, elle nia à peu près tout. Elle n'avait été chez la devineresse que pour des « curiosités de femme », des « sottises, des choses ridicules », dont elle ne pouvait se souvenir, il y avait si longtemps...

Et les ordres d'incarcération signés du roi se multipliaient : Mme de Dreux, Deshayes, maréchal des logis de la maison de la reine, la Trianon et son inséparable compagne, la Dodée, Philbert Rebillé, musicien du roi, et sa redoutable maîtresse, la Brunet, sans oublier l'alchimiste et empoisonneur Blessis, qu'on alla délivrer du château de Fontenay pour le conduire illico en celui de Vincennes.

Les premières exécutions

Malgré le silence des autorités judiciaires, celui de *La Gazette* et du *Mercure galant*, une partie de ces glaçantes révélations filtra de l'Arsenal et jeta le trouble dans l'opinion. La Chambre ardente allait-elle poursuivre tous ceux qui avaient rendu visite, pour une raison ou une autre, aux charlatans et aux devineresses ? « On ne parle que de gens pris pour poison, écrit Mme de Scudéry, belle-sœur de la romancière, à Bussy-Rabutin. M. de Richelieu se désespère du malheur de Mme de Dreux ; cela fait peur à tout le monde ; grâce à Dieu je n'ai jamais acheté de fard ni fait dire une bonne aventure. » Dans cette atmosphère tendue, seul M. de Trichâteau, parlant de Mmes Leféron et de Dreux, ironisait : « La dernière est, au poison près, fort de mes amies et une des plus jolies femmes de France... »

Les magistrats voulurent agir vite et porter le fer rouge dans cet épouvantable chancre qui semblait ronger le royaume. Le 6 mai 1679, la Bosse et la Vigoureux étaient condamnées au bûcher tandis qu'une femme nommée Ferry, qui avait empoisonné son mari, « tissutier rubannier », se voyait infliger la pendaison, après avoir eu le poing coupé (tuer son mari était assimilé à un parricide). François Bosse, dit Belamour, était également promis à la pendaison. Sa sœur Marie, dite Manon, attachée au tombereau infamant, devait assister à l'exécution de sa mère et de son frère, avant d'être bannie du royaume. Ces sentences furent exécutées quelques jours plus tard, excepté pour la Vigoureux, morte à la question « d'un abcès dans la tête », comme dit laconiquement le procès-verbal. Au cours du supplice de la question, la Bosse subitement cita le nom de Mme de Montespan. La favorite du roi ! La Reynie en fut si éberlué, si bouleversé, qu'il n'osa rapporter le fait dans le procès-verbal d'interrogatoire[33].

Le 10 juin, un certain François Belot, de Mailly-sous-Bray, ancien chevau-léger de la garde, ami de la Bosse et de la Chéron, qui s'était fait la spécialité d'« accommoder » des écuelles, tasses et vaisseaux d'argent avec des crapauds préalablement gavés d'arsenic, était étranglé et exposé sur la roue en place de Grève. Le même jour, une autre commère, la Philbert, fille d'un orfèvre, vieille connaissance de la Bosse, de la Vigoureux et de la Voisin, était pendue, le poing coupé, après avoir fait amende honorable devant Notre-Dame. Veuve d'un nommé Brunet, qu'elle avait assassiné avec une chemise imprégnée d'arsenic, elle avait épousé le joueur de flûte de la Grande Ecurie du roi, Philbert Rebillé, dit Philibert, un amant incomparablement doué, recherché par toutes les femmes pour certaine particularité physique peu ordinaire[34]. Le 20 juin, Anne Petit, femme de Nicolas Chéron, dite la Chéron, marchande de fruits, convaincue de plusieurs crimes, était étranglée au poteau, avant d'être brûlée (ce *retentum* était une grâce particulière qui lui avait été accordée par la Chambre). Le 13 juillet, une femme Pottereau, qui avait contacté diverses sorcières, dont la Bosse et la Vigoureux, pour faire mourir son mari, était pendue. Le lendemain, on procédait à l'exécution d'une cordonnière, la Durand, qui avait également empoisonné son mari. Le 12 août, la sinistre faiseuse d'anges Lepère allait rendre ses comptes à Dieu. En raison de son grand âge – soixante-dix-huit ans –, on lui avait épargné la question. Place de Grève, le spectacle était permanent...

L'une des accusées, la femme Dodée, compagne de Lesbos de la Trianon, prise de panique, se suicida. Son inhumation s'effectua dans le plus grand secret. Louvois, très consciencieusement, en rendit compte ainsi au roi :

> La Dodée, qui a été mise à Vincennes en même temps que la Trianon et n'y a été interrogée qu'une fois, et ce sur des faits très légers et dans lesquels il n'était point question de poison, s'est coupé la gorge avant-hier soir et s'est mis sa chemise par-dessus sa plaie, où la plus grande partie de son sang a coulé. On l'a trouvée morte en ouvrant sa chambre ce matin pour lui porter à déjeuner ; c'était une femme d'environ trente-cinq ans, assez bien faite, qui avait aidé la Trianon dans ses sacrilèges. M. de La Reynie a été d'avis de la faire enterrer, ce qui a été exécuté cette nuit[35].

Seule la ravissante Mme de Poulaillon, l'épouse du maître des eaux et forêts, sut émouvoir les juges par sa beauté, sa douceur, sa sereine résignation devant la mort. Le 5 juin, le procureur général requit contre elle la sentence capitale. Sa décapitation en place de Grève devait servir de précédent pour la présidente Leféron et Mme de Dreux. Les membres de la commission discutèrent de son cas pendant quatre heures, cherchant à lui trouver des circonstances atténuantes. Un des juges, M. de Fieubet, ému par ses édifiants remords, usa de son éloquence à convaincre trois de ses dix collègues qui avaient « opiné la mort ». Des considérations de haute politique s'en mêlaient. Prononcer la sentence capitale, c'était rendre inévitables les exécutions de Mmes Leféron et de Dreux et, de ce fait, défier le Parlement et la noblesse de robe dans son ensemble. La Chambre ardente n'osa aller jusque-là.

« La grande difficulté, note La Reynie, fut, après cela, à consoler Mme de Poulaillon lorsque son arrêt lui fut prononcé et qu'elle se vit seulement condamnée au bannissement au lieu de la peine de mort qu'elle avait elle-même prononcée en présence de ses juges, après leur avoir témoigné la joie qu'elle avait, en expiant ainsi son crime, de se délivrer en même temps de tous ses autres malheurs[36]. » A la demande de la jeune femme, le roi commua sa peine en détention perpétuelle aux Pénitentes d'Angers.

IV

Révélations

La Voisin et Lesage multiplient les dénonciations

Restait à juger la Voisin, Lesage et leurs complices. A partir du mois d'août 1679, on constate un changement dans leur attitude. Alors qu'ils étaient restés jusque-là singulièrement muets sur certaines de leurs fréquentations ou certains épisodes de leur vie, brusquement ils entrèrent dans la voie des confidences, firent des déclarations étonnantes qui ne furent d'ailleurs pas toutes consignées dans leurs interrogatoires.

> La Voisin commence fort à parler, écrit Louvois au roi le 16 septembre; elle a dit hier que Mme de Vivonne et Mme de La Mothe, jointes ensemble, lui avaient demandé de quoi se défaire de leurs maris, et que ces deux dames avaient été sur cela en commerce avec Lesage[1]...

Révélation d'importance. Mme de La Mothe était Marie Isabelle Gabrielle de La Mothe-Houdancourt, duchesse de La Ferté. Quant à la duchesse de Vivonne, plusieurs fois citée par les empoisonneurs, elle n'était autre qu'Antoinette Louise de Mesmes de Roissy, fille du président au Parlement Henri de Mesmes, épouse de Louis Victor de Rochechouart, gouverneur de Champagne et de Brie, maréchal de France et vice-roi de Sicile en 1675, le propre frère de la marquise de Montespan. Mariée à quatorze ans, elle s'entendait mal avec son mari, « le gros crevé », comme le surnommait Mme de Sévigné. Ce bon vivant, fort lettré au demeurant, « avait horreur des dames, vivait séparé de sa femme et lui préférait les coquines les plus prostituées[2] ». La duchesse de Vivonne était une des femmes les plus en vue de la Cour, et le roi goûtait infiniment sa compagnie. Leur « commerce, expliquait Mme de La Fayette, était plutôt une confidence libertine qu'une galanterie ». « Elle était haute, libre et capricieuse, ajoutait Saint-Simon, ne se souciait de faveur ni de privance et ne voulait que son amusement[3]. » Elle aimait le jeu à la folie, au point de frôler la ruine. Sa belle-sœur, Mme de Montespan, la ménageait. Elle, au contraire, lui cherchait souvent querelle.

Lesage s'efforçait évidemment de se disculper en chargeant son ancienne maîtresse et complice, la Voisin. Sans doute reconnaissait-il quelques diableries et jongleries qui n'avaient dupé que ceux qui l'avaient bien voulu ; c'étaient jeux innocents au regard des crimes de la femme d'Antoine Monvoisin. Lors d'un interrogatoire resté secret, dont La Reynie a gardé un résumé, il assura au lieutenant général de police que celle-ci avait fait de mystérieux voyages à Saint-Germain où elle avait rencontré Mlles des Œillets et Catau. « Dans les poudres que la Voisin portait à Saint-Germain, il y avait des cantharides. (...) A certain voyage que le roi fit sur la frontière, Des Œillets eut beaucoup de commerce avec la Voisin[4]... » Insinuation pleine de sous-entendus, et des plus graves.

Ces jeunes personnes étaient en effet les suivantes de Mme de Montespan. Affirmer que ses dames de compagnie fréquentaient la sorcière, n'était-ce pas faire entendre que la marquise les avait mandatées ? Ces poudres de cantharide portées au château de Saint-Germain étaient considérées comme des aphrodisiaques. Avait-elle eu l'intention d'en donner au roi ? Le scandale allait-il éclabousser la concubine du tout-puissant monarque ? Inconcevable. Louis XIV ne pouvait tolérer qu'on la mêlât à ces sordides histoires. On ne soupçonne pas la femme de César, légitime ou non ! Ainsi, à son corps défendant, le roi, tenu méticuleusement au courant, se résolut-il à rendre encore plus secrète la procédure, la Chambre ardente lui paraissant incapable de traiter avec la discrétion voulue les scandales qui menaçaient d'éclater. Le 21 septembre, il donna en ce sens des instructions à son fidèle lieutenant général de police :

> M. de La Reynie, estimant à propos de faire interroger quelques-uns des prisonniers détenus en mon château de Vincennes sur les faits mentionnés au mémoire ci-joint, je vous écris cette lettre pour vous dire que mon intention est que vous ayez à procéder au plus tôt auxdits interrogatoires et à faire écrire *sur des feuilles séparées* les réponses que chacun desdits prisonniers vous fera, pour en être ensuite usé selon et ainsi qu'il sera par moi ordonné[5].

Ces feuilles, on s'en doute, étaient destinées à être isolées des liasses du procès, afin d'échapper aux regards scrutateurs des juges et d'empêcher ceux-ci de convoquer à leur convenance telle ou telle personne.

La Voisin, interrogée dès le lendemain, nia avoir fait à Saint-Germain d'autres voyages que ceux dont elle avait parlé. Elle ne savait qui était cette demoiselle des Œillets. Quant à Catau, « qui demeurait au Palais-Royal et qui depuis a demeuré auprès de Mme de Montespan», elle l'avait connue il y a longtemps par l'intermédiaire de sa tante «qui demeurait en ce temps-là dans la rue des Vieux-Augustins».

Lesage avait encore déclaré que plusieurs commères de la Voisin, la Bosse, la Vigoureux, la Bergerot et la Petit, avaient cherché à faire admettre au service de Mme de Montespan Marie Lemaire, femme Vertemart, accusée d'avoir demandé la mort de son mari, huissier à la Chambre des comptes, et celle de l'épouse de son amant. Dans quel but? On le verra tout au long du procès, des empoisonneurs et leurs amis s'évertuaient à entrer au service d'un grand seigneur ou d'une grande dame de la Cour. La domesticité de ces personnages se mesurait en dizaines, voire en centaines d'individus : laquais, lingères, cochers, garçons d'écurie, frotteurs de parquet, cuisiniers, marmitons, demoiselles de compagnie, intendants... C'était pour ces miséreux un moyen de s'assurer une bonne place, bien rémunérée, d'obtenir des informations utiles aux devineresses, mais peut-être aussi celui d'empoisonner commodément la victime désignée, tel La Chaussée introduit chez le conseiller d'Aubray. Quelqu'un cherchait-il à empoisonner Mme de Montespan? Cette Vertemart était sœur d'un sommelier de paneterie-bouche de la Cour, Rodolphe Lemaire : elle avait de cette façon accès aux cuisines du roi[6]. Inquiétant.

Naturellement, on pressa la Voisin de questions. La Vertemart lui avait-elle parlé de son dessein d'entrer au service de Mme de Montespan? Ne lui avait-elle pas demandé de s'entremettre pour le faire aboutir? «Oui, et c'était chez Mme de Montespan ou chez quelque autre personne de qualité; mais elle n'en a rien fait.» La devineresse avoua en revanche s'être employée à placer

Catau chez la marquise, mais « n'avait fait nulle autre chose pour cela que de prier Dieu »... Trois neuvaines avaient suffi. En remerciement, Catau, bien ingrate, ne lui avait donné qu'un écu et une bague « qui ne valait pas quarante sols[7] ».

Lesage insista : le but de la Voisin était bien de faire entrer la Vertemart chez Mme de Montespan. « Toute la négociation se faisait chez la Des Œillets ou aux rendez-vous qu'elle donnait. » Elle ne pouvait donc nier connaître la suivante de la favorite. Les commissaires instructeurs, la plume en l'air, étaient toute ouïe. Mais le gredin disait-il vrai ou voulait-il seulement charger son ancienne commère ? Louvois demeurait perplexe. Lesage, confiait-il au roi, cite « tant de gens pour témoins de ce qu'il allègue qu'il est difficile de croire qu'il l'ait inventé ; et cependant, il l'est encore plus que tous les gens qu'il nomme se soient intéressés à une sottise pareille – celle dont je m'imagine qu'il s'agissait –, car je ne puis croire que la Des Œillets ait eu d'autres intentions, en toute cette négociation, que de faire réussir quelque chose qu'elle pouvait désirer ». Il n'avait pas encore toutes les cartes en main...

La dame Vertemart, arrêtée le 23 septembre 1679 et interrogée une semaine plus tard, nia elle aussi connaître Mlle des Œillets et avoir eu le désir d'entrer chez la marquise de Montespan. « Pour entrer, il fallait savoir travailler et savoir broder, et elle ne le savait pas[8]... » Afin d'y voir clair, il eût fallu interroger la demoiselle de compagnie de la favorite, cette Des Œillets dont parlait tant Lesage. Mais toucher à elle, c'était indirectement toucher à sa maîtresse. La Reynie, n'ayant reçu aucune instruction, ne poursuivit pas plus avant cette investigation.

Luxembourg mis en cause

Lesage continuait ses révélations. Autorisé à dicter à un greffier un mémoire dans sa cellule, il raconta le 6 octobre que le marquis de Feuquières et son cousin, l'illustre maréchal de Luxembourg, s'étaient adressés à lui pour communiquer avec le diable. Cela se passait dans le salon de leur amie, la marquise du Fontet, rue Montmartre, face à l'église Saint-Joseph. L'habile escroc leur avait joué le tour de la boule de cire jetée au feu et du billet escamoté... Jusque-là, le cas n'était pas pendable. Mais dans ce billet, assurait Lesage, le maréchal demandait la mort de sa femme[9], le mariage de son fils avec Mlle de Louvois[10], l'amour de sa belle-sœur, la princesse de Tingry, « quelque chose » contre son rival le maréchal de Créqui dont il ne se souvenait plus bien, enfin un talisman pour remporter des victoires militaires[11].

A la lecture du mémoire, le marquis de Louvois exulta. Il détestait cordialement l'orgueilleux maréchal. Auréolé de ses succès durant la guerre de Hollande, redouté pour son esprit sarcastique et son ambition effrénée, ce grand capitaine, promu maréchal de France en 1675 à la mort de Turenne, portait ombrage à sa propre gloire. De surcroît, il appartenait au clan de son rival, Colbert. Trois ans auparavant, le ministre avait profité de son retentissant échec devant la place de Philipsbourg pour le menacer d'un séjour de deux ou trois ans à la Bastille. Cette fois, l'occasion était trop belle pour ne pas le déshonorer à jamais. Le 8 octobre, il s'empressait d'écrire au roi : « Tout ce que Votre Majesté a vu contre M. de Luxembourg et M. de Feuquières n'est rien au prix de la déclaration que contient cet interrogatoire. (...) M. de La Reynie me témoigna qu'il était persuadé que, si je parlais à Lesage, il achèverait de se déterminer à dire tout ce qu'il sait[12]. »

Antoine de Pas, marquis de Feuquières, superstitieux, passionné d'astrologie et de sciences occultes, grand acheteur de talismans, était dépeint dans le mémoire « comme le plus méchant homme du monde, qui avait cherché les occasions de se donner au diable pour faire fortune et demander des poisons pour empoisonner l'oncle ou le tuteur d'une fille qu'il voulait épouser[13] ».

Bien qu'il ne fût pas totalement remis d'une fracture, le ministre accourut à Vincennes, animé d'un sentiment où l'amour de la justice tenait sans doute moins de place que le désir d'abattre son adversaire. Lesage, ce gibier de bagne et de potence, devenait soudain un interlocuteur privilégié.

On ignore exactement ce que se dirent le secrétaire d'Etat à la Guerre et l'ancien galérien dans la salle du deuxième étage du vieux donjon, sinon que Louvois lui promit la vie sauve s'il consentait à confesser tout ce qu'il savait.

Comme le magicien tardait à vider son sac, Louvois changea de ton. Le 11 octobre, il mandait à La Reynie : « Il semble que l'espérance que j'ai donnée au nommé Lesage de sa grâce n'ait servi qu'à le faire demeurer dans son opiniâtreté à ne rien dire de ce qu'il sait (...). Vous pouvez tenir pour nul tout ce que je lui ai dit et recommencer son procès, lorsque vous le jugerez à propos, s'il ne change pas de conduite. » Un billet joint recommandait au lieutenant général de police de « faire lire cette lettre à Lesage ». La manœuvre, cette fois, porta ses fruits : elle déclencha une vague de nouveaux aveux.

On a beaucoup reproché au ministre sa visite insolite à Vincennes. D'aucuns ont écrit qu'il avait « soufflé » au prisonnier des accusations destinées à perdre ses ennemis. Sans aller jusque-là, il est certain qu'en incitant Lesage à de nouvelles révélations, auxquelles était subordonnée la grâce royale, il a faussé l'instruction. En lui demandant de devenir un «indicateur», il l'a poussé à charger ses ennemis, à les noircir à seule fin de sauver sa tête.

Olympe Mancini, comtesse de Soissons

Les interrogatoires de Lesage et de la Voisin, leurs confrontations permirent d'apprendre que, plusieurs années auparavant, la comtesse de Soissons, la comtesse du Roure, la vicomtesse de Polignac et Mme de Gramont avaient cherché «à se bien mettre auprès du roi» et à obtenir soit par le poison, soit par la magie, la mort de la favorite, Mlle de La Vallière.

Olympe Mancini, troisième nièce de Mazarin, celle que Michelet appelait la «noire Mancini» avec un évident parti pris, avait été la compagne de jeu et l'une des premières amours du jeune roi. Elle n'était pas devenue sa maîtresse mais, à l'âge où tous les rêves sont permis, l'Italienne avait peut-être caressé quelques semaines celui de devenir reine de France, comme plus tard sa sœur la romanesque mais non moins ambitieuse Marie. Dans son entourage, des voix flatteuses ne murmuraient-elles pas qu'elle était «digne de la couche des dieux»?

De son côté, son oncle, le cardinal, tout à ses combinaisons diplomatiques, ne se flattait nullement de cette perspective. Il envisageait le mariage du roi avec l'infante d'Espagne, Marie-Thérèse, seul moyen, il le savait, d'arriver à une paix durable avec Philippe IV. Mais les négociations traînaient. En attendant, il brisa cette idylle naissante en mariant le 20 février 1657 sa nièce de dix-sept ans à peine au prince Eugène Maurice de Savoie-Carignan, pour lequel il releva le titre prestigieux de comte de Soissons. Olympe devint dès lors l'un des principaux personnages de la Cour, où elle exerça à partir de 1660 la charge enviée de surintendante de la reine.

Si la jeune comtesse n'était pas une beauté éclatante, avec un visage oblong au menton pointu, des yeux petits, mais vifs et pétillant de malice, son esprit aimable et gai rendait sa compagnie fort plaisante. L'hôtel de Soissons, à deux pas du Louvre, était devenu le lieu des intrigues et des joutes amoureuses de la Cour, une sorte de salon pour beaux esprits, dans la tradition de celui de l'hôtel de Rambouillet, où se pressait la jeunesse élégante. Elle avait, raconte Mme de La Fayette dans son *Histoire de Madame Henriette d'Angleterre*, « quelque crédit auprès du roi et une certaine liberté de lui parler plus hardiment que les autres, ce qui faisait soupçonner assez souvent que, dans certains moments, la galanterie trouvait encore place dans leur conversation ». Elle régnait à Paris, où elle était, selon l'expression de Saint-Simon, « la maîtresse de la Cour, des fêtes et des grâces ». « Là, ajoutait-il, le roi commença à se former à cette galanterie et à cette politesse qu'il a conservées toute sa vie au plus haut point. » Elle était en effet d'un commerce charmant, pimenté de délicieuses effronteries. Cela dura jusqu'au jour où Louis, à l'été de 1661, devint amoureux de sa belle-sœur, Henriette d'Angleterre, Madame, qui dansait divinement bien et rayonnait de grâce. La reine mère, Anne d'Autriche, s'inquiéta de cette idylle. Monsieur se montra jaloux. Le roi et Henriette convinrent alors de jouer la comédie du chandelier. Louis ferait mine de courtiser une demoiselle d'honneur de sa belle-sœur et pourrait ainsi se rendre à son cercle sans entretenir les médisances. Le choix tomba sur une petite Tourangelle de dix-sept ans, timide et effacée, légèrement boiteuse, Louise de La Vallière. Or, celle-ci nourrissait depuis longtemps une secrète passion pour le jeune monarque. Louis à son tour succomba aux charmes de cette blonde jeune fille aux yeux bleus et au doux sourire. Elle offrait un cœur pur et généreux, sincère et désintéressé. Bref, ils ne tardèrent pas à s'éprendre l'un de l'autre. Aimant le roi pour lui-même, elle ne demandait rien, ni terres, ni titres, ni bijoux, ni considération, comme l'eût fait la moindre dame de la Cour. Honteuse de sa position illégitime, la conscience troublée par le scandale qu'elle provoquait, mais ne pouvant s'éloigner de son amant, elle n'aspirait qu'à se dérober aux yeux de tous. « Petite violette qui se cachait sous l'herbe, écrira Mme de Sévigné, et qui était honteuse d'être maîtresse, d'être mère... »

Tous ces changements, dont on ne parlait encore qu'à voix basse, firent comprendre à la comtesse de Soissons qu'elle allait perdre toute influence sur le roi. Elle enrageait de voir son ancien adorateur courtiser cette fille de rien, cette provinciale sans esprit. Dès lors, elle fut de toutes les cabales. Avec la complicité de son amant, François René du Bec Crespin, marquis de Vardes, plaisant blondin dont le visage cachait à merveille le cynisme de l'âme, elle tenta d'avertir la reine des incartades de son mari par une lettre anonyme, écrite en espagnol et censée venir de Madrid. Malheureusement, cette tentative échoua stupidement. La lettre tomba dans les mains de Maria Molina, première femme de chambre de la reine, qui, craignant quelque mauvaise nouvelle – Philippe IV était alors très malade –, courut la porter à Anne d'Autriche. Celle-ci en prit connaissance et, flairant un piège, lui conseilla de n'en rien dire à sa maîtresse et de remettre la lettre au roi.

Louis, furieux de voir qu'on s'efforçait de le brouiller avec son épouse, en chercha l'auteur. Mais il eut la maladresse de s'adresser à Vardes, qu'il tenait pour homme de bon conseil, et le fourbe naturellement s'empressa d'égarer les soupçons...

N'ayant pu obtenir le renvoi de la favorite, la comtesse de Soissons tenta de lui susciter une rivale en la personne de la coquette Anne Lucie de La Mothe-Houdancourt, demoiselle d'honneur de la reine. Le jeune souverain faillit succomber. Délaissant un moment Mlle de La Vallière pour cette blonde piquante et hardie, qui traînait derrière son char un cortège d'adorateurs, il se lança dans une suite d'aventures romanesques, grimpant à la nuit tombée sur les toits du Château-Neuf de Saint-Germain, courant le long des gouttières ou faisant percer une porte secrète pour accéder à la chambre des filles d'honneur. Dûment chapitrée par la comtesse de Soissons, l'effrontée tenait la dragée haute à son amoureux, opposant à ses assiduités une feinte pudeur, une froideur calculée qui ne faisaient qu'exaspérer sa passion.

Les yeux du roi se dessillèrent pourtant lorsqu'il apprit par sa mère que les lettres de la jeune fille, savant mélange de coquetterie et de fière retenue, étaient l'œuvre de deux amis de Mme la Comtesse, le marquis d'Alluye et sa fiancée Mlle du Fouilloux, et qu'on « lui en devait écrire une pour lui demander l'éloignement de Mlle de La Vallière ». Cette Bénigne de Meaux du Fouilloux était une demoiselle fort cabaleuse, ancienne espionne du surintendant Fouquet, dont elle avait été probablement la maîtresse. Elle n'allait pas tarder à épouser son complice, le marquis d'Alluye, passant sa vie, dit le caustique Saint-Simon, « dans la galanterie et, quand son âge l'exclut pour elle-même, dans celle des autres». On la soupçonnait d'avoir empoisonné son beau-père.

C'est à la suite de ces échecs et de l'exil du marquis de Vardes, compromis dans une autre intrigue, que, vers le mois de février 1665, Olympe se rendit en compagnie de Mlle du Fouilloux chez la Voisin. Celle-ci lui prit la main et, l'ayant sans doute reconnue, lui dit d'un air inspiré qu'elle avait été aimée d'un grand prince. «Cela ne reviendra-t-il point? demanda-t-elle. — Non, cela ne peut revenir, fit la devineresse. — Pourtant, il faudra bien que cela revienne!» Et sans transition, la comtesse lui aurait demandé les moyens de se défaire de son heureuse rivale[14]. Prudente, la commère lui aurait dit que ce serait bien difficile. Olympe aurait alors déclaré avec emportement : «Je les trouverai bien, ces moyens, et, si je ne puis me venger d'elle, je porterai ma vengeance plus loin et ne ménagerai personne... Je me déferai de l'un et de l'autre!»

Autres accusations

Quelques mois plus tard, une amie de Mme de Soissons, Claude Marie du Gast d'Artigny, comtesse du Roure, également pressée de se glisser dans le lit du trop galant monarque, vint solliciter la Voisin pour le même dessein[15]. Cette ancienne fille d'honneur de la duchesse d'Orléans voulait elle aussi empoisonner Mlle de La Vallière, dont elle était la confidente. Elle se rendit à plusieurs reprises dans l'antre de la sorcière, rue Beauregard, puis rue de la Tannerie, où Mariette et Lesage concurrençaient la Voisin avec leurs diableries et sortilèges.

Sa belle-sœur, Jacqueline de Polignac, était mue par une ambition identique[16]. Décidément, les plus grandes dames de la Cour se donnaient rendez-vous chez la Voisin ! C'est que nombreuses étaient les candidates aux caresses royales. Congédier un mari ou un amant avec un peu de « poudre de succession », ravir le cœur du monarque tout-puissant, devenir le point de mire de tous les regards, distribuer les duchés, les abbayes et les bâtons de maréchal étaient les buts inavoués de ces nobles personnes. « Nombre de femmes mariées, disait Primi Visconti, m'ont déclaré que ce n'était offenser ni son mari, ni son père, ni Dieu même que d'arriver à être aimée de son prince[17]. » La plupart du temps, les maris n'ignoraient rien des aspirations de leurs épouses. M. de Polignac, par exemple, n'était pas le dernier à encourager sa femme dans cette voie, espérant en recueillir de grands avantages. Il ne se doutait pas que cette diablesse demandait en même temps à la devineresse sa mort et la « continuation de l'amitié du comte de Lude, du vicomte de Larbouste et de M. d'Oradour »...

Mme de Polignac fréquenta sans succès la Voisin. Au bout de quelques mois, Lesage, qui veillait, lui conseilla discrètement de quitter cette femme et « ses méchantes voies de poison ». Il s'offrait à faire réussir son affaire sans aucun danger pour elle, par simple magie. Pouvait-elle dédaigner l'occasion ? Au début de 1668, elle se rendit rue de la Tannerie, où elle assista à des conjurations et à une messe sacrilège. Entre les deux élévations, Mariette, revêtu des habits sacerdotaux, fit des invocations pour la réussite des vœux criminels de sa cliente. Puis il procéda à une bénédiction de bagues au nom du roi et à une cérémonie fictive de mariage. Après la messe, le prêtre renégat remit à la vicomtesse une boîte contenant une hostie consacrée, une petite étoile fabriquée par Lesage et une conjuration à Lucifer. Il lui conseilla de faire chaque jour ses prières devant la boîte ouverte. Jacqueline de Polignac prit ensuite dans son carrosse les deux misérables, les conduisit au bois de Boulogne, où ils enterrèrent des cœurs de pigeon, puis à Saint-Germain. Introduit furtivement dans la galerie de la chapelle, Mariette prononça des paroles incantatoires pendant la messe du roi.

Les prisonniers avouèrent encore que, vers 1675, ils avaient reçu la visite de la sœur cadette de la comtesse de Soissons, Marie Anne Mancini, duchesse de Bouillon, venue en compagnie de son amant, le duc de Vendôme, demander la mort de son mari.

Parmi les dénonciations de Lesage, on relève encore celle concernant Louis Guilhem de Castelnau, marquis de Cessac, ancien maître de la garde-robe du roi[18], joueur enragé, qui aspirait à s'enrichir vite et sans peine et à se débarrasser de son frère, le comte de Clermont, pour lui ravir sa femme. Il était en relation avec la bande de Vanens et s'était vainement employé avec Mme d'Armagnac à faire nommer Rabel médecin du roi ou du dauphin.

Le 14 octobre 1679, à Vincennes, Lesage mettait encore en cause les duchesses de Vivonne, d'Angoulême et de Vitry ainsi que la princesse de Tingry. Ces dames lui auraient demandé trois ans auparavant de récupérer des mains d'une sorcière nommée la Filastre un pacte avec le diable, dans lequel « il pouvait y avoir quelque chose contre le roi[19] ». A nouveau le monarque se trouvait au centre de l'affaire. Et cela ne laissait pas d'inquiéter. On ne se souvenait que trop de ce qu'avait dit la demoiselle de La Grange.

Louis XIV, effaré par ces révélations qui touchaient le cercle de ses intimes, entendit faire la lumière sur toutes ces tentatives criminelles, si haut placés que fussent les coupables.

Le 27 décembre, il reçut à Saint-Germain le président Boucherat, les rapporteurs La Reynie et Bazin de Bezons et le procureur général Robert. « Sa Majesté, écrit La Reynie dans ses notes, nous a recommandé que nous pénétrassions le plus avant possible dans le malheureux commerce des poisons, afin d'en couper les racines, s'il était possible. Elle nous a commandé de faire une justice exacte, sans aucune distinction de personne, de condition et de sexe[20]... »

Le souverain persistait cependant à ne pas vouloir faire éclater de scandale. Les interrogatoires impliquant les personnalités les plus en vue devaient toujours être soigneusement classés hors procédure. C'est ce que Louvois rappelait à M. de Bezons le 9 janvier 1680 lorsque, à propos du procès de la Voisin, il demandait communication des nouvelles preuves « contre Mme de Vivonne ou quelque autre personne de qualité nommée » dans les procès-verbaux mis de côté. Mais carte blanche était laissée aux magistrats instructeurs pour poursuivre leurs investigations. L'essentiel était de ne rien communiquer en l'état aux juges. « Il y a seulement une chose sur laquelle Sa Majesté vous recommande d'avoir beaucoup d'attention, signalait Louvois au procureur général Robert, qui est celle de la demoiselle des Œillets et de la femme de chambre de Mme de Montespan, nommée Catau, Sa Majesté croyant être assurée qu'il est impossible que Lesage ait dit vrai quand il a parlé d'elles ; et comme ce fait sera promptement éclairci par les interrogatoires que MM. les commissaires pourront faire à la Voisin, et les autres procédures que la Chambre ne manquera pas d'ordonner pour l'éclaircissement de cette affaire, Sa Majesté croit que la justice ne recevra aucun préjudice[21]... »

A nouveau donc, on questionna soigneusement la sorcière sur ces demoiselles. Elle répéta qu'elle était intervenue, il y avait bien longtemps, pour placer Catau chez Mme de Montespan en faisant dire à son intention des messes et en récitant des neuvaines. A cela, il n'y avait rien de répréhensible. D'ailleurs elle ne connaissait pas Mme de Montespan, pas plus que sa demoiselle de compagnie, Mlle des Œillets, « à moins qu'elle ne soit venue chez elle comme les autres », c'est-à-dire incognito. Rassuré, le roi laissa la Chambre prendre des mesures extrêmes contre les autres suspects. L'heure était venue pour la justice de frapper haut et fort.

V

Le scandale éclate

La fuite de la comtesse de Soissons

Le lundi 22 janvier 1680, la Chambre ardente lançait une série de «décrets de prise de corps» contre la comtesse de Soissons, la marquise d'Alluye, la vicomtesse de Polignac, le marquis de Cessac et le maréchal de Luxembourg. En outre, elle assignait à comparaître la princesse de Tingry, la maréchale de La Ferté, la duchesse de Bouillon, la marquise du Roure, le duc de Vendôme, le marquis de Feuquières et quelques autres courtisans.

Le lendemain, les pièces du dossier furent présentées au roi qui passa deux grandes heures à les examiner attentivement. Il approuva les décisions prises la veille et donna les ordres nécessaires afin de «faire arrêter les personnes de considération contre lesquelles il a été décrété». Mais, en souvenir de son amour de jeunesse, il chargea le duc de Bouillon de prévenir sa belle-sœur, Olympe Mancini, qu'elle avait le choix entre la Bastille ou l'exil. La comtesse jouait à la bassette en nombreuse compagnie lorsque le duc entra. Il la pria de passer dans son cabinet et lui fit part de la proposition royale. Elle n'hésita pas. Elle fit sortir du jeu son amie et complice la marquise d'Alluye et l'incita à fuir avec elle. Hâtivement, elle fit ses bagages, entassa ses pierreries dans des cassettes, emporta en liquide la coquette somme de 600 000 livres, fit atteler son carrosse et revêtir ses cochers de justaucorps gris. « Ne vous mettez pas en peine pour moi, dit-elle en sanglotant à ses gens. Je suis innocente, mais je ne peux envisager la prison ni la honte d'être confrontée à des gueuses et des coquins. »

A l'heure du souper, on vint prévenir les hôtes, qui jouaient encore dans le grand salon, que Mme la Comtesse était sortie en ville. Chacun s'en retourna chez soi, perplexe. Olympe alla d'abord faire ses adieux à la princesse de Carignan, sa belle-mère. A trois heures du matin, son carrosse franchissait à grand fracas la barrière de Paris et empruntait la route des Flandres. « Madame, fit le roi à la princesse de Carignan, j'ai bien voulu que madame la Comtesse se soit sauvée ; peut-être en rendrai-je un jour compte à Dieu et à mes peuples[1]. »

Pour la forme, afin de ne pas désavouer publiquement les juges, il fit partir à la poursuite des fugitives deux officiers des gardes du corps qui, on ne s'en étonnera pas, ne purent, en dépit de leurs montures rapides, rattraper le lourd carrosse[2].

Si le départ d'Olympe de Soissons avait été voulu et protégé, celui de la vicomtesse de Polignac fut en revanche une surprise ainsi qu'un cuisant échec pour l'administration du marquis de Louvois. Avertie par des amis parisiens, dont le coursier galopa plus vite que celui du roi, elle parvint à quitter son château d'Auvergne avant l'arrivée du grand prévôt. Le ministre n'eut pas plus de chance avec M. de Cessac qui tira sa révérence en faisant un petit voyage en Angleterre, sans demander l'autorisation des sbires de Desgrez lancés à sa recherche. Seul de tous les accusés, le maréchal de Luxembourg n'attendit pas la visite des gardes du corps. Il vint spontanément se constituer prisonnier à la Bastille.

Les troubles de l'opinion

A la Cour, c'était la stupéfaction, l'affolement, « le chaos », disait Mme de Sévigné. Bonne observatrice de la fébrilité ambiante, elle ajoutait : « On est dans une agitation, on envoie aux nouvelles, on va dans les maisons pour apprendre, on est curieux. (...) On ne parle d'autre chose dans les compagnies ; en effet, il n'y a guère d'exemple d'un pareil scandale dans une Cour chrétienne[3]. » Dans le peuple, l'émoi n'était pas moins intense. « C'est la matière de tous les entretiens de Paris ; on ne parle d'autre chose », écrivait le père du Rosel au prince de Condé. A l'hôtel de Bourgogne, la foule se pressait pour voir jouer *La Devineresse ou les Faux Enchantements*, de Thomas Corneille et Jean Donneau de Vizé, fondateur du *Mercure galant*. Cette comédie, d'une actualité brûlante s'il en fut, avait été écrite avec les encouragements de La Reynie.

Il s'agissait de ridiculiser la crédulité de la bonne société, de stigmatiser la fourberie des devins et devineresses, de se moquer de leur fausse magie et de leurs diableries de pacotille. Rien n'était dit sur les empoisonnements, l'horreur des messes noires, ni bien entendu sur les obscures tentatives criminelles contre le roi, qu'on ne parvenait à éclaircir. Le principal personnage était une dame Jobin – sosie bon enfant de la Voisin. « Voyez-vous, expliquait cette joviale sibylle à son frère, Paris est le lieu du monde où il y a le plus de gens d'esprit et où il y a aussi le plus de dupes. (...) Le hasard fait la plus grande partie du succès de ce métier. Il ne faut que de la présence d'esprit, de la hardiesse, de l'intrigue, savoir le monde, avoir des gens dans les maisons, tenir registre des incidents arrivés, s'informer des commerces d'amourettes et dire surtout quantité de choses quand on vient nous consulter. Il y en a toujours quelqu'une de véritable et il n'en faut quelquefois que deux ou trois, dites au hasard, pour vous mettre en vogue[4]... »

Dans la pièce, apparaissait aussi la figure de Lesage, sous le nom de Du Clos, principal complice de la dame Jobin. La comédie rencontra un immense succès : quarante-sept représentations, cinq mois à l'affiche ! Certains soirs, on dut renvoyer trois ou quatre cents personnes, faute de place.

Jamais psychose du poison n'avait été si grande. A la moindre indigestion, on arrêtait servantes et domestiques. Sur le bureau du lieutenant général de police, les dénonciations s'amoncelaient. Des innocents passaient parfois des mois entiers en prison avant de pouvoir se justifier. Le marquis de Jorné fut incarcéré parce que son écuyer avait demandé du poison pour « faire mourir les vers qui mangent les livres[5] ». Une gazette du temps raconte qu'un homme étant tombé en apoplexie au faubourg Saint-Antoine, la justice soupçonna qu'il était mort empoisonné. Elle voulut le faire autopsier mais, au premier coup de rasoir, l'homme revint de son assoupissement !

> Chacun a l'œil sur son voisin, écrit un contemporain, et les gens d'une même famille se défient les uns des autres. Le père soupçonne le fils et observe exactement tous ses mouvements ; et la mère se méfie de sa fille qui faisait sa joie. Les enfants prennent des précautions contre leurs parents ; le frère ou la sœur n'osent manger ou boire ce qui a été apporté par un autre frère ou une autre sœur[6].

N'étaient-ce pas là ces «humeurs empoisonnantes» que nous promettait la spirituelle marquise de Sévigné en relatant d'un ton badin le supplice de la Brinvilliers? Dans la bonne société, on ne se faisait pas faute de brocarder les magistrats de la Chambre qui voyaient le crime là où il n'y avait souvent que peccadille. Ceux-ci n'osaient plus se risquer sur le chemin de Vincennes à Paris sans une escorte d'archers solidement armés. «Si l'on punit tous ceux qui ont été aux devineresses, ironisait le médecin de Condé, Pierre Bourdelot, tous les valets et servantes de Paris sont bien en risque. Ils vont toujours trouver ces espèces-là pour découvrir les nippes qu'on leur a prises[7].» Mme Cornuel, réputée pour ses bons mots, était plus radicale : «Il suffirait de brûler les sorciers, les témoins et les juges et tout serait réglé.»

Le mépris des princesses, l'insolence des petits marquis dissimulaient mal leur terreur de se voir brutalement compromis dans une fâcheuse affaire pour avoir, à l'occasion, fréquenté l'officine de la Voisin ou celle de la Vigoureux. Le fait est que la plupart des dames avaient de bonnes raisons d'être inquiètes : «On publia que la duchesse de Foix avait demandé le moyen d'avoir des seins, écrit Primi Visconti; que Mme de Vassé réclamait celui d'avoir des hanches et de devenir grande; beaucoup voulaient le secret de se faire aimer et quelques-unes, la place de Mme de Montespan[8].» Nombre de gentilshommes – notamment dans l'entourage de Monsieur – s'inquiétaient de savoir si l'on rechercherait les cas de sodomie. Quant aux avortements, le roi lui-même ne voulut pas aller plus avant dans ce domaine, tant le royaume en était infesté[9].

La duchesse de Bouillon

Une fois de plus, on dut retarder le procès de la Voisin dans l'attente des interrogatoires des nouveaux accusés et des témoins. La duchesse de Bouillon ne commit pas l'erreur de sa sœur Olympe. On la soupçonnait d'avoir demandé à la sorcière un peu de poison pour faire trépasser son «vieux mari qui la faisait mourir d'ennui» et de vouloir épouser son jeune amant, M. de Vendôme, prince du sang. Elle vint crânement à l'Arsenal au bras et du mari, grand chambellan de France, et de l'amant, bien décidée à ridiculiser les robins. Une foule de carrosses les avaient accompagnés.

> Elle entra comme une petite reine dans cette Chambre, [conte Mme de Sévigné] ; elle s'assit dans une chaise qu'on lui avait préparée; et, au lieu de répondre à la première question, elle demanda qu'on écrivît ce qu'elle voulait dire; c'était qu'elle ne venait là que par le respect qu'elle avait pour l'ordre du roi et nullement pour la Chambre qu'elle ne reconnaissait point, et qu'elle ne prétendait point déroger au privilège des ducs. Elle ne dit pas un mot que cela ne fût écrit; et puis elle ôta son gant et fit voir une très belle main. Elle répondit sincèrement jusqu'à son âge.
>
> — Connaissez-vous la Vigoureux ?
>
> — Non.
>
> — Connaissez-vous la Voisin ?
>
> — Oui.
>
> — Pourquoi vouliez-vous vous défaire de votre mari ?
>
> — Moi, m'en défaire ? Vous n'avez qu'à lui demander s'il en est persuadé : il m'a donné la main jusqu'à cette porte.

— Mais pourquoi alliez-vous si souvent chez cette Voisin ?

— C'est que je voulais voir les sibylles qu'elle m'avait promises ; cette compagnie méritait bien qu'on fît tous les pas.

Si elle n'avait pas montré à cette femme un sac d'argent ? Elle dit que non, par plus d'une raison, et tout cela d'un air fort riant et fort dédaigneux.

— Eh bien, messieurs, est-ce là tout ce que vous avez à me dire ?

— Oui, madame.

Elle se lève et, en sortant, elle dit tout haut :

— Vraiment, je n'eusse jamais cru que des hommes sages pussent demander tant de sottises.

Elle fut reçue de tous ses amis, parents et amies avec adoration, tant elle était jolie, naïve, naturelle, hardie, et d'un bon air, et d'un esprit tranquille[10].

Saint-Evremond raconte qu'elle poussa plus loin encore l'insolence. A la question : « Avez-vous vu le diable ? », elle aurait répliqué à M. de La Reynie « qu'elle le voyait dans ce moment, qu'il était fort laid et fort vilain et qu'il était déguisé en conseiller d'Etat ».

Si l'on en juge par son interrogatoire conservé à la bibliothèque de l'Arsenal, la duchesse se montra moins triomphante (mais le greffier Sagot pouvait-il noter les traits d'ironie à l'encontre de la Chambre de justice ?). Elle répondit poliment et sans forfanterie aux questions posées[11]. Sitôt libérée, elle commit l'imprudence de railler les magistrats instructeurs et de se plaindre amèrement de Louvois. Elle envisageait de faire imprimer un récit de sa visite à la Chambre et de le diffuser à l'étranger. Le roi, qui n'avait pas voulu la confronter avec Lesage et la Voisin, ne fut guère satisfait de son triomphe facile et l'exila à Nérac, où elle resta quinze mois.

Le 1er février, on interrogea la comtesse du Roure. Elle nia avec la plus grande énergie connaître la Voisin. Elle ne lui avait jamais parlé, n'avait jamais été la voir et ne lui avait rien demandé, même par personne interposée, « enfin un désaveu dans toutes les circonstances, écrit Bazin de Bezons à Louvois ; cependant la Voisin a marqué la chose avec tant de particularités que je suis surpris[12] ». La confrontation des deux accusées permit d'innocenter totalement la comtesse. Comme celle-ci s'était mise à l'injurier, la sorcière s'était écriée : « Tout beau, madame, je ne vous connais pas[13] ! »

Les commissaires ne furent pas plus heureux avec la maréchale de La Ferté. Son mari vint protester auprès de Louis XIV : « Il est inouï que des juges commis puissent décréter contre une duchesse, maréchale de France. Quant au fond, Sire, j'ose assurer Votre Majesté que ma femme est calomnieusement accusée. Peut-être est-elle tombée dans quelques-unes de ces fautes dont les maris sont presque toujours moins instruits que d'autres. Mais quant à l'empoisonnement, on a d'autant plus tort de l'en accuser que, si elle était coupable, il y aurait plus de vingt ans que je ne serais plus de ce monde ! » La maréchale, de mœurs légères, était compromise dans de nombreuses intrigues galantes. Elle parvint néanmoins à se dégager des accusations et quitta l'Arsenal, « ravie d'être innocente une fois en sa vie[14] », ajoutait perfidement Mme de Sévigné.

Ces échecs n'étaient pas faits pour relever le prestige de la Chambre ardente aux yeux de la haute noblesse, méprisante pour ces robins besogneux. Ceux-ci, décontenancés, « accablés de travail », comme disait Bazin de Bezons dans un de ses rapports, jugèrent opportun de suspendre leurs travaux pendant quelques jours.

La comtesse de Soissons fut-elle coupable ?

Pendant ce temps, la comtesse de Soissons et la marquise d'Alluye, pourchassées comme des pestiférées, erraient de ville en ville à la recherche d'une retraite sûre. Louvois, qui n'avait aucune raison d'incliner à l'indulgence, les faisait poursuivre aux frontières par des cavaliers de la garnison de Dinant. En traversant précipitamment la Sambre, la nièce du cardinal Mazarin faillit périr noyée. Enfin, elle arriva à Bruxelles, où elle fut contrainte de loger dans un mauvais cabaret parce que les plus grandes hostelleries refusaient de la recevoir. On raconte que pour faire croire qu'elle était une sorcière, un agent du ministre avait lâché des chats noirs – incarnations évidentes de Belzébuth – dans l'église des Dominicains pendant qu'elle assistait à la messe. Le peuple bruxellois se déchaîna, et elle eut toutes les peines du monde à lui échapper. Une autre fois, alors qu'elle était entrée dans un béguinage pour acheter des dentelles, quelqu'un la reconnut et ameuta si bien la populace qu'un millier d'hommes et de femmes firent le siège du couvent en poussant des cris hostiles. « Désormais, un Français dans les pays étrangers voudra dire un empoisonneur[15] », conclut Mme de Sévigné.

Etait-elle vraiment coupable ? Sa fuite ne constituait-elle pas le plus probant des aveux ? Pas nécessairement. Elle ne voulait pas connaître la honte de la prison ni le déshonneur de la confrontation avec la tourbe des pythonisses et des empoisonneurs. Son orgueil le lui interdisait. Chacun, dans son for intérieur, approuvait cette conduite. En revanche, l'attitude du maréchal de Luxembourg, qui nous paraît indiscutablement plus noble et courageuse, était alors considérée comme une faiblesse, pour ne pas dire une lâcheté.

L'accusation portée contre Olympe de Soissons d'avoir demandé vers 1665 à la Voisin la mort du roi et de La Vallière était des plus graves. A la Cour, une autre version des faits circulait. On murmurait que l'affaire avait été montée de toutes pièces par Louvois, désireux d'assouvir une vengeance personnelle. Il avait été question peu de temps auparavant du mariage de sa fille avec le fils de la comtesse, qui avait brisé le projet, humiliant grandement Mme de Louvois. « La belle chose ce serait de voir une bourgeoise épouse d'un prince[16] ! », avait-elle lancé d'un ton railleur.

Rancunier, le ministre n'avait rien oublié. Au début, la Chambre avait seulement envisagé de citer Olympe à comparaître devant les commissaires. Mais, sur son conseil, La Reynie et Bezons avaient insisté auprès du roi pour obtenir un décret de prise de corps, alors qu'on n'était pas sûr de sa culpabilité. « La Voisin, écrit Primi Visconti, prédit à la comtesse que dans quinze jours mourrait ou sa rivale, qui était La Vallière, ou l'amant, qui était le roi. Dans le jardin, la comtesse étant repartie en carrosse, la Voisin avait confirmé à la marquise d'Alluye la mort de l'un ou de l'autre. La comtesse aurait dit : “Pour l'amant j'en aurais grand déplaisir” (...). Néanmoins, Louvois rapporta au roi qu'elle (*la Voisin*) accusait la comtesse d'avoir désiré le mal de l'amant alors qu'elle avait désiré celui de sa rivale, et, sous prétexte qu'il s'agissait de la personne de Sa Majesté, il conseilla de faire arrêter la comtesse, bien que l'affaire datât de vingt ans[17]. »

Sa belle-mère, la princesse de Carignan, pensait que si elle avait fréquenté les pythonisses, c'était par simple superstition. C'était là son seul crime. Autrefois, la princesse s'en était même plainte au cardinal Mazarin qui lui avait répondu : « Madame, laissez-la faire. Mieux vaut cela qu'autre chose. Avec le temps, elle verra que ces sales femmes ne savent rien ; elle en sera pour son argent et cela la corrigera de sa curiosité. »

Cependant, les interrogatoires de la Voisin donnent une version différente. A plusieurs reprises, la sorcière répéta que la comtesse de Soissons lui avait bel et bien dit, parlant du roi et de Mlle de La Vallière : « Je trouverai bien le moyen de me défaire de l'un ou de l'autre, de l'un et de l'autre. » Même si Louvois a cherché à compromettre son ennemie avec une férocité implacable, il n'a pas inventé cette déclaration. Toute la question est de savoir si sur ce point la Voisin avait intérêt à mentir ?

La deuxième accusation pesant sur Olympe Mancini touchait l'empoisonnement de son mari, le comte de Soissons, décédé en 1673 après une brève maladie. Les résultats de l'autopsie exigée par la princesse de Carignan ne nous sont pas connus. Mais il était avéré que la jeune femme ne s'entendait pas avec lui. D'autres crimes encore lui furent imputés. Une femme nommée Roannès fut soupçonnée d'avoir, sur son ordre, empoisonné deux ou trois domestiques, « dont on dit qu'elle était embarrassée ». Il faudrait des preuves plus sérieuses.

En tout cas, sa fuite lui évita de se faire interroger sur ces fâcheux événements. Après avoir erré longtemps en Allemagne et en Italie, elle vint se fixer à la cour d'Espagne où elle fut accueillie par la charmante reine Marie-Louise d'Orléans, fille d'Henriette d'Angleterre. Là encore, en 1689, son nom allait être mêlé à une affaire d'empoisonnement. Saint-Simon prétend, dans ses *Mémoires*, que «le conseil de Vienne, par raison d'Etat, ne se fit pas scrupule d'empoisonner la reine d'Espagne, fille de Monsieur, parce qu'elle n'avait point d'enfant et parce qu'elle avait de l'ascendant sur le cœur et sur l'esprit du roi son mari, et d'exécuter ce crime par la comtesse de Soissons, réfugiée en Espagne, sous la direction du comte de Mansfeld».

La plupart des contemporains – Tessé, Dangeau, Torcy, Bussy-Rabutin, la princesse Palatine – admettent la version de l'empoisonnement et soupçonnent l'ambassadeur Mansfeld, amant de la comtesse, de l'avoir commandité. La relation de l'ambassadeur français Rébenac à Louis XIV et le rapport de l'apothicaire de la reine, Verdier, font penser à un crime. Se sentant entourée d'ennemis, Marie-Louise eut elle-même le pressentiment de sa fin tragique. «La reine me commanda hier, écrit à Louis XIV l'ambassadeur Rébenac le 24 janvier 1689, de supplier humblement Votre Majesté de sa part de vouloir bien, par ce courrier que j'ai l'honneur de lui dépêcher, lui faire envoyer quelques contrepoisons[18].»

Mais là encore les preuves formelles manquent. Chassée des splendeurs de la Cour où elle occupait une position enviée, poursuivie par la malignité d'un ministre, obligée d'errer en Europe, son nom devenu synonyme de crime, la comtesse avait juré de se venger. Elle laissait plusieurs enfants. L'un d'eux, pour le grand malheur de la France, s'appelait le prince Eugène...

VI

Le maréchal de Luxembourg

Luxembourg à la Bastille

Ainsi, de toutes les « personnes de qualité » contre lesquelles la Chambre ardente avait lancé des décrets de prise de corps, seul François Henri de Montmorency-Bouteville, duc de Piney et de Luxembourg, prestigieux vainqueur de Guillaume d'Orange, se trouvait entre les murs de la vieille forteresse du faubourg Saint-Antoine. Et encore, comme le remarque son biographe Pierre de Ségur, ne devait-on ce résultat qu'au consentement de l'intéressé, averti à de multiples reprises des charges qui pesaient contre lui.

Au début de janvier 1680, Louvois l'avait informé que les prisonniers de Vincennes et de la Bastille parlaient abondamment de lui. Insidieusement, non sans machiavélisme, il lui avait conseillé de prendre garde aux suites de l'affaire. S'il avait quelque chose à se reprocher, ne valait-il pas mieux quitter le royaume plutôt que de supporter l'affront de paraître devant un tribunal d'exception ? Le maréchal n'avait pas donné dans le panneau. « Si j'étais accusé, avait-il répondu, je me croirais obligé de revenir du bout du monde pour me justifier[1]. »

Louvois avait battu en retraite et s'était retranché derrière la volonté du roi. Intrigué, Luxembourg s'était rendu dès le lendemain à Saint-Germain où Louis XIV lui avait fait part avec franchise et bienveillance des accusations lancées par Lesage. « Votre Majesté ne peut croire ce fripon, s'était exclamé Luxembourg avec indignation. Ce sont d'affreuses calomnies. » Le roi lui avait objecté qu'il avait vu la preuve écrite de son commerce avec les sorciers... Sans trop savoir ce dont il s'agissait, Luxembourg avait reconnu qu'il s'était rendu une fois chez Lesage pour se faire prédire l'avenir, mais que cela ne prêtait pas à conséquence. En le quittant, le souverain avait tenu à le rassurer : « Si vous n'avez rien fait de mal, vous n'avez pas sujet de vous mettre en peine. » Les jours suivants, à la Cour, Louis ne lui avait témoigné aucune défiance. Bien mieux, le maréchal lui ayant fait don d'un magnifique cheval, il l'avait remercié par une épée de prix.

On en était là lorsque, le mercredi 24 janvier, Luxembourg apprit par son collègue, le duc de Noailles, maréchal de France et capitaine d'une compagnie de gardes du corps, que l'on venait de « décréter » contre lui... « Sa Majesté, ajouta-t-il, m'a prié de vous avertir. Je vous conseille de profiter de ses bontés et de partir incessamment pour l'étranger... » L'autre refusa hautement, comme il l'avait déjà fait devant Louvois. A trois reprises Noailles vint, mais se heurta chaque fois à son inébranlable résolution. La seule faveur que le maréchal sollicita fut de se rendre sans escorte à la Bastille. Il y alla le soir même, en carrosse, après s'être recueilli quelques instants à la maison professe des jésuites de la rue Saint-Antoine. « J'ai abandonné Dieu, soupira-t-il au père Maimbourg, et Dieu m'a abandonné aux hommes[2]. » On ne le reconnaissait plus, cet esprit fort qui croyait plus à diable qu'à Dieu ! En route, il croisa le carrosse de Mme de Montespan, s'arrêta, bavarda quelques instants avec elle, puis repartit.

Le gouverneur de la Bastille, le brave Besmaux, qui n'était au courant de rien, eut un mouvement de surprise lorsqu'il entendit le maréchal, une lettre de cachet en main, lui demander le vivre et le couvert dans son honorable château. Avec déférence, il lui offrit sa propre chambre, belle et spacieuse. Mais, dès le lendemain, un exempt des gardes du corps lui remettait l'ordre de Louvois de l'enfermer dans un cachot, sans le laisser communiquer avec qui que ce soit. Luxembourg fut transféré dans une méchante cellule des tours, longue de six pas et demi, percée d'une étroite fenêtre donnant sur les fossés fangeux « d'où sortait une exhalaison que M. de Besmaux avouait être fort puante ». Sur la muraille, il put lire les noms de ceux qui l'avaient précédé en ce lieu. Parmi eux, le chevalier Louis de Rohan, exécuté en 1674... Ainsi, le grand et fastueux capitaine, l'un des meilleurs de son temps, se retrouvait-il au rang des malfaiteurs qui l'avaient accusé.

L'opinion se déchaîne

A l'annonce de cette nouvelle, la famille du maréchal, bouleversée, sa mère la comtesse de Bouteville, sa sœur, la duchesse de Mecklembourg, sa femme accourut en hâte à Paris afin de soutenir sa cause et prouver son innocence. Tâche d'autant plus délicate que l'opinion publique, en pleine effervescence, commençait à se déchaîner contre l'homme abattu. Nul ne voyait comment il pourrait se relever de cette infortune. Les vieilles rancunes, les jalousies insatisfaites, les haines inexpiables resurgissaient à la faveur de sa disgrâce. On entendait à son sujet les calomnies les plus abominables, les contes les plus absurdes, récits d'orgies ou de crimes. Les imaginations débridées s'en donnaient à cœur joie. Le 9 février, on avait dû jeter en prison un libelliste nommé Morlet qui avait publié, contre toute vraisemblance, que le duc avait cherché à empoisonner le roi. D'aucuns assuraient qu'il avait fait sécher puis réduire en poudre dans le four de la Voisin trois enfants qu'il avait eus de sa belle-sœur, la princesse de Tingry. D'autres prétendaient qu'autrefois, à Utrecht, il s'était débarrassé d'un intendant du roi, afin de voler l'argent des contributions. «Je fus hier en course pour apprendre des nouvelles, écrivait le 29 janvier un des correspondants du prince de Condé. On dit cent mille ordures effroyables. On parle d'une procession blanche, d'un prêtre tout nu avec une étole, suivi de douze femmes nues, d'autres orgies ou sacrifices faits au diable[3]...»

On affirmait également que le duc avait fourni du vin empoisonné pour faire mourir le frère d'une comédienne, la Dupin, et une fille que cet homme entretenait. On rappelait les maléfices et les crimes sadiques de Gilles de Rais, cet ancien compagnon de Jeanne d'Arc, maréchal de France, brûlé vif, lui aussi de la maison de Montmorency. On se souvenait de son père, le comte de Montmorency-Bouteville, duelliste impénitent, que Louis XIII avait fait décapiter, et de son cousin, le maréchal-duc Henri II de Montmorency, chef de la maison, pareillement exécuté à Toulouse en 1632. Le glorieux Luxembourg allait-il, à son tour, subir le châtiment suprême?

Les courtisans, qui avaient déjà blâmé sa décision de venir spontanément à la Bastille, furent plus encore scandalisés d'apprendre qu'il renonçait à son privilège de duc et pair de France et acceptait la juridiction de la Chambre ardente. «Monsieur de Luxembourg est entièrement déconfit, écrivait l'intarissable Sévigné, bonne échotière des réactions de la caste nobiliaire. Ce n'est pas un homme, ni un petit homme; ce n'est pas une femme, c'est une femmelette : "Fermez cette porte"; "allumez du feu"; "donnez-moi du chocolat"; "donnez-moi ce livre"; "j'ai quitté Dieu, il m'a abandonné". Voilà ce qu'il a montré à Besmaux et à ses commissaires, avec une pâleur mortelle... Quand on n'a que cela à porter à la Bastille, il vaut bien mieux gagner pays comme le roi, avec beaucoup de bonté, lui en avait donné moyens[4]. »

Les complices

Les commissaires, guidés par les aveux intéressés de Lesage, faisaient rechercher activement les complices ou prétendus complices du maréchal. Le 27 janvier, on incarcérait au château de Vincennes la marquise du Fontet, née Marie de La Marck, veuve d'un capitaine de cavalerie, friande d'occultisme, chez qui Luxembourg avait rencontré le magicien. Le 10 février, à 5 heures du matin, François Desgrez se saisissait d'un confident de Luxembourg, l'étrange vicomte de Montemayor. Depuis quatre jours, des hommes postés aux alentours de son domicile épiaient ses moindres déplacements.

Cet aventurier, fils d'un humble apothicaire de Lyon, se nommait en vérité Claude François Bouchard, mais il trouvait plus séant de se faire appeler vicomte de Montemayor, gentilhomme franc-comtois. Dans un acte notarié, ce vaniteux se qualifiait de «chevalier, vicomte de La Roche de Fenemberg, aide de camp et armées du roi dans l'armée de M. le duc de Luxembourg». C'était surtout un chevalier d'industrie, chercheur de pierre philosophale, hâbleur comme Vanens et Lesage, qui prédisait l'avenir par les nombres et prétendait posséder le secret d'un baume merveilleux. En 1660, la Cour des aides l'avait condamné au bannissement à vie pour crime de fausse monnaie. Revenu en France clandestinement, il avait été jeté à la Bastille, puis exilé en Basse-Normandie. Il était alors tireur d'horoscopes, vivant « fort agréablement, dit un contemporain, d'un métier qu'il ne savait pas ». Le maréchal de Luxembourg, curieux d'alchimie et d'astrologie depuis sa tendre enfance, fut subjugué par les singeries de ce vaurien. Il obtint sa grâce de Louvois et l'attacha à sa maison, sans titre bien défini, avec mission de lui rapporter « les petites nouvelles du monde » et de le servir dans ses multiples intrigues politiques ou amoureuses. Superstitieux, il s'enfermait avec lui des journées entières pour travailler aux sciences occultes et connaître la réponse des astres à ses projets et ses entreprises. L'arrestation de ce factotum inquiéta les partisans du maréchal, notamment le Grand Condé qui écrivait le 13 février à Ricous, gentilhomme au service du maréchal : « Je suis fâché qu'on ait arrêté Montemayor, parce qu'il est à craindre qu'il ne dise quelque chose de mal à propos contre M. de Luxembourg. Vous me ferez plaisir de me faire savoir les choses sur lesquelles on l'interrogera, et les réponses qu'il y fera. » Il n'en fut rien. Montemayor exposa aux commissaires ses méthodes astrologiques mais ne formula aucune accusation contre son maître.

Citée à comparaître devant la Chambre de l'Arsenal, la princesse de Tingry, grande fée maigre et sèche, était accablée par les médisances qui couraient à Paris sur son compte. « Elle est au lit qui se désespère, écrivait Ricous au prince de Condé. Je lui ai dit ce matin qu'elle avait deux exemples à suivre : Mme la Comtesse (*de Soissons*), si elle était tant soit peu coupable, M. de Luxembourg, si elle était innocente. Elle m'a dit qu'elle n'avait vu ni ne connaissait personne de tous ces gens-là. »

C'était une nature capricieuse et inconstante que Marie Louise Antoinette d'Albert, princesse de Tingry. Dans sa jeunesse, on avait cherché à dompter son caractère colérique et fantasque en l'engageant dans la voie de la religion. Entrée à l'Abbaye-aux-Bois, elle devint à dix-huit ans maîtresse des novices. Mais, bientôt, lasse d'une vie qui ne lui convenait point, elle fut relevée de ses vœux. Nommée dame du palais de la reine, elle vécut à la Cour fort honorablement. On lui prêtait d'avoir eu quelques bontés pour le maréchal. Mme de Sévigné lui attribue malicieusement ce propos : « J'admire le monde ! On croit que j'ai couché avec M. de Luxembourg et que j'ai eu des enfants de lui. Hélas ! Dieu le sait[5] ! » Le marquis de La Rivière, le bel et désinvolte amant de Mme de Poulaillon, écrivait alors à Bussy : « Je n'aurais jamais soupçonné la princesse de Tingry de galanterie. Sa figure m'avait garanti sa réputation et, si j'avais eu une maîtresse comme elle, je n'aurais jamais craint pour rivaux que des aveugles ! » Interrogée à trois reprises, la princesse nia tout contact avec les devineresses, sorciers ou empoisonneurs, et s'en tint farouchement à cette position.

Le 1er février, on pressa de questions le marquis de Feuquières, accusé d'avoir été en relation avec un grand nombre de sorcières et de sorciers. Le cousin de Luxembourg, libertin passionné d'occultisme, se défendit habilement. « Quelques empoisonneurs et empoisonneuses de profession, écrivait-il le 29 janvier 1680, ont trouvé le moyen d'allonger leur vie en dénonçant de temps en temps un nombre de gens de considération qu'il faut arrêter et dont il faut instruire le procès, ce qui leur donne du temps[6]. »

Nous voyons apparaître ici un argument que reprendront plus tard les historiens défenseurs de la marquise de Montespan. N'a-t-il pas suffi de quelques balivernes lancées par des gens sans aveu, de quelques sottes confessions arrachées sous la torture à une lie de miséreux profanateurs et sacrilèges pour mettre en marche cette gigantesque machine judiciaire dressée contre la noblesse de France ? L'attitude d'un Louvois, acharné à perdre la duchesse de Bouillon, la comtesse de Soissons, le maréchal de Luxembourg et son ami Feuquières, n'en est-elle pas la preuve ? Quel besoin avait-il de se rendre à Vincennes et de converser avec ce brigand de Lesage ?

Feuquières expliquait l'acharnement des robins à trouver partout des empoisonneurs par leur désir de justifier et de perpétuer leur mission. « Quoique la rage de La Reynie soit extrême contre moi, écrivait-il encore le 19 avril à l'un de ses correspondants, sans que j'en sache d'autres raisons que celle qu'il est lui-même enragé de ne point trouver de criminels dans tout le vacarme qu'il a fait, il aura bien de la peine à faire prendre des résolutions à la Chambre qui me soient contraires. Il a encore, depuis peu de jours, fait tout son possible pour faire décréter contre moi ; mais il n'a pu en venir à bout. »

Ainsi, rien ni personne ne confirmait les propos de Lesage qui, sans désemparer, poursuivait du fond de son cachot ses accusations contre le maréchal : il venait ainsi d'informer les commissaires qu'un tapissier avait été placé par la Vigoureux et la Bosse dans sa maison pour empoisonner la maréchale...

Décidément, le prétendu magicien était un précieux indicateur qui remplissait son rôle avec zèle. Il en faisait même trop. Pris au jeu, il pérorait, donnait maintenant, avec un aplomb superbe et une audace incroyable, des conseils aux juges et à Louvois, les encourageait à de nouvelles poursuites, raffermissait leur détermination : « Il ne faut rien du tout épargner sur le fait des poisons tant à l'égard de ceux qui en ont fait commerce que de ceux qui l'ont autorisé », lit-on dans un de ses mémoires manuscrits conservés parmi les papiers du ministre au Service historique de la Défense. « J'ai déjà dit pour le soutien de l'Etat, poursuit-il, et pour la véritable assurance du public, de ne plus jamais permettre ces sortes de commerce et d'assemblées (...). Servez-vous de la politique fine de ce rusé de Cromwell qui ne voulait que l'on fût assemblé en Angleterre pas plus de trois ou quatre personnes ensemble[7]. » Le bon apôtre !

Pendant ce temps, le glorieux maréchal languissait dans son cachot humide, souffrant du manque d'air et d'exercice. Dans la crainte d'une évasion, Louvois avait fait renforcer les mesures de surveillance. Ses méditations sur la destinée humaine lui furent-elles salutaires ? En tout cas, elles ramenèrent ce joyeux libertin sur le chemin de la religion. Besmaux ne le voyait jamais qu'en prière ou plongé dans des livres de dévotion. Au moment de Pâques, on l'autorisa à se confesser au père Bourdaloue. Comme sa santé commençait à se détériorer, le roi, touché par son édifiante résignation, lui accorda la permission de se promener deux heures par jour sur les terrasses de la Bastille.

Son procès traînait. L'opinion s'impatientait, ce qui ne contribuait pas peu à diminuer l'impopularité des magistrats. « On se lasse furieusement de leurs procédures ; on n'a jamais vu des lenteurs si extraordinaires ! », écrit un gazetier. « On dit qu'on ne trouve pas grand-chose contre M. de Luxembourg, ajoute Bussy-Rabutin, et cela fait qu'on le recherche depuis sur la concussion et la fausse monnaie; car cela serait bien honteux à la Chambre d'en avoir le démenti. »

Le maréchal innocenté

L'interrogatoire de Pierre Bonnard, intendant de l'illustre capitaine, devait faire sortir le procès de l'ornière. Bonnard avoua qu'il avait abusé son maître en utilisant son nom et celui de la princesse de Tingry, sans leur consentement, dans des cérémonies sacrilèges et démoniaques faites en compagnie de Lesage. Tout semblait confirmer l'innocence du prisonnier. Dans ces conditions, pourquoi ne pas le libérer immédiatement ? Sa femme et sa mère, appuyées par le prince de Condé, firent parvenir au roi une supplique en ce sens. Elle resta sans réponse.

Le 5 mai, après plusieurs semaines d'interruption, on reprit les interrogatoires qui se déroulèrent à l'intérieur de la Bastille. Dès la première séance, les commissaires abordèrent la question d'un prétendu pacte avec le diable qu'aurait signé le maréchal. C'était le fameux papier auquel le roi avait fait allusion. Le greffier sortit du dossier la pièce accablante, signée de la main de Luxembourg, la brandit à quatre pas du prisonnier qui reconnut formellement sa signature. Les questions qu'on lui posa ensuite éveillèrent sa suspicion. Il demanda à l'examiner de plus près. Quelle ne fut pas sa surprise en voyant entre la date et sa signature une phrase écrite d'une autre main et d'une encre plus blanche, où il était question de faire « toutes les conjurations nécessaires » et la « donation à Satan » !

« Mais je n'ai jamais écrit cela ! s'indigna-t-il. C'est un faux ! Cette phrase a été ajoutée au-dessus de ma signature à mon insu. Je demande qu'on aille quérir sur-le-champ un expert en écriture. Je m'en rapporte d'avance à ses conclusions. » Le maréchal était bouleversé. Il venait de saisir dans toute son ampleur la machination dont il était victime.

Bazin de Bezons se contenta de faire un signe au greffier qui sortit de la pièce et revint aussitôt, accompagné d'un homme misérablement vêtu, l'air fatigué, la barbe abondante. Le nouveau venu se tourna vers l'accusé et s'inclina respectueusement. Luxembourg reconnut Bonnard, son intendant, qui venait de passer six semaines dans un cachot de Vincennes. « Oserez-vous, misérable, soutenir vos dires et m'accuser en face ? », s'écria le maréchal. « Moi, Monseigneur, vous accuser ? Je ne l'ai point fait et ne saurais le faire... Je l'ai bien dit à M. de La Reynie dès que je fus mis à Vincennes... » En fait, le drôle avait tout avoué au lieutenant général de police, sauf, le plus pénible, le faux en écriture sur le pouvoir signé du maréchal. Bezons, dont l'air renfrogné manifestait le mécontentement, s'anima. « Faites-le taire ! », cria-t-il. Mais le maréchal, comprenant que de cette confrontation pouvait éclater son innocence, continua de harceler le témoin : « Ai-je fabriqué de la fausse monnaie ? Me suis-je jamais servi de poison ? Ai-je fait dire des messes noires ? Est-ce moi qui vous ai ordonné de faire ce pacte avec Satan ? — Non, non. »

Bonnard, plus bête et naïf que méchant, éclata en sanglots. Il se jeta aux pieds de son maître et implora son pardon. « Je vis bien, écrit Luxembourg en relatant cette scène, que cet aveu sincère ne plaisait pas à M. de Bezons, à en juger par la mine qu'il fit. Pour M. de La Reynie, il n'en fit aucune. »

Le 7 mai, on confronta le maréchal à un prêtre sans lui dire son nom. En dépit des efforts des commissaires, celui-ci répondit qu'il ne connaissait pas le prisonnier. Puis on introduisit dans sa cellule Mathurin Vigoureux, mari de la célèbre empoisonneuse. Il l'identifia mais se rétracta aussitôt, affirmant qu'il l'avait pris pour le comte de Gassilly, familier de l'officine de la Voisin.

L'après-midi du même jour eut lieu le face-à-face avec Lesage, d'autant plus en verve qu'on lui avait servi trois verres de vin pour le remonter ! Celui-ci reprit ses accusations avec son impudence habituelle, sans en vouloir démordre. Luxembourg, hautain, visage fin et lèvres minces, répondit avec mépris à ses effronteries. Il ramena l'affaire du billet jeté au feu chez Mme du Fontet à ses justes proportions. Il ne s'agissait que de questions frivoles portant sur des dames et non de demandes de mort. Le contenu du papier avait d'ailleurs été confirmé par Feuquières. Le maréchal avait bien vu les singeries de ce sinistre arlequin et ne lui avait donné sur-le-champ que deux pistoles, qualifiant plus tard ses propos de « grosses menteries ».

Lorsque le magicien mythomane aborda le projet de mariage de son fils avec la fille de Louvois, il fit cette fière remarque aux commissaires : « Le scélérat ne sait sans doute pas que je suis d'une maison où l'on n'achète pas les alliances par des crimes... et que quand Mathieu de Montmorency épousa une reine de France[8], mère d'un roi mineur, il ne s'est pas donné au diable pour conclure ce mariage, puisque la chose se fit par une résolution des états généraux qui la déclarèrent nécessaire pour acquérir au roi les services des seigneurs de Montmorency[9] ! »

La séance tournait à l'avantage du maréchal. Alors Lesage crut utile d'ajouter de nouvelles précisions : Luxembourg avait rendu visite plus de soixante fois au père Davot et lui avait promis une fortune s'il faisait réussir ses conjurations. Davot l'assistait dans ses rites démoniaques... Les magistrats voulurent le faire taire. Mais Luxembourg insista : « Que l'on fasse venir ce prêtre et nous verrons bien s'il ose me reconnaître, moi qui ne l'ai jamais vu ! » M. de Bezons eut un sourire et l'informa que Davot était le prêtre auquel on l'avait confronté et « qui avait affirmé ne l'avoir jamais vu de sa vie ».

La cause était entendue. Enfin la Cour rendit sa sentence. Bonnard, convaincu d'avoir utilisé abusivement la signature de son maître, fut condamné aux galères. « Ce sera une chose bien nouvelle pour lui, ironisait Mme de Sévigné, que l'habit dégingandé du galérien, après avoir passé sa vie sous un chapeau de castor, avec le manteau noir sur les deux épaules[10]. » Son complice, un nommé Botot, se vit infliger neuf ans de la même peine.

Le 14 mai 1680 eut lieu la séance solennelle présidée par Louis Boucherat au cours de laquelle, devant tous les juges assemblés, Luxembourg comparut pour la dernière fois. « Messieurs, fit le maréchal en s'adressant aux magistrats, je me suis rendu volontairement à la Bastille pour me justifier des accusations fausses, horribles et absurdes, intentées contre moi. Si vous trouvez que je ne les ai pas détruites d'une manière victorieuse, je n'ai qu'une grâce à vous demander : c'est de resserrer mes liens jusqu'à ce que toute la nation sache bien que je n'eus jamais de faiblesses indignes d'un homme de mon rang envers les misérables avec lesquels on m'a accusé d'être en étroite liaison[11]. »

A l'unanimité la Chambre acquitta le maréchal. Le roi signa sa lettre d'élargissement, mais, dans le souci d'éviter un retour triomphal qui aurait sonné comme un désaveu de sa justice, il ne le réintégra pas immédiatement dans ses charges. Il lui demanda de se retirer dans l'une de ses campagnes, avec interdiction d'approcher la capitale de vingt lieues. Le 15 mai, la Chambre déchargeait de toute accusation sa belle-sœur, la princesse de Tingry. Le même jour, Luxembourg sortait de la Bastille et prenait la direction de Troyes, ville près de laquelle il possédait la belle résidence de Piney. Il reviendra vite à la Cour, retrouvera sa charge de capitaine des gardes du corps, reprendra du service à l'armée et remportera ses plus belles victoires, Fleurus en 1690, Steinkerque en 1692, Neeerwinden l'année suivante. Les brassées d'étendards et de drapeaux pris à l'ennemi et appendus aux voûtes de la cathédrale de Paris lui vaudront le glorieux surnom de « Tapissier de Notre-Dame ».

VII

Racine et la Du Parc

La Voisin dénonce Jean Racine

Une autre « personne de qualité », Jean Racine, échappa de peu au sort du maréchal de Luxembourg. Une lettre de cachet devait être préparée à son encontre par Louvois qui écrivait le 11 janvier 1680 à Bazin de Bezons : « Vous trouverez ci-joint les ordres du roi nécessaires pour faire arrêter la dame Larcher ; ceux pour l'arrêt du sieur Racine vous seront envoyés aussitôt que vous les demanderez[1]. »

Pourquoi ces derniers ordres ne furent-ils jamais expédiés ? Bazin de Bezons jugea-t-il que les preuves manquaient contre son collègue de l'Académie française ? Le roi, par amitié pour son historiographe, refusa-t-il de déclencher ce dernier scandale ? Cinq jours après le billet de Louvois, *Iphigénie* était reprise à la Cour, comme si de rien n'était.

Toujours est-il que Jean Racine fut accusé par la Voisin d'avoir empoisonné sa maîtresse, la célèbre comédienne Du Parc. Il semble que lors du procès de Madeleine de La Grange, il ait déjà été fait mention de la disparition soudaine de cette jeune femme et qu'on ait soupçonné du crime la Voisin ainsi que l'acteur Louis Béjart, dit Béjart

Cadet, qui avait quitté la troupe de Molière en 1670 et était mort huit ans plus tard.

Le 21 novembre 1679, revenant sur le sujet, les magistrats instructeurs posaient sans préambule cette question à la Voisin : « Qui lui a donné connaissance de la Du Parc ? » Elle répondit qu'elle la connaissait depuis quatorze ans et qu'elles étaient très bonnes amies ; que, lors de sa maladie, Racine avait donné des ordres pour lui interdire de l'approcher, ce qui lui avait fait soupçonner un empoisonnement, et qu'elle l'avait appris par Mme de Gorle, marâtre de la Du Parc.

Ces propos ne parurent pas satisfaire La Reynie qui lui demanda si personne n'était venu la solliciter pour commettre ce crime. « On y aurait été bien mal reçu ! », s'exclama la commère.

— Si elle ne sait pas que l'on s'est adressé pour cela à la de La Grange ?

— Elle ne le sait point.

— Si elle ne connaît pas un comédien boiteux ?

— Oui, et c'est Béjart, qu'elle n'a vu que deux fois.

— Si Béjart n'avait pas quelque mauvaise volonté contre la Du Parc ?

— Non, et ce qu'elle a su touchant Racine a été premièrement par Mlle de Gorle.

Pouvait-elle donner des précisions ?

De Gorle lui a dit que Racine, ayant épousé secrètement Du Parc, était jaloux de tout le monde et particulièrement d'elle, Voisin, dont il avait beaucoup d'ombrage, et qu'il s'en était défait par poison et à cause de son extrême jalousie, et que, pendant la maladie de Du Parc, Racine ne partait point du chevet de son lit, qu'il lui tira de son doigt un

> diamant de prix, et avait ainsi détourné les bijoux et principaux effets de Du Parc, qui en avait pour beaucoup d'argent ; que même on n'avait pas voulu la laisser parler à Manon, sa femme de chambre, qui est sage-femme[2].

La Voisin ajouta que Mme de Gorle ne lui avait pas précisé de quelle manière l'empoisonnement avait été réalisé, ni quelles personnes avaient fourni le poison.

Le 17 février 1680, sur la sellette, la devineresse répéta les mêmes propos :

> (*Elle*) a connu Mlle du Parc, comédienne, et l'a fréquentée pendant quatorze ans ; sa belle-mère, nommée de Gorle, lui a dit que c'était Racine qui l'avait empoisonnée, et elle ne sut la mort de la Du Parc que quand son corps fut à la porte exposé pour son enterrement.

A son dernier interrogatoire, on lui demanda encore : « Si elle ne sait autre chose que ce qu'elle a dit au procès sur l'empoisonnement de la Du Parc ? — Elle a dit la vérité et tout ce qu'elle a dit sur ce sujet. »

Ce sont les seuls éléments – bien minces, il faut l'avouer – à partir desquels certains ont conclu à la culpabilité d'un de nos plus grands auteurs dramatiques. Mais qu'en penser ?

La Du Parc

La Du Parc, de son nom de jeune fille Marie Thérèse de Gorle, dite Marquise, naquit à Lyon vers 1635, de Marguerite Jacquart et de Giacomo de Gorla, originaire d'Arosa, en pays grison, lequel se qualifiait de « premier opérateur du roy en sa ville de Lyon », c'est-à-dire, plus prosaïquement, d'arracheur de dents et de marchand de vulnéraires. Il avait pour le spectacle un goût particulièrement prononcé qu'il communiqua à sa fille. C'est ainsi que, dès sa plus tendre enfance, Marquise se mêla au milieu des baladins, apprit sur les tréteaux ses premiers pas de danse et excella dans « certaines cabrioles remarquables », troublantes et audacieuses pirouettes qu'elle faisait avec une jupe fendue lui découvrant les jambes et les cuisses.

Au début de 1652, une troupe de pauvres comédiens arriva à Lyon. Elle était dirigée par un certain Jean-Baptiste Poquelin, que le surnom de Molière n'avait pas encore promu à la célébrité. Dans cette troupe se trouvait un joyeux luron corpulent et à la mine fleurie, d'origine bretonne, René Berthelot, appelé Du Parc sur les planches et Gros-René dans les coulisses. Le comédien tomba amoureux de la jeune ballerine et l'épousa en l'église Sainte-Croix en février 1653. Le contrat de mariage du 19, signé de Me Thomazet, notaire, et des témoins, dont Jean-Baptiste Poquelin, figure aux Archives départementales du Rhône[3]. Marquise avait dix-huit ans. Sa voie était toute tracée : elle entra dans la troupe de Molière, qui allait bientôt jouir de la haute et bienveillante protection d'Armand de Bourbon, prince de Conti, frère du Grand Condé et cousin du roi.

Gros-René n'avait pas lieu d'être un mari jaloux. Bien que fort coquette, sa jeune femme repoussait avec sagesse les hommages de ses nombreux soupirants, y compris ceux du bouillant Molière, qui aimait lutiner les demoiselles de sa troupe, la de Brie ou la Béjart. Il faut dire qu'elle était d'une grande et altière beauté. De son être se dégageait cette sorte de réserve un peu hautaine qui inspire souvent les plus ardentes et folles passions. Un portrait de l'époque nous la montre, le profil distingué, classique, le front noble et haut, le nez légèrement busqué, les lèvres finement dessinées, le col long et gracile.

Bientôt, les comédiens quittèrent Lyon pour reprendre leur course vagabonde sur les routes de France. A Rouen, le « vieux » Corneille – cinquante-deux ans, les cheveux grisonnants, marié depuis dix-huit ans, père de sept enfants, marguillier de sa paroisse –, que l'on disait préoccupé de son salut depuis l'échec de ses dernières œuvres théâtrales, tomba éperdument amoureux de cette adorable jeune femme. Tremblant comme un collégien sous la calotte d'ecclésiastique qui cachait sa calvitie, l'auteur inoubliable du *Cid* lui avoua sa flamme, en soupirant d'avoir « trop longtemps aimé pour être encore aimable ». La Du Parc le railla gentiment et lui offrit en retour son amitié, ce dont le grand homme n'avait que faire. Il ne cessait de lui écrire des vers, brûlant d'amour, souhaitant sa défaite, tout en craignant de la décevoir :

Tête chauve et barbe grise
Ne sont pas viande pour vous.
Quand j'aurais l'heur de vous plaire
Ce serait perdre du temps :
Iris, que pourriez-vous faire
D'un galant de cinquante ans ?

Il attendait un démenti. Hélas, rien ne faisait fléchir la belle Iris. Dépité, il se fâcha et, en guise de billet doux, lui adressa des épîtres grinçantes et des vers irrités, tels ceux-ci :

Marquise, si mon visage
A quelques traits un peu vieux,
Souvenez-vous qu'à mon âge
Vous ne vaudrez guère mieux.

Le temps aux plus belles choses
Se plaît à faire un affront
Et saura faner vos roses
Comme il a ridé mon front...

Tandis que le dramaturge, décidément bien diminué, faisait à sa manière une cour fort éloignée des chemins de la carte du Tendre, voilà que son frère Thomas, l'éternel second, prétendit rivaliser avec lui, en écrivant à la Du Parc de petits vers galants. Il était temps pour elle de quitter Rouen. En octobre 1658, à Paris, la troupe que protégeait désormais Monsieur, frère du roi, donnait des représentations de *Nicomède* et du *Docteur amoureux*. C'est alors que, pour un motif inconnu (peut-être l'ambition de faire une plus brillante carrière), le ménage Du Parc rallia les comédiens rivaux du Marais. Infidélité de courte durée, puisque le 4 octobre 1659 un « contrat de société », signé de Jean-Baptiste Poquelin et Madeleine Béjart, chefs de la troupe, et des deux transfuges, consacrait leur retour. En août 1661, à Vaux-le-Vicomte, lors de la fameuse soirée offerte au roi par le surintendant Fouquet, la Du Parc apparut costumée en bergère dans la comédie-ballet des *Fâcheux*. En 1663, elle s'illustrait encore dans *L'Impromptu de Versailles*, réplique satirique de Molière à la première cabale des dévots. Le 28 octobre 1664, elle devint veuve, avec trois enfants à charge. Toujours fine et belle en dépit de ses grossesses, elle s'attira alors les hommages d'une cour d'admirateurs parmi lesquels ce grand bohème de La Fontaine, lui aussi marié et père de famille.

Tous les galants se firent poliment éconduire à l'exception d'un seul, le beau et séduisant Jean Racine, vingt-cinq ans, qui s'était pris d'une passion aussi violente qu'ombrageuse pour cette coquette Célimène. Après l'échec de *La Thébaïde*, il écrivit un *Alexandre*. La rayonnante Marquise y interpréta son premier grand rôle tragique, celui d'Axiane. Au printemps de 1667, il lui faisait quitter définitivement la troupe de Molière pour celle de l'hôtel de Bourgogne et lui confia quelques mois plus tard le plus beau rôle de sa carrière, celui de la veuve d'Hector dans *Andromaque*.

Mais Port-Royal cherchait à le reprendre : «Je vous conjure, lui écrivait la mère Agnès, de rentrer dans votre cœur pour y considérer sérieusement dans quel abîme vous vous êtes jeté.» Tout à sa passion, le jeune homme oubliait son enfance orpheline au monastère. Un de ses carnets de comptes, retrouvé par Béatrice Dussane, montre que le couple eut à l'automne de 1667 une petite fille qui mourra huit ans plus tard et sera enterrée à Saint-Roch. N'étant pas mariés, ils vivaient, pour respecter les convenances, dans des domiciles séparés, elle, rue de Richelieu, lui rue Montorgueil. Bientôt, il fut question de mariage, mais pas de celui qu'on croit. Un des admirateurs de Marquise, un chevalier, se proposait de l'épouser. Le 17 juillet 1668, Bussy-Rabutin, toujours au courant des derniers potins de la Cour et de la ville, malgré son lointain exil, écrivait à l'une de ses correspondantes :

«J'admire l'étoile de la Du Parc qui a donné mille passions à mille gens et jamais une médiocre. Si le chevalier de... l'épouse, ce sera un grand triomphe pour l'Amour. Il est beau pour son honneur qu'il arrive de temps en temps des choses extraordinaires dans son empire : cela le fait respecter.» Une lettre de Mme de Montmorency à Bussy-Rabutin, datée du 10 juillet 1668, livre le nom tu par le cousin de Mme de Sévigné, celui du chevalier de Rohan, qui devait finir sur l'échafaud sept ans plus tard : «Le chevalier de Rohan veut épouser la Du Parc, fameuse comédienne; la famille du chevalier s'y oppose.» Une gazette hollandaise de la même époque révèle un autre nom, celui du chevalier de Genlis : «On a donné des gardes au chevalier de Genlis pour l'empêcher de se marier avec la demoiselle Du Parc, comédienne.»

Et soudain, la mort

Quelques mois passèrent. Le 11 décembre, la belle Marquise mourait, terrassée par un mal mystérieux, à son domicile parisien, où elle vivait avec ses deux filles et sa marâtre, seconde épouse de son père, Benoîte Benoît, dite Delamare. L'inhumation eut lieu le surlendemain aux Carmes des Billettes. Le poète Robinet nous montre le tragédien suivant le cortège funèbre, profondément affligé :

Les poètes du théâtre
Dont l'un, le plus intéressé,
Etait à demi trépassé...

Faut-il voir, comme d'aucuns l'ont dit, dans cette attitude le remords d'un crime abominable? Racine, comme tous les êtres trop sensibles, avait les larmes faciles mais éphémères. Il eut des aventures et, deux ans plus tard, tomba dans les bras de la volage Marie Desmares, dite la Champmeslé, adulée par le public dans *Bérénice*, *Bajazet*, *Mithridate*, *Iphigénie*. D'autres femmes, inconnues, suivront, «êtres charmants, écrit François Mauriac, qui surent guider Racine dans ce labyrinthe de passions où il s'est perdu à leur suite, puis, enfin, retrouvé».

Pourtant, depuis la disparition de la Du Parc, il semblait rongé par un drame secret. Ses angoisses religieuses se faisaient plus lancinantes. En plein succès, il abandonna l'art dramatique et se rapprocha de Pierre Nicole et du Grand Arnauld. Le 1er juin 1677, il se maria avec l'insignifiante Catherine de Romanet. Lui, l'arriviste calculateur et sans scrupules, sacrifiait pour toujours le théâtre, où il avait brillé d'un incomparable éclat. Il ne rêvait plus que de mener l'existence bourgeoise, tranquille et respectable d'un bon chrétien et d'un père de famille. En septembre, cet homme pieux et vertueux fut nommé historiographe du roi, en même temps que Boileau.

Comment expliquer cette brusque métamorphose ? Que faut-il penser des étranges propos tenus par la Voisin ? Ne viennent-ils pas éclairer un coin obscur de la vie de Racine, qui ne fut pas seulement le poète des « féminines langueurs » mais aussi un homme jaloux, orgueilleux, brûlé de passion et d'ambition, à l'image de certains de ses héros ? Que la devineresse ait bien connu la Du Parc, et cela depuis longtemps, quatorze ans, disait-elle, on ne saurait en douter. Leurs bonnes relations sont attestées par une autre empoisonneuse, la Boutier, ancienne servante de la pythonisse : au cours de son interrogatoire du 6 novembre 1679, elle parle de « la Du Parc, comédienne, qui était la commère de la Voisin et son intime amie[4] ».

La Voisin est seule en revanche à prétendre qu'il lui était uni par un mariage secret, ce que le droit canon appelle un « mariage de conscience », béni par un prêtre, mais sans publication préalable des bans. Est-ce possible ?

On remarquera que, contrairement à son habitude, l'empoisonneuse n'a pas formulé dans sa déposition d'accusation précise, sinon celle du vol de bijoux, pour le moins douteux. Elle se contentait de rapporter les bruits qui couraient parmi les proches parents de la victime. Le motif qu'elle donnait de ce crime était des plus puérils. Racine, disait-elle, était jaloux de tout le monde et particulièrement d'elle. Ce n'est guère sérieux. Manifestement, elle ne savait rien d'autre, sinon elle n'aurait pas manqué de le dire, par rancune contre le poète.

L'historien Frantz Funck-Brentano admet que si la Voisin avait déclaré à La Reynie : « Il a donné du poison pour faire mourir la Du Parc », il n'aurait pas hésité à la croire, car la devineresse n'a jamais chargé personne à tort[5]. Or là, rapportant seulement les propos de la de Gorle, elle ne citait aucun fait précis, n'indiquait ni de quel poison on s'était servi, ni le lieu ni les auteurs du crime.

Que Racine ait souhaité tenir à l'écart une débauchée comme la femme Monvoisin, voilà qui est tout à son honneur et ne saurait surprendre personne. Mais pour quelle raison a-t-il mis la même insistance à empêcher la sage-femme Manon de venir au chevet de la malade qui avait pourtant réclamé sa présence ? Un manuscrit de l'éditeur Brossette rapporte un propos de Boileau entendu en 1703 par son ami et confrère Mathieu Marais : « M. Racine était amoureux de la Du Parc qui était grande, bien faite et qui n'était pas bonne actrice. Il fit *Andromaque* pour elle ; il lui apprit ce rôle ; il la faisait répéter comme une écolière... La Du Parc mourut quelque temps après en couches. »

Le docteur Legué, dans son étude sur les *Médecins et empoisonneurs au* XVIIe *siècle* (1896), rapproche ce témoignage des projets matrimoniaux du chevalier de Rohan. Il conclut que la jeune femme attendait un enfant de Racine avec lequel elle n'était pas mariée, puisqu'un de ses nombreux soupirants, le chevalier de Rohan (à moins que ce ne fût Genlis), se proposait de l'épouser. Or sa nouvelle grossesse ne pouvait que nuire à sa carrière théâtrale et à l'avantageuse alliance qui se dessinait. Pour éviter le scandale, elle aurait donc décidé de se faire avorter. « Mlle du Parc, il faut le dire très haut, mourut positivement des manœuvres criminelles pratiquées sur elle par des sages-femmes. Elle ne fut pas empoisonnée, et la mémoire de son amant, si peu sympathique qu'il fût alors à ses contemporains, doit demeurer indemne d'une pareille accusation[6]. » Cet accouchement prématuré de la Du Parc, provoqué par des manœuvres abortives, aurait entraîné une péritonite qui, en quelques jours, emporta la malheureuse. Allant plus loin, certains, tel Léon Daudet, ont imaginé que Racine avait été au courant de ce projet et s'était entremis pour le faire réussir. Voilà pourquoi il aurait tenu à écarter les importuns comme la Voisin et son amie Manon.

Cette version, qui a recueilli l'assentiment de nombreux historiens, n'est pas impossible mais, on en conviendra, assez fragile. Elle n'a été avancée, semble-t-il, qu'à dessein de laver Racine de l'accusation de meurtre. Si l'actrice était morte ainsi, sa marâtre n'aurait pas manqué de le dire à son amie la Voisin, en accusant Racine du crime d'avortement.

On notera d'ailleurs que la Du Parc fut inhumée religieusement. Le registre paroissial de Saint-Roch, examiné par l'historien Augustin Jal avant sa disparition dans l'incendie de l'Hôtel de Ville en 1871, mentionnait que, le 13 décembre 1668, le corps de « Marquise Thérèse de Gorle, veuve de feu René Berthelot, vivant sieur Du Parc, l'une des comédiennes de la troupe royale, décédée le onzième du présent mois, rue de Richelieu, fut porté et inhumé aux religieux carmes des Billettes sur la paroisse de Saint-Roch ».

Or, pour avoir droit à une sépulture chrétienne, les gens de théâtre, qui, comme chacun sait, étaient mal considérés par l'Eglise au XVIIe siècle, devaient recevoir les derniers sacrements après avoir solennellement « renoncé à la comédie ». Si la Du Parc était décédée accidentellement au cours d'une séance clandestine d'avortement, elle n'aurait pu recevoir les dernières prières de l'Eglise. Une fausse couche dramatique, fréquente à l'époque, liée à une éclampsie puerpérale, semble donc plus vraisemblable.

Si l'ombrageux poète, l'amant délaissé, avait dû la tuer, comme le remarque pertinemment Mme Claude Dulong, c'est en juillet 1668 qu'il l'aurait fait, au moment où l'on parlait du mariage de sa maîtresse avec un gentilhomme de la Cour, et non cinq mois plus tard[7]. Curieux assassin du reste que celui qui se précipite chez sa victime agonisante et fait venir spécialement un prêtre, le curé de Saint-Landry et non celui de Saint-Roch ! Bref, il y a tout lieu de croire que la de Gorle avait calomnié le poète.

L'abandon par Jean Racine de sa carrière d'auteur dramatique ne peut donc pas être imputé, près de dix ans après l'événement, aux remords d'un prétendu crime. Enfin, ajoutons un dernier argument de bon sens. Racine aurait-il eu le cynisme d'écrire une tragédie sur un empoisonnement – *Britannicus* – un an seulement après avoir fait mourir sa maîtresse ? Personne ne pourra croire que le « sublime Racine » fut un monstre.

DEUXIÈME PARTIE

LE SECRET D'ÉTAT

VIII

L'affaire rebondit

La Voisin condamnée et exécutée

Louis XIV avait hâte d'en finir. Tandis que l'on interrogeait dans son étroite cellule de la Bastille le maréchal de Luxembourg, tandis que Desgrez et ses astucieux limiers traquaient sans relâche les empoisonneurs encore en liberté, le procès de la Voisin s'était enfin ouvert. Les juges, horrifiés par ses crimes, eurent tôt fait de rendre une sentence de mort. Le 19 février 1680, la terrible femme connut son sort, ce qui ne l'empêcha pas, le soir même, nous dit Mme de Sévigné, de trinquer et de souper copieusement avec ses gardes. « Quoi ! s'étonnait-elle, nous ne ferons point médianoche[1] ? »

Elle s'enivra et chanta jusqu'à minuit vingt chansons à boire. Le lendemain, elle multiplia les accusations contre ses amis ou complices, la Lepère, la Chappelain, la Vautier, la Trianon, Lesage, Blessis...

Les commissaires voulurent mettre à profit ses bonnes dispositions pour la questionner sur ses voyages à la Cour et ses relations avec les deux suivantes de Mme de Montespan, Mlles Catau et des Œillets.

— Quel commerce avez-vous eu avec Catau, fille d'honneur de Madame ?

— Je n'ai fait que lui regarder les lignes de la main au Palais-Royal et lui ai dit qu'elle serait aimée de personnes de qualité. Elle me pria de faire quelque chose pour la faire entrer au service de Mme de Montespan. J'ai accepté de m'occuper d'elle et lui ai demandé à cet effet une chemise qu'elle m'a fait porter par sa tante. J'ai commencé une neuvaine à l'église du Saint-Esprit mais ne l'ai point achevée. Depuis ce temps, je ne l'ai pas revue ni su qu'elle était entrée chez Mme de Montespan.

— Avez-vous eu quelque commerce avec Mlle des Œillets ?

— Non, je ne la connais pas du tout.

— Connaissez-vous des personnes à la Cour qui se mêlent du commerce des poisons ou qui sont suspectes de ce commerce ?

— Je n'en connais point[2]...

La Voisin restait donc singulièrement silencieuse dès qu'il s'agissait de personnes très haut placées. Elle répéta les mêmes propos à la question, qui – chose étrange – ne lui fut donnée que pour la forme. Peut-être lui fit-on des promesses pour la faire parler ? Le bourreau la délia du chevalet et l'étendit, comme d'usage, sur un matelas où les commissaires lui posèrent les dernières questions :

— Exhortée derechef de déclarer la vérité sur le sujet des voyages qu'elle a faits à Saint-Germain et à Versailles, si elle n'a pas porté des poudres et à quel dessein ?

— En l'état où elle est, et n'attendant plus que la mort, elle serait bien misérable, devant rendre compte de ses actions à Dieu, de ne point reconnaître la vérité : elle n'a jamais porté de poudres à Saint-Germain ni à Versailles ;

les voyages qu'elle a faits à Saint-Germain et à Versailles ont été de la manière et pour le sujet qu'elle a déclaré, et pour l'affaire de Blessis[3].

Le soir, la virago recommença à s'enivrer.

On lui en fit honte, dit Mme de Sévigné, et on lui dit qu'elle ferait mieux de penser à Dieu et de chanter un *Ave Maria Stella* ou un *Salve* que toutes ses chansons ; elle chanta l'un et l'autre en ridicule, elle mangea le soir et dormit[4].

Le lendemain 22 février, elle refusa de recevoir le confesseur choisi par MM. de La Reynie et Robert. Vers midi, on la conduisit en carrosse de Vincennes à Paris. A la Bastille, on la mena à la chapelle où elle entendit à genoux le greffier Sagot lui lire pour la seconde fois l'arrêt de la Chambre ardente. « Avez-vous quelque chose à ajouter à vos déclarations ? — Rien. »

Les magistrats se retirèrent, laissant la prisonnière aux mains du Grand Pénitencier de Notre-Dame, ce prêtre spécialement chargé au nom de l'évêque de pardonner les péchés les plus graves. L'heure du supplice était arrivée. Elle revêtit la robe de drap grossier des condamnées. Sous la protection des gardes, elle prit place dans le tombereau qui, vers 5 heures de l'après-midi, la mena sur le parvis de la cathédrale où se tenait le Grand Pénitencier, entouré d'une foule de curieux. Comme la Brinvilliers, elle descendit de voiture, tenant à la main un cierge d'un poids de deux livres. Elle eut un instant de repentir : « Je suis chargée de tant de crimes, avoua-t-elle à son confesseur, que je ne souhaiterais pas que Dieu fît un miracle pour me tirer des flammes, parce que je ne puis trop souffrir pour ce que j'ai commis. »

Pourtant, Mme de Sévigné assure qu'elle repoussa le crucifix et refusa de faire amende honorable. Place de Grève, il fallut l'extirper du tombereau. Pendant qu'elle rugissait, vociférait et jurait, le bourreau l'attacha avec des chaînes sur le bûcher. Au moment de mourir, elle déclara « pour la décharge de sa conscience qu'un grand nombre de personnes de toutes sortes de conditions et de qualités se sont adressées à elle pour demander la mort et les moyens de faire mourir beaucoup de personnes, et que c'est la débauche qui est le premier mobile de tous ces désordres[5] ». Ceux qui attendaient d'ultimes révélations en furent pour leurs frais. La sorcière ne cita aucun nom...

On recouvrit son pauvre corps de bottes de paille qu'elle essaya dans sa rage de repousser à plusieurs reprises. Peu à peu la fumée la suffoqua, couvrit sa voix, et les flammes la dévorèrent avec avidité, à la grande satisfaction des badauds.

Mme de Sévigné n'avait pas manqué le spectacle, comme elle l'avait fait pour la Brinvilliers. Le lendemain, elle badina avec sa fille : « Un juge, à qui mon fils disait l'autre jour que c'était une étrange chose de la faire brûler à petit feu, lui dit : "Ah ! Monsieur, il y a certains petits adoucissements, à cause de la faiblesse du sexe. — Eh ! quoi, monsieur, on les étrangle ? — Non, mais on leur jette des bûches sur la tête, et les garçons du bourreau leur arrachent la tête avec des crocs de fer." Vous voyez bien, ma fille, que ce n'est pas si terrible que l'on pense. » Quelques jours plus tard, la bonne marquise nuançait l'attitude d'impiété de la sorcière : « Il faut que je vous reprenne l'âme damnée de la Voisin. Son confesseur a assuré qu'elle avait prononcé

Jésus Maria au milieu des flammes. C'est peut-être une sainte[6] ? »

Les recherches continuent

Le 24 février, deux jours après l'exécution de la Voisin, le roi donna officiellement à la Chambre plus de pouvoirs, étendant sa compétence aux sacrilèges, impiétés, profanations, fabrication et exposition de fausse monnaie. Les parlements et autres juridictions ordinaires devaient être immédiatement dessaisis. « Voilà de quoi perpétuer la Chambre ardente ! », ricanait le marquis de Feuquières.

Cependant, la recherche des empoisonneurs se poursuivait activement. Le 27 février, Louvois pouvait annoncer à La Reynie l'arrestation de l'abbé Mariette dans l'église de l'Oratoire de Toulouse. Enfermé au château Trompette à Bordeaux, il fut bientôt transféré au donjon de Vincennes. Sa capture permettait de commencer sans tarder le procès de son complice Lesage. Toutefois, le ministre, qui appréciait beaucoup les dénonciations de ce dernier, préféra y surseoir quelque temps.

En attendant, on se rabattit sur des affaires anciennes qui avaient été laissées de côté. Le 5 avril 1680, la Leroux, une sorcière mêlée aux affaires de Mmes Leféron et de Dreux, était condamnée à mort et exécutée.

Sévère pour les petites gens, la Chambre l'était beaucoup moins pour les grands de ce monde. Mme Leféron qui, on s'en souvient, avait empoisonné son mari, président de la première Chambre des enquêtes, fut condamnée le 7 avril au bannissement hors la vicomté de Paris et à 1500 livres d'amende. C'était payer bon marché un crime dont treize ou quatorze personnes avaient été témoins. Trois semaines plus tard, le 27 avril, la Chambre ardente rendait un jugement plus scandaleux encore en relaxant Mme de Dreux, dont les crimes étaient innombrables, après l'avoir simplement admonestée. On devait cette parodie de justice au fait que l'accusée était cousine de deux juges, MM. d'Ormesson et de Fortia. Ce fut une explosion de joie parmi ses amis. Ce fut un triomphe pour son amant, M. de Richelieu. M. de Dreux était, lui aussi, ravi, et toute sa famille vint chercher cette charmante et la féliciter à la porte de l'Arsenal.

Des points restés obscurs dans les déclarations de la Voisin, il en est un qui retenait particulièrement l'attention des magistrats instructeurs : c'était le placet que, peu avant son arrestation, la pythonisse devait remettre au roi dans une galerie du château de Saint-Germain pour obtenir la libération de Blessis, prisonnier chez le marquis de Termes. A Vincennes, elle avait confié à l'une de ses compagnes de cellule : «Je crains plus que tout que l'on me demande des explications sur certain voyage à la Cour.» Et elle avait ajouté : «Dieu a protégé le roi!» Que voulait-elle dire? Quel projet ténébreux avait-elle médité? Que faisait-elle chez le restaurateur Mue, et en quelle compagnie? Elle avait répondu qu'elle cherchait avec trois amis de Blessis le moyen de présenter le placet au roi. L'un s'appelait Romani, un autre Bertrand et le troisième était une de leurs connaissances.

Elle avait affirmé que Lesage, son éternel compère, s'était proposé «d'accommoder» le placet, c'est-à-dire de lui faire un charme au moyen de formules magiques, pour la réussite de sa démarche, mais, s'empressa-t-elle d'ajouter, « à celui qui fut porté à Saint-Germain, il ne fut rien fait ».

Naturellement, on avait questionné Lesage. Celui-ci, d'habitude si bavard, prétendit ne rien savoir. La sorcière n'était plus là pour donner des précisions ni son mari, Antoine Monvoisin, mort deux mois après l'arrestation de sa femme, qui avait entendu lui aussi parler de cette histoire au domicile conjugal.

Marie Marguerite Monvoisin

Le 28 mars 1680, on interrogea donc leur fille, Marie Marguerite, âgée de vingt et un ans, une jeune personne au caractère « emporté et d'étrange trempe[7] », avouait La Reynie. Elle donna aussitôt des détails pour le moins étonnants :

> Romani dit à sa mère qu'il ne fallait que trois lignes d'écriture, mais qu'il fallait bien se garder de donner le placet à personne avant que le roi l'eût vu, parce que cela empêcherait que les affaires ne réussissent et que tout serait perdu. Et il recommanda beaucoup à sa mère de se bien placer et de se mettre en lieu où elle pût directement remettre le placet entre les mains du roi, disant que pourvu que le roi ouvrît lui-même le placet, c'en serait assez (...). Le placet fut donné à sa mère par Romani, vers les fêtes de Noël (1678), et sa mère ne fut à Saint-Germain qu'au mois de mars suivant[8]...

Le 5 juillet, la fille de la Voisin apporta de nouvelles précisions. Une amie de sa mère, devineresse comme elle, la

Trianon, lui avait confié que le voyage de Saint-Germain lui porterait malheur : d'après l'un de ses horoscopes, elle serait compromise dans « une affaire d'Etat ». Une autre, la femme Vautier, lui avait dit que la sorcière allait s'embarquer « avec des gens de qualité qui lui donneraient bien de l'embarras[9] ». La Voisin avait négligé ces avertissements. Elle désirait absolument remettre le billet en main propre à Louis XIV. Elle s'était adressée pour cela à un domestique de sa connaissance, un nommé Léger, valet de chambre du duc de Montausier. Elle lui avait demandé s'il ne connaissait pas quelqu'un « qui prît soin de la faire bien placer » sur le passage du roi. Léger avait répondu qu'il voulait bien s'en occuper « pourvu qu'il vît ce qu'il contenait ». La Voisin l'avait alors remercié poliment, lui disant qu'elle se débrouillerait seule.

A la fin de février 1679, elle essaya une première fois d'approcher le roi, en vain. Romani et Bertrand, qui l'avaient accompagnée avec une copie du placet, échouèrent également. Le 5 mars, elle fit une nouvelle tentative avec un certain Freslet, ami de Blessis. Bertrand, Romani et sa fille se contentèrent de les conduire jusqu'au coche de Saint-Germain, chez le cabaretier Mue où, précisa Marie Marguerite, on leur « donna du merlan frit et du saumon à déjeuner[10] ». Le 10 mars, la sorcière revint rue Beauregard fort déçue : le roi étant à la chasse, elle n'avait pu lui remettre le papier. Elle projetait néanmoins d'y retourner trois jours plus tard. Comme son mari s'étonnait de son acharnement, elle s'écria : « Il faut que j'en périsse ou que je vienne à bout de mon dessein ! — Quoi ! Périr ? C'est beaucoup pour un morceau de papier », lui rétorqua-t-il avec bon sens. La Reynie était bien de cet avis. Il commençait à se demander si l'on n'avait pas fait « quelque chose » à ce placet. Il posa la question à

Marie Marguerite : « Je ne crois pas, répondit-elle, que l'on puisse faire quoi que ce soit à du papier. Si je l'avais su, je n'aurais pas attendu d'être mise à la Bastille pour le dire[11]. »

C'était le 5 juillet 1680. Une semaine plus tard, le 12, elle faisait une déclaration bien différente, d'un intérêt capital pour la suite du procès. Son interrogatoire a malheureusement été soustrait aux dossiers, mais nous en possédons un résumé de La Reynie, dont voici l'essentiel :

> Ayant su que sa mère a été jugée, n'ayant plus rien à ménager, [elle] veut reconnaître la vérité. (...) Il est vrai que le placet que sa mère fut porter à Saint-Germain, quelques jours avant d'être arrêtée, n'était à autre dessein que pour empoisonner le roi par le moyen du placet (...). La dame qu'elle savait l'avait envoyé chercher dans son carrosse. Après avoir parlé du placet, du sujet, et que la Trianon l'eut vu, [elles] descendirent elles deux dans la salle basse. [Elles] revinrent poser le placet avec un petit paquet lié avec du fil ; Trianon dit qu'il fallait que cela ne fût à l'air ; la Voisin le mit dans sa poche. [Il] fut parlé de cent mille écus et de passer en Angleterre[12].

Ainsi la fille de la Voisin, ayant appris par une indiscrétion la mort de sa mère, se décidait à parler. Elle révélait que celle-ci, de concert avec plusieurs amis, avait cherché à tuer le roi en enduisant de poison le papier qu'elle devait lui remettre personnellement. Sa demande de libérer Blessis n'était qu'un prétexte pour approcher le souverain. Il est évident qu'elle n'agissait pas pour son propre compte. Le crime avait été sans doute commandité en haut lieu puisqu'une énorme récompense de 100 000 écus

– 300 000 livres, le prix d'un petit château – lui avait été promise en cas de succès.

Le 26 juillet, soumise à nouveau au feu des questions, Marie Marguerite déclara que Blessis, avant son enlèvement, projetait de la marier à son ami Romani. Mais sa mère avait refusé : « Si ce que j'ai en tête réussit, s'était-elle exclamée, un homme de cent mille livres ne serait pas un trop bon parti. » Quel était donc ce mystère ?

La fille de la Voisin ajouta que sa mère et ses complices envisageaient également d'empoisonner Mlle de Fontanges qui venait de supplanter Mme de Montespan dans le cœur du monarque. Romani et Bertrand pensaient s'introduire chez elle, l'un déguisé en marchand étranger, l'autre en serviteur, pour lui proposer une magnifique pièce d'étoffe de Lyon, imprégnée d'un poison mortel, que la coquette n'aurait pu « s'empêcher de prendre[13] ». Si la jeune femme avait refusé, on lui aurait offert des gants venus de Grenoble qui auraient rempli le même office.

La fille Voisin, note La Reynie, « a entendu dire par Romani à sa mère que le poison qui serait mis à la pièce d'étoffe et aux gants la ferait mourir en langueur et qu'ils disaient en même temps qu'on dirait que ce serait du regret de la mort du roi qu'elle serait morte[14] ». Marie Marguerite ne savait pas exactement ce que signifiait cette réflexion, mais supposait que l'on devait faire mourir le roi en premier, à l'aide du placet imprégné d'un poison plus violent.

Le vendredi 10 mars 1679, raconta encore la fille Voisin, sa mère, de retour de Saint-Germain, reçut inopinément la visite de missionnaires lazaristes qui prêchaient la bonne parole dans le quartier. La sorcière, toute à ses noirs desseins, prit peur. Elle confia à sa fille le placet soigneusement enveloppé dans un papier. Celle-ci prit sur elle de le brûler dans la cheminée de sa chambre, « de crainte qu'en l'ouvrant, quelqu'un ne se fît mal». Enfin, le dimanche 12 mars, sa mère était arrêtée sur dénonciation de la Bosse et de la Vigoureux.

Mme de Montespan mise en cause

Qui avait commandité ces deux empoisonnements ? En ce qui concerne la tentative contre Mlle de Fontanges, la fille Voisin ne citait aucun nom. Mais elle précisait qu'elle avait entendu parler de ce projet à deux ou trois reprises chez un prêtre nommé Lapierre, frère de Romani et confesseur de Mlle des Œillets. «Lapierre allait chez le nommé Leroy où ladite demoiselle était logée.» Elle-même vit à plusieurs reprises la suivante de Mme de Montespan chez sa mère. Elle «ne peut se remettre le temps mais [elle] l'a vue dans le même temps qu'elle a entendu parler de toutes ces affaires ; [elle] ne sait si elle en avait connaissance».

Par cette déclaration, Marie Marguerite apportait donc un démenti catégorique au dire de la Voisin qui avait à plusieurs reprises nié être en relation avec cette demoiselle. Et elle ajoutait, selon La Reynie : «Mlle des Œillets est venue pendant deux années et plus chez sa mère ; on ne la nommait pas par son nom, non plus que d'autres, ne voulant être connue ; et lorsque sa mère n'y était pas, on lui disait au retour que la demoiselle brune qui avait sa robe troussée devant et derrière, à deux queues, était venue la demander ; la demoiselle laissait quelquefois des billets ; elle, fille Voisin, la connaissait aussi bien, particulièrement pour lui avoir parlé plusieurs fois, et pour l'avoir entendu nommer par sa mère ; sa mère l'ayant rappelée un jour par son nom en sortant, elle s'en fâcha.» Si la suivante de Mme de Montespan rendait ainsi de fréquentes visites à la devineresse, on pouvait supposer qu'elle agissait pour le compte de sa maîtresse. Et comme la demoiselle fréquentait également l'abbé Lapierre et son frère Romani, impliqués dans l'affaire des étoffes empoisonnées, il était facile de conclure que c'était Mme de Montespan qui avait décidé de se débarrasser de sa rivale, Mlle de Fontanges. D'ailleurs Marie Marguerite était beaucoup plus explicite en ce qui concernait le placet :

> Lorsqu'il fut parlé chez la Trianon du placet dont on devait se servir pour empoisonner le roi, Trianon, parlant sur le fait des assurances de l'argent que sa mère disait avoir eues, et Trianon ne s'en voulant contenter, la Voisin mère nomma plusieurs fois Mme de Montespan et dit qu'elle était bien assurée de son fait et que la dame ne la tromperait pas. Vautier, Dodée[15] et Trianon en peuvent dire davantage, cela ayant été dit encore d'autres fois en leur présence ; sa mère lui en a parlé plusieurs fois en particulier. Sa mère lui a dit que cette résolution contre le roi n'avait été que parce que la dame n'avait pu réussir à d'autres desseins qu'elle avait et qui n'allaient pas à cela, et pour lesquels il avait été fait plusieurs conjurations qui n'avaient point eu d'effet. Le dernier jour que sa mère fut chez Trianon, étant à table, [elle] dit ces mots : « C'est une belle chose qu'un dépit amoureux. »
>
> Elle [fille Voisin] sait que pendant cinq ou six années, il a été fait diverses machines par sa mère et par diverses personnes qu'elle a employées pour Mme de Montespan. Sa mère lui a rapporté diverses fois des poudres à Saint-Germain et à Clagny[16], y a mené des prêtres, le plus souvent le prieur[17] et un autre prêtre de Montmartre dont elle ne sait le nom[18].

La fille Voisin déclarait en outre qu'une autre femme, la Landry, avait fait pour le compte de Mme de Montespan de nombreuses conjurations au cours desquelles elle brûlait un fagot et récitait l'invocation suivante : « Fagot, je te brûle ; ce n'est pas toi que je brûle, c'est le corps, l'âme, l'esprit, le cœur et l'entendement de Louis de Bourbon, à ce qu'il n'ait accompli la volonté d'une telle... Et nommait le nom de ladite dame. »

La Reynie était horrifié. Si ces aveux étaient vrais, de quel redoutable secret la prisonnière était-elle détentrice ! La maîtresse du Roi-Soleil, l'altière, l'orgueilleuse fille des Mortemart, venant consulter les sorcières comme une vulgaire coureuse de remparts et se livrant à d'immondes pratiques pour posséder le corps et l'esprit du roi de France ! Puis, furieuse d'être délaissée, s'abandonnant à des projets infâmes contre celui qu'elle aimait – ou qu'elle feignait d'aimer – et contre sa rivale, une jeune fille de dix-huit ans à peine ! Etait-ce imaginable ? La Reynie cherchait à comprendre. Il se souvenait des déclarations ambiguës de la de La Grange et de la Voisin et ne parvenait pas à s'expliquer certains faits. Que devenait dans cette affaire la libération de Blessis, d'abord apparue comme le véritable motif du voyage à Saint-Germain ? « Ma mère, répondit Marie Marguerite, ne se souciait plus de Blessis. Elle disait qu'elle avait d'autres choses en tête et qu'après, elle trouverait bien le moyen de le faire libérer[19]. »

— Pourquoi n'avez-vous pas donné avis plus tôt de ces mauvais desseins contre la personne de Sa Majesté ?

— Je ne pouvais pas le faire sans perdre ma mère et la Trianon.

— Ne savez-vous pas que ce serait un grand crime de dissimuler quelque chose à ce sujet ?

— Je sais fort bien l'importance de ce que je viens de dire. Ceux que j'ai nommés en peuvent dire davantage. Je n'ai eu d'autre pensée que dire la vérité, n'ayant plus rien à craindre pour ma mère.

Ces explications semblaient cohérentes. Apparemment, la jeune femme n'était pas une illuminée ou une mythomane. Ses réponses tardives, après de longues hésitations, s'expliquaient par la crainte de nuire à sa mère. Du jour où elle connut son supplice, elle se mit à parler.

Romani et Bertrand

On interrogea Romani. Cet aventurier, originaire de Grenoble, avait fait tous les métiers avant d'échouer avec son ami Blessis à la cour de Catherine Monvoisin, la reine des bas-fonds parisiens. Il avait été tour à tour valet de chambre, maître d'hôtel, commis de la poste à Lyon et hallebardier dans le régiment des gardes du duc de Savoie. Lorsqu'il apprit que son ami Blessis était séquestré par M. de Termes jusqu'à ce qu'il lui livrât le secret du « grand œuvre », il avait tenté un assaut en règle du château de Fontenay-en-Brie. Mais les gens du marquis étaient sortis vainqueurs de l'escarmouche.

C'est alors que, vers les fêtes de Noël 1678, on décida de présenter au roi un placet lui contant toute l'affaire. La Voisin se proposa de le porter elle-même, affirmant qu'une femme pouvait plus librement atteindre le monarque « sans être rebutée par ses gardes ». Romani reconnut qu'il avait accompagné la Voisin lors de son premier voyage à Saint-Germain et qu'ils étaient revenus bredouilles. D'après lui, la supplique ne devait servir qu'à demander l'élargissement de Blessis. Son frère, l'abbé Lapierre, confesseur de Mlle des Œillets, était au courant.

Il fut plus embarrassé lorsqu'on évoqua son projet de présenter des étoffes rares à Mlle de Fontanges : « Cela s'est dit comme mille autres choses[20]... »

Romani était alors sans travail. Une de ses amies, Mme de La Bretesche, lui avait cherché une place dans les fermes du roi ou auprès de Mlle de Fontanges qu'elle connaissait par relations. Mais, encore une fois, « cela s'était dit entre mille autres choses ». Il avait d'ailleurs une seconde piste. Par son frère, l'abbé Lapierre, il avait fait connaissance de la Des Œillets qui lui avait proposé d'entrer en qualité de maître d'hôtel chez la marquise de Castries.

Le même jour, La Reynie interrogea Bertrand, ancien apprenti marchand de soie à Lyon, qui, selon la fille Voisin, devait aider Romani à empoisonner la rivale de Mme de Montespan. L'intéressé nia résolument. Il n'avait « jamais entendu parler de cela ». Ni Romani ni lui ne s'étaient proposé d'entrer chez une personne de la Cour au moyen d'étoffes précieuses. En revanche, il confirma que la Voisin désirait remettre au roi un placet. Blessis, prisonnier à Fontenay, lui en avait même glissé le texte au cours d'une visite qu'il lui avait rendue.

Où était la vérité ? Fallait il accepter les explications de Marie Marguerite, le double crime préparé par sa mère, la Trianon, et deux tueurs à gages, Romani et Bertrand ? Fallait-il croire, au contraire, qu'en allant à Saint-Germain la sorcière et ses complices ne voulaient que faire libérer Blessis et qu'en entrant chez Mlle de Fontanges Romani ne recherchait qu'une place avantageuse, comme naguère la Vertemart chez Mme de Montespan ? Au lieu de s'éclaircir, l'affaire devenait un peu plus embrouillée. La Reynie, inquiet de la réaction du roi, préféra, avant de s'engager plus avant sur ce terrain brûlant, lui communiquer les interrogatoires en question.

De Lille, où il se trouvait avec la Cour, Louis XIV lui répondit de poursuivre l'instruction afin de connaître l'entière vérité sur les agissements de Mme de Montespan. Mais, soucieux de ne pas provoquer de scandale en France et en Europe, il exigea qu'elle restât secrète.

Le 8 août, La Reynie interrogea la femme du peintre Vautier, amie de la Voisin, dont le mari avait partagé volontairement la captivité de Blessis. Ses réponses furent très prudentes. Elle reconnut que sa commère désirait vivement rencontrer le roi à Saint-Germain et qu'elle en espérait même une belle fortune. Mais elle n'avait pas eu la curiosité d'en savoir davantage. Le lieutenant général de police, qui avait observé la prisonnière, supposait qu'elle ne disait pas toute la vérité. Il ajoute dans ses notes : « dénégation, manière de répondre suspectes ».

Le 13 août, Marie Marguerite poursuivit ses révélations. Chaque fois que Mme de Montespan sentait sa faveur diminuer, elle allait trouver sa mère pour qu'elle y apportât quelque remède. Celle-ci faisait dire des messes sur les « poudres pour l'amour » destinées au roi. Elles étaient de couleurs différentes. Il y en avait de noires, de blanches et de grises que la Voisin mélangeait. Certaines étaient passées sous le calice par un prêtre, en général l'abbé Guibourg. Puis vint un temps où la maîtresse de Louis XIV reconnut que toutes ces pratiques ne servaient plus à rien. « Sa mère lui a dit que la dame voulait tout porter à l'extrémité et la voulait engager à des choses où elle avait beaucoup de répugnance. Sa mère lui faisait entendre que c'était contre le roi, et, après avoir entendu ce qui s'était passé chez la Trianon au sujet du placet, elle n'en a pu douter[21]. »

La Reynie demanda à la détenue si elle connaissait Mme de Montespan. Elle répondit qu'elle ne lui avait jamais parlé et qu'elle n'avait jamais accompagné sa mère à Saint-Germain, à Versailles ou à Clagny[22].

La Trianon

Parmi tous les noms cités par la fille Monvoisin, les magistrats instructeurs, La Reynie et Bazin de Bezons, retinrent celui de Catherine Boullay, veuve Trianon. C'était une sorcière de la pire espèce qui tenait une officine d'astrologie et de chiromancie. Dans ce bouge, on trouva vingt-cinq ouvrages de sciences occultes, cinquante-sept paquets de poudre, des fioles étiquetées contenant de l'arsenic, du vitriol, de l'orpiment, des aphrodisiaques, des plaques d'argent gravées représentant des figures planétaires, un doigt de main desséché et même un squelette entier. La commère se mêlait aussi de pratiques sataniques. On découvrit au milieu d'un invraisemblable bric-à-brac des chandelles de poix noire pour les messes noires, des fragments d'hostie et un « credo de Lucifer ». Curieuse « des métaux », elle avait étudié l'alchimie, se vantant d'avoir découvert la fixation du mercure.

On la questionna sur le placet. Elle tomba de haut, n'en ayant jamais entendu parler. Avait-elle « travaillé sur le nom du roi » ? Elle avoua qu'elle avait eu la curiosité de tirer son horoscope. « Il a Mars pour génie de son corps, se trouvant dans le signe de la Balance et le Soleil pour génie de son âme. » Autant de renseignements qu'on ne lui demandait pas... « J'ai fait des vers sur les mérites de Louis de Bourbon, ajouta-t-elle, mais point de conjuration sur son nom. » Le 17 août, Marie Marguerite revenait à la charge. La Trianon était parfaitement au courant du placet puisque sa mère en avait parlé chez elle.

Devant ces contradictions, La Reynie jugea opportun d'organiser une confrontation des deux inculpées. Il n'en sortit rien de nouveau, si ce n'est que la Trianon reconnut que trois ans auparavant la Voisin lui avait cité plusieurs dames qui voulaient faire «quelque chose» contre Mme de Montespan et qu'elle lui avait conseillé de ne point s'en mêler[23].

Nouvelles révélations

Trois jours plus tard, le 20 août, à nouveau sollicitée, Marie Marguerite s'épanchait :

> Sa mère a porté divers temps diverses sortes de poudres à Mme de Montespan (...). La première fois qu'elle [fille Voisin] en porta à la dame, [ce] fut il y a deux ans et demi (...). Sa mère la fit venir devant la dame et dit : «Madame, reconnaîtrez-vous bien cette fille?» [Celle-ci] lui dit que oui, pourvu qu'elle eût quelque signal; [il] fut convenu ce jour-là, jeudi, que la dame viendrait le lundi aux Petits-Pères et qu'elle aurait un masque qu'elle ôterait et [Marie Marguerite] ferait semblant de cracher lorsqu'elle verrait la dame; ce qui fut fait, et en passant sans s'arrêter [elle] lui mit un petit paquet de poudre dans la main, qui n'était pas cacheté et que sa mère lui avait donné.
>
> Une autre fois, entre Ville-d'Avray et Clagny, dans la plaine au bas du pavé, on eut ordre de se rendre à une certaine heure, et la dame fit arrêter son carrosse en l'apercevant (...). [Elle] dit en deux mots qu'elle avait [la] charge de lui remettre entre ses mains un petit paquet où il y avait de la poudre faite chez Delaporte, passée sous le calice (...).

> [Elle] a vu venir, il y a plus de huit ans, Mme de Montespan chez sa mère et d'autres personnes de qualité et n'est entrée dans leurs affaires que par ordre de sa mère (...). Elle a porté plusieurs fois à Mme de Montespan des poudres qui avaient passé sous le calice (...). Toutes les poudres que Des Œillets est venue prendre chez sa mère pour ladite dame n'étaient point non plus cachetées (...). Mme de Montespan était encore bien plus empressée dans les temps que le roi était en campagne que dans les autres temps[24].

Cette fois, Marie Marguerite venait de se contredire puisque, le 13 août, elle avait déclaré ne s'être jamais entretenue avec Mme de Montespan. Une semaine après, elle avouait qu'elle la connaissait de longue date et lui avait parlé à la portière de son carrosse. N'avait-elle pas osé le dire la première fois par crainte des conséquences ? A mesure qu'elle s'expliquait, elle admettait la part qu'elle avait prise personnellement au commerce répréhensible de sa mère. Mais disait-elle la vérité, toute la vérité ? N'en rajoutait-elle pas ?

IX

Le prieur

L'inquiétant chapelain du comte de Montgomery

Avec l'abbé Guibourg, on basculait dans l'horreur absolue. Au physique, ce prêtre septuagénaire était un personnage de cauchemar, au visage épais et vultueux, aux yeux chassieux, au regard obscène. Né à Paris, paroisse Saint-Eustache, il prétendait être le fils naturel de M. de Montmorency. Pendant la Fronde, M. de Lorai en avait fait son aumônier, puis il était devenu chapelain du comte François de Montgomery au château de Villebouzin, près de Montlhéry, bourgade où il remplissait les fonctions de premier chapier de l'église paroissiale. Il avait desservi ensuite plusieurs églises de Paris et de l'Ile-de-France : Saint-Jacques-de-l'Hôpital, Saint-Spire de Corbeil, la chapelle Saint-Antoine-du-Buisson à Versailles, sans oublier l'autel Saint-Marcel de la basilique royale de Saint-Denis. En dernier lieu, il avait été vicaire à Issy et à Vanves. Il se faisait appeler habituellement le prieur, parce qu'il avait obtenu les revenus du prieuré de Bois-Courtilz près le Mont-Saint-Michel.

Dans chacune de ses cures il laissa, semble-t-il, le souvenir d'un prêtre dévoué et pieux, d'une haute valeur morale.

Lorsqu'il fut arrêté en juin 1680, Jean-Baptiste Bodin, procureur royal à Montlhéry, et ses deux assesseurs signèrent une attestation dans laquelle ils ne reconnaissaient « en lui, en sa vie, mœurs et conversation, aucune tache qui puisse ternir son honneur et le caractère qu'il porte ainsi en vrai pilier d'église ».

Ce vénérable ecclésiastique menait en réalité double vie. Dans une « pratique continuelle de sacrilèges », recherchant toutes sortes de maléfices, il était « ami de la Voisin, note La Reynie, en commerce avec elle depuis longtemps et avec tout ce qu'il y a de plus méchant, qui a eu part à divers empoisonnements ».

Pendant plus de vingt ans, il avait été en ménage avec une fille de Montlhéry, Jeanne Chanfrain. Des sept enfants qu'elle lui avait donnés, plusieurs avaient disparu. Il était soupçonné, non sans raison, de les avoir enlevés et sacrifiés lui-même à son unique et vrai maître, Satan.

C'est un « homme extraordinaire, écrit encore La Reynie, qui paraît touché dans des moments et qui, dans d'autres, parle de ce qu'il fera et de ce qu'il dira lorsqu'il sera brûlé et appliqué à la question, qui parle de tuer ceux avec qui il est pour hâter sa condamnation et son supplice ».

Guibourg se livrait à des pratiques où le sacrilège se mêlait à l'obscénité. Il était l'un des grands officiants des sorcières, détournant à des fins profanes les pouvoirs sacrés qu'il avait reçus de Dieu et se servant du surnaturel pour l'assouvissement de ses instincts. C'est ainsi que, pendant les offices, il glissait sous le calice des livres magiques, des poudres pour l'amour, des cartes, des dés, des cordes de pendu et même des poisons dans l'espoir d'activer leurs effets nocifs. Il disait des messes non pour obtenir la conversion des pécheurs, mais pour hâter leur fin. Il avait travaillé pour un étranger au service du prince de Salces, pour le marquis de Feuquières, pour M. d'Aspremont, capitaine aux gardes françaises, pour un certain M. de Saint-Germain. Il avait prononcé des conjurations à la demande de Mlle de La Chaulme qui demeurait rue des Bons-Enfants, et chez M. de Maupeou, pour faire mourir la mère de la demoiselle...

Ce prêtre paillard, pervers, férocement sadique, récitait des « messes à rebours », ou messes noires, sur le corps dénudé de ses clientes. Pour plaire à Satan ou à Astaroth, ces sortes d'offices devaient être dits par séries de trois, espacés de quinze jours à trois semaines. Depuis de très nombreuses années, Guibourg célébrait de telles cérémonies. C'est ainsi que la comtesse d'Argenton, Mme de Saint-Pont et la femme d'un tailleur anglais nommé Baudouin lui auraient servi d'autels. La comtesse et la femme Baudouin recherchaient toutes deux la mort de leur mari. A ses moments perdus, l'aumônier du comte de Montgomery ne répugnait pas à distiller lui-même et à vendre des poisons : poudres de crapaud, de cantharide et de chauve-souris, arsenic, sublimé, vert-de-gris et coque du Levant.

Guibourg et la marquise de Montespan

Ce qui intéressa plus particulièrement les commissaires instructeurs, ce furent les déclarations relatives à Mme de Montespan, dont, disait-il, il partageait la clientèle avec la Voisin.

Lorsqu'il était à Montlhéry, au service des Montgomery, il avait fait la connaissance d'un nommé Leroy, gouverneur des pages de la Petite Ecurie, qui l'avait sollicité plus d'un an pour dire une série de trois messes noires aux intentions de Mme de Montespan. Un gentilhomme nommé Saint-

Maurice, au service de l'archevêque de Sens, était intervenu pour la même affaire. On lui avait promis 50 pistoles et un bénéfice de 2 000 livres.

La première de ces messes, raconte-t-il, fut dite en plein jour dans la chapelle du château de Villebouzin au Mesnil[1], près de Montlhéry. Ce château était une solide bâtisse du XVIe siècle, entourée de douves profondes, située à une demi-lieue de la route de Paris à Orléans. La femme sur le corps de laquelle il récita la messe conserva toujours ses coiffes baissées « qui lui couvraient le visage et la moitié du sein[2] ». Le misérable avait payé un écu le petit enfant qui fut égorgé et offert au diable. Son cœur et ses entrailles « à ce que lui dirent Leroy et le gentilhomme servirent pour faire des poudres pour le roi et pour Mme de Montespan ».

Durant l'office, Guibourg lut la conjuration suivante : « Astaroth, Asmodée, princes de l'Amitié, je vous conjure d'accepter le sacrifice que je vous présente de cet enfant pour les choses que je vous demande, qui sont que l'amitié du roi, de Mgr le dauphin, me soit continuée et être honorée des princes et princesses de la Cour, que rien ne me soit dénié de tout ce que je demanderai au roi, tant pour mes parents que mes serviteurs[3]. »

La seconde messe fut célébrée dans une masure sur les remparts de Saint-Denis, sur le corps de la même femme, selon le même rituel. Une sorcière amie de la Voisin, la Delaporte, se trouvait présente. La troisième eut lieu à Paris. Guibourg, qui avait rendez-vous sous l'arcade de l'Hôtel de Ville, fut conduit en carrosse, les yeux bandés, par un gentilhomme armé de pistolets qui le ramena ensuite au même endroit. Dans l'une de ses déclarations, il affirma que c'était la maison de la Voisin, rue Beauregard. Dans les trois cas, il y eut un enfant sacrifié. Quant à l'époque à laquelle se situeraient ces messes sacrilèges, le vieillard était hésitant. Le 3 octobre 1680, il parle de sept ou huit ans auparavant, le 10, de huit ou neuf ans puis, dans la même déclaration, de treize ou quatorze ans.

Il ajoutait que, vers 1675, il récita « une pareille messe chez la Voisin sur la même personne », une femme qu'il ne connaissait point et « qu'on lui avait toujours dit être Mme de Montespan, aux mêmes intentions, et Delaporte était présente ». Cette fois-là, il y avait eu encore un sacrifice d'enfant. Lorsque tout fut terminé, en reprenant son manteau sur une chaise, il trouva une copie d'un pacte ainsi conçu :

> Je..., fille de..., demande l'amitié du roi et celle de Mgr le dauphin, et qu'elle me soit continuée, que la reine soit stérile, que le roi quitte son lit et sa table pour moi et que j'obtienne de lui tout ce que je lui demanderai pour moi et mes parents, que mes serviteurs et domestiques lui soient agréables ; chérie et respectée des grands seigneurs, que je puisse être appelée aux conseils du roi et savoir ce qui s'y passe, et, avec cette amitié redoublant plus que par le passé, le roi quitte et ne regarde plus La Vallière et que, la reine étant répudiée, je puisse épouser le roi.

Guibourg affirmait en outre qu'il avait fait chez la Voisin, « revêtu d'aube, d'étole et de manipule, une conjuration en présence de la Des Œillets qui prétendait faire un charme pour le roi ». La jeune femme était accompagnée d'un milord anglais qui lui en donna le texte. A du sang menstruel de la Des Œillets et à du sperme du milord, il mêla de la poudre de sang de chauve-souris, de la farine, et récita dessus la conjuration.

Le tout fut mis « dans un petit vaisseau que la Des Œillets ou l'homme emporta[4] ».

Guibourg et la fille Monvoisin

Pour être authentifiées de façon formelle, ces déclarations sensationnelles méritaient confirmation. On interrogea soigneusement les deux complices de Guibourg, les femmes Delaporte et Pelletier. L'habileté des commissaires ne put leur tirer un aveu. Ces deux poissardes jouèrent les innocentes, niant toute participation à ces cérémonies macabres. En revanche, les déclarations de l'abbé furent en partie corroborées par Marie Marguerite qui, malgré son jeune âge, assista à plusieurs messes noires chez sa mère ou au logis de la femme Delaporte.

> Mme de Montespan, écrit La Reynie dans le résumé de sa déposition, s'est fait dire une de ces sortes de messes par Guibourg, chez la Voisin, il y a environ trois ans ; [elle] vint sur les 10 heures du soir, n'en sortit que sur le minuit. La Voisin lui promit de dire sur elle-même les deux autres.

La fille Voisin aida sa mère à préparer le décor pour la cérémonie : un matelas sur des sièges, deux tabourets aux extrémités où se dressaient des chandeliers. Après quoi, le prieur entra revêtu d'une chasuble blanche, semée de pommes de pin noires. On lui présenta un enfant né avant terme. Le prêtre « le mit dans un bassin, l'égorgea, versa dans le calice et consacra le sang avec l'hostie, acheva sa messe, puis fut prendre les entrailles de l'enfant ; la mère Voisin porta le lendemain chez Dumesnil, pour distiller, le sang et l'hostie dans une fiole de verre que Mme de

Montespan emporta. [Elle] croit que la Dumesnil avait porté l'enfant de la messe de Mme de Montespan. Lors de la consécration, Guibourg dit les noms du roi et de Mme de Montespan ».

Elle confirma que la Delaporte assistait à cette messe noire. Le corps du malheureux petit enfant fut consumé dans le four par sa mère. Elle parla en outre, note La Reynie, « de ce qui fut fait par Guibourg avec la Des Œillets et le milord anglais, les saletés dans le calice, les poudres ; tout fut mis dans une boîte de fer-blanc avec [un] paquet de poudre séparé que Guibourg donna au milord anglais. [Il] devait emmener en Angleterre Guibourg et la Voisin. Depuis la prise de sa mère, on a envoyé à Paris un homme avec une lettre ; mais elle, fille Voisin, n'a pas voulu passer en Angleterre. [Elle] a vu trois ou quatre fois la Des Œillets et le milord chez elle ; ne sait le dessein ».

Tant d'horreurs, avouées sans le moindre frémissement, avaient de quoi donner la nausée. Les procès-verbaux étaient aussitôt envoyés à Saint-Germain. Le roi, écrit Louvois au lieutenant général de police, « en a entendu la lecture avec douleur » (17 octobre). La Reynie, lui, devait avoir le cœur cuirassé. Il allait de surprise en surprise, cherchant à découvrir la vérité dans cet obscur labyrinthe. Ainsi, au dire de Guibourg et de la fille Voisin, non contente de se faire remettre des philtres, Mme de Montespan aurait livré son corps nu au vil regard de ces canailles et consenti à des massacres d'innocents ! Et tout cela par jalousie et orgueil, pour conserver l'amour du roi !

Décidément, entre le risque de provoquer un scandale considérable et son désir légitime de traquer la vérité, la tâche du lieutenant général de police devenait de plus en plus délicate !

X

La Filastre

Au service de Madeleine Chappelain

« Si l'on prenait la Filastre, on saurait d'étranges choses », avait déclaré Lesage d'un ton mystérieux. On prit la Filastre et l'on apprit en effet d'étranges choses. Petite, maigre, noiraude, Françoise Filastre était l'une des plus redoutables sorcières de Paris. De l'aveu de la Voisin, elle avait bien de « la malice dans l'esprit » et la réputation d'être « dangereuse au poignard, au poison et en tout ». Née en 1649 à Gannat d'une modeste famille du Bourbonnais, elle avait servi à Lyon et à Paris comme femme de chambre sous différents pseudonymes, la Chevalier, la demoiselle de Laboissière[1], du nom de son principal amant, valet de son état. Elle se faisait également passer pour la femme du chevalier de Saint-Renant, un aventurier faux-monnayeur et empoisonneur dans le genre de Vanens. Outre ses gages, la drôlesse vivait des revenus d'une petite maison située non loin du couvent de la Merci qu'elle louait à des jeunes filles de province et qui était en réalité une maison de passe. Elle commença à fréquenter les milieux criminels du jour où elle entra au service de Madeleine Chappelain, qui, on l'a vu, avait prêté sa propriété de la Croix-Faubin à la bande crapuleuse de Vanens pour s'y livrer à des expériences alchimiques. Son mari, François Chappelain, était un riche et honorable bourgeois de Paris qui exerça successivement les charges de conseiller du roi, contrôleur général des décimes au diocèse de Paris et enfin, à partir de 1665, de trésorier général des Offrandes, Aumônes et Dévotions de Sa Majesté. Elle l'avait épousé vers seize ans, bien qu'elle fût d'un tout autre milieu. Madeleine Gardey – c'était son nom – était en effet la fille d'une marchande de fruits. « Belle et fort bien vêtue, de mine riante et délibérée, les sourcils bien faits, haute en couleur, la gorge pleine et assurément parisienne[2] », telle la dépeint un contemporain. Depuis son mariage, elle habitait un splendide hôtel particulier, rue de Berry, non loin des Petits-Capucins, servie par des domestiques en livrée, signait orgueilleusement « Madeleine de Gardey » des lettres remplies de fautes d'orthographe et portait avec ostentation les armes de son mari, « d'azur à trois tasses d'or accompagnées en chef d'un lion de même, lampassé et armé de gueules en pointe de trois cygnes d'argent posés en deux et un[3] ».

Séduit par son accorte beauté, sa gaieté naturelle, sa jeunesse, ce brave bourgeois de François Chappelain était à cent lieues de soupçonner que sa femme était une dévergondée et une criminelle de la pire espèce. Dès 1668, cette gaillarde était en relation avec Lesage et son acolyte, l'abbé Mariette, qui célébra à son intention des messes sacrilèges. Honteuse de sa mère, dont la condition ne correspondait plus à son nouvel état, elle l'avait fait enfermer à l'hôpital de la Pitié. Son frère, garçon tapissier, avait eu le malheur de protester ; il disparut un jour sans qu'il fût possible de le retrouver, certains prétendant que sa sœur l'avait fait enrôler dans les troupes du roi, d'autres « disant autre chose ».

Madeleine Chappelain, qui s'occupait de sciences occultes, prédisait l'avenir « en regardant dans le verre » et faisait de répugnants sortilèges pour obtenir la mort de personnes qui ne lui revenaient pas. Ses mœurs étaient des plus légères. Elle choisissait généralement ses amants dans le clergé, l'abbé Michel Lepreux, vicaire de Saint-Aignan, le père Jacques Joseph Cotton, de la paroisse Saint-Paul et maître des Petites Ecoles de la Charité, Jean Carpentier, en religion père Jean de la Croix, du couvent de la Merci, à qui elle donnait des rendez-vous galants dans sa folie campagnarde de la Croix-Faubin. On la trouvait souvent enceinte, sans jamais voir d'enfant, ce qui n'avait rien de surprenant, susurraient les gens du quartier, puisqu'elle connaissait la formule d'un breuvage abortif.

Vouée à Satan

Elevée à si bonne école, Françoise Filastre, la « petite demoiselle noire », comme l'appelait Mme de Vivonne, ne tarda pas à égaler puis à surpasser sa maîtresse, avec laquelle du reste elle entretenait une liaison saphique. Elle participa bientôt à des messes noires dites par des prêtres renégats comme les abbés Deshayes et Cotton. Pour faire mourir ses ennemis, elle faisait baptiser une effigie qu'elle transperçait ensuite d'une longue aiguille. Au cours de ces cérémonies maléfiques, elle se servait de graisse de pendu que lui fournissait le bourreau de Paris André Guillaume. N'étant « ni fille, ni mariée », Françoise Filastre se faisait avorter dès qu'elle était grosse. Une fois cependant elle porta l'enfant à terme : ce fut pour le vendre à une autre sorcière, Elisabeth Simon, qui le sacrifia au diable avec la complicité des abbés Lepreux et Cotton. On mesure à quel degré de perversité était parvenue cette mère dénaturée.

La clientèle de la Chappelain et de la Filastre se recrutait parmi la meilleure société : Mme de Vassé, sœur aînée de la duchesse de Créqui, le marquis de Valençay, le sieur Bardin de Courville, mais surtout la duchesse de Vivonne, pour qui Madeleine Chappelain avait longtemps travaillé à des distillations dans une petite chambre de l'hôtel d'Avaux. L'ambitieuse duchesse demandait la mort de son mari, celle de Colbert, son pire ennemi, « l'éloignement de quelque personne de la Cour », sans doute sa belle-sœur, Mme de Montespan, la libération de Nicolas Fouquet et son rétablissement dans les fonctions de surintendant des Finances. Elle désirait dans ce but se lier avec le diable.

Pour satisfaire les vœux de cette exigeante clientèle, Françoise Filastre résolut à son tour de faire un pacte satanique. La cérémonie eut lieu vers 1674 ou 1675. Une nuit, assise au milieu d'un cercle de chandelles, dont chacune était consacrée à un démon, tenant en main un cierge noir, la misérable renonça solennellement au baptême, à la messe, à l'hostie, à l'eau bénite, au saint chrême. Elle répéta cette folle conjuration au pied d'un bénitier d'une église proche du Louvre, vraisemblablement Saint-Germain-l'Auxerrois. Le texte blasphématoire avait été rédigé par un prêtre de Notre-Dame, membre de la secte. Restait à faire griffer le traité par Satan. Une devineresse, Catherine Martin, femme de Gabriel Bergerot, ancien valet de chambre, raconta que Françoise Filastre lui présenta un cahier de parchemin grand comme la main, épais de deux doigts, écrit en petits caractères et lié par un ruban de couleur bleue. Ne sachant pas lire, la Bergerot pria la visiteuse de lui en donner la teneur : s'y trouvaient plusieurs

Louis XIV s'intéressa de très près à l'affaire des Poisons.

La marquise de Brinvilliers
se rendant au supplice le 16 juillet 1676
(dessin de Charles Le Brun).

Le supplice de l'eau,
tel que le subissaient
les empoisonneuses.

Catherine Monvoisin, dite la Voisin,
la célèbre empoisonneuse, exécutée
en place de Grève, le 22 février 1680.

François Michel Le Tellier, marquis de Louvois, informait régulièrement le roi du déroulement du procès.

Gabriel Nicolas de La Reynie, lieutenant général de police, fut chargé d'instruire l'affaire.

François Henri de Montmorency, maréchal de Luxembourg, fut compromis à tort par son intendant Bonnard.

Le puissant ministre Jean-Baptiste Colbert s'efforca de défendre la marquise de Montespan, mise en cause par plusieurs empoisonneurs.

Olympe Mancini, comtesse de Soissons, a-t-elle cherché à faire mourir le roi et sa rivale, Mlle de La Vallière ?

Marie Angélique de Scorailles, duchesse de Fontanges, fut-elle victime d'un empoisonnement ?

Mme de Montespan à l'entrée de la galerie du château de Clagny. Les accusations des empoisonneurs à son égard sont-elles fondées ?

La citadelle de Belle-Isle-en-Mer.

La citadelle de Besançon.

Tous ceux qui citèrent le nom de Mme de Montespan furent enfermés dans des citadelles de province jusqu'à leur mort.

Le château de Salses.

Le fort de Villefranche-de-Conflent.

requêtes pour des personnes de qualité, notamment Mme de Vivonne. Par crainte de quelque oubli, la Filastre réclamait en outre le pouvoir de « faire périr qui elle voudrait et de faire du mal à qui bon lui semblerait ». En échange, elle s'offrait au Prince des Ténèbres, corps et âme, pour l'éternité. La Bergerot en fut épouvantée et refusa de collaborer à cette machination. Comme elle connaissait Mme de Vivonne qui venait souvent la consulter, elle lui fit entendre tout le tort qu'elle avait de rester en relation avec pareille sorcière. Cette remontrance ne plut guère à l'intéressée qui cessa de la voir pendant un certain temps.

La Filastre et la Chappelain avaient du mal à se procurer des drogues. Elles étaient sans cesse à la recherche d'apothicaires ou de sorciers susceptibles de leur en vendre. C'est ainsi qu'elles connurent un paysan normand, Philippe Galet, qui avait le secret des « poudres pour l'amour » et fabriquait d'intéressants poisons qui tuaient « sans laisser de traces et sans qu'on puisse bien [les] reconnaître, après la mort des gens, quand on viendrait à les ouvrir ». La Filastre et son amant Laboissière se rendirent à plusieurs reprises à son domicile, au village de Cresserons en Normandie.

Le voyage en Auvergne

Eut-elle la même idée que Romani et Bertrand, les deux complices de la Voisin ? Dans le courant de l'été 1679, la Filastre chercha à entrer au service de la nouvelle maîtresse du roi, Mlle de Fontanges. Un de ses amis, Benoît Monvachon, dit Robin de La Frasse, du nom d'une petite terre qu'il avait achetée, lieutenant aux gendarmes d'Anjou, proposa de l'y faire admettre comme femme de chambre. En récompense, il demandait qu'elle lui obtînt quelque gouvernement de citadelle, rien de moins. Auparavant, la Filastre devait faire un voyage en Auvergne, à Aigueperse, où résidait un sorcier réputé. Le prétexte était de rapporter « quelque chose pour un des enfants de la Chappelain qui était asthmatique[4] ». En réalité, elle allait quérir du poison et faire signer par Satan un pacte pour le compte de sa maîtresse. Il était prévu qu'à son retour elle passerait par Lyon, où un correspondant de La Frasse devait lui donner une lettre d'introduction pour Mlle de Fontanges.

Elle partit effectivement le 1er septembre 1679 en compagnie de son inséparable Laboissière et de son propre frère, Jean Filastre, qui commandait une brigade de quatre gabelous à Cusset, en Auvergne. Elle n'eut pas le temps d'achever son inquiétant programme. La police, qui surveillait soigneusement le milieu des empoisonneurs, eut vent de l'intrigue[5]. Un exempt fut chargé de la prendre en filature et de rendre compte de ses moindres faits et gestes. La souricière ne tarda pas à se refermer. Le 17 novembre, Madeleine Chappelain était arrêtée et incarcérée à Vincennes, puis à la Bastille. Le 3 décembre, Louvois apprenait par un mouchard de Desgrez que la Filastre éprouvait en Auvergne des difficultés financières. Il eut l'habileté de lui faire prêter quelque argent. « J'ai eu avis, écrit-il au lieutenant général de police, que la Filastre a été fort mal et que ce n'est que cela et le défaut d'argent qui l'a empêchée de se rendre à Paris. Voyez si vous ne jugerez pas à propos que l'homme de Desgrez prêtât à sa sœur quatre ou cinq pistoles pour l'aider à donner dans le piège qui lui est tendu[6]. »

Vers le 20 décembre, la Filastre, de retour à Paris, était appréhendée. On saisit sur elle des poudres suspectes ainsi que vingt-huit lettres écrites par Madeleine Chappelain, relatives au poison recherché. Dans l'une, la femme du trésorier des Aumônes lui demandait si elle allait entrer au service de Mlle de Fontanges[7]. Quels mystères se dissimulaient derrière ces manœuvres ?

Les apothicaires Guy Simon et Mathieu François Geoffroy, chargés d'examiner les paquets de poudre, trouvèrent du sang menstruel séché, des cantharides mêlées à deux onces de grains de jusquiame « dont la quantité prise intérieurement est fort dangereuse », un petit sachet de poudre noirâtre qu'ils identifièrent à de la poudre d'herbes ou de plantes broyées et, dans un scapulaire lié avec du fil, une petite quantité de poudre grise dont ils ne purent déterminer la composition.

On ne tarda pas à mettre la main sur le reste de la bande. Le 11 janvier 1680, Louvois ordonnait à l'intendant d'Auvergne de se saisir de Laboissière et, le lendemain, à l'intendant de Normandie Méliand d'arrêter Philippe Galet et de l'enfermer à la prison de Caen. L'amant de la Filastre, qui avait quitté l'Auvergne en même temps qu'elle, fut finalement arrêté quelques semaines plus tard, ainsi que l'imprudent lieutenant Robin de La Frasse. Interpellé à la fin de février, Jean Filastre, le chef des gabelous de Cusset, était à son tour jeté dans un cul-de-basse-fosse à Riom avant d'être conduit à Paris.

La Filastre interrogée

La Reynie s'enquit auprès des prisonniers des raisons pour lesquelles Françoise Filastre désirait entrer au service de Mlle de Fontanges. Il trouvait pour le moins étrange qu'une femme de son espèce eût brigué une telle place, quelques mois seulement après la tentative de Romani et de Bertrand.

La Filastre et son frère prétendirent que c'était pour obtenir les bonnes grâces de la maîtresse royale et faire ainsi avancer les intérêts de leur famille. Apparemment, le motif semblait plausible, la Filastre ayant servi toute son existence comme domestique. Pourtant son attitude parut suspecte, son récit embrouillé. Afin de se faire admettre chez Mlle de Fontanges, elle avait changé de nom et pris celui de sa grand-mère. Elle redoutait que dans sa nouvelle place on eût connaissance de ses activités antérieures. Ayant su qu'une certaine Marie Dufayet, femme presque aussi débauchée qu'elle, voulait entrer comme aide-cuisinière chez la jeune fille, elle avait essayé de la faire assassiner. Si vraiment elle n'avait eu que des intentions honnêtes, aurait-elle agi de la sorte ? Que cherchaient donc tous ces individus chez Mlle de Fontanges ?

A La Reynie, le lieutenant de La Frasse avoua que la Filastre lui avait dit un jour : « Je ne me soucie pas en quelle qualité être chez Mlle de Fontanges, pourvu que j'y sois ! » Propos inquiétants. L'accusée, quant à elle, restait obstinément sur ses positions, opposant aux questions des magistrats de brèves et sèches dénégations. Pourtant, les charges s'accumulaient. On dénombrait tous les crimes et sacrilèges qu'elle avait commis pendant des années. « Mettez, si vous voulez, que j'ai empoisonné la moitié de Paris, s'écria-t-elle à bout de nerfs, pendez-moi si vous le voulez, cela vaudra mieux que de me faire languir comme l'on fait. Je n'ai jamais vu ni entendu parler de poison, ni rien de tout ce que l'on me demande... »

L'heure du jugement approchait. Au début du mois d'août, la Cour se trouvait à Valenciennes pour les fêtes du mariage du dauphin, qui épousait Marie Anne Christine de Wittelsbach, sœur de l'électeur de Bavière. Louis XIV, qui suivait toujours très attentivement la procédure, ne voulut pas que des sentences fussent prononcées pendant son absence. Il fit une exception pour la Filastre, dont l'état de santé laissait présager une fin rapide. Le 6 août, Louvois écrivait à La Reynie : « Sa Majesté trouvera bon qu'elle soit jugée si l'état de sa santé vous donne lieu de craindre qu'elle puisse mourir auparavant le retour de Sa Majesté, pourvu en outre que cette femme n'ait point parlé de la personne qui est nommée dans la déclaration que la fille Voisin a faite le mois passé[8]. »

Ainsi continuait-on de craindre en haut lieu que le nom de Mme de Montespan fût à nouveau cité, ce qui aurait obligé de soustraire encore du dossier des juges les procès-verbaux des interrogatoires. Cette crainte, hélas, était fondée : on allait reparler de la maîtresse du roi.

Le 1er septembre 1680, Philippe Galet confirma que la Filastre et Laboissière étaient venus le trouver à deux reprises en Normandie et avaient emporté divers paquets de poudres destinés au roi et à une grande dame de la Cour, Mme de Montespan :

> [Ils] lui dirent qu'ils cherchaient quelque chose pour l'amour et pour une dame qui était à la Cour et que le roi avait considérée et qui ne l'était pas autant qu'elle l'avait été à cause de certains discours qu'on avait faits au roi contre elle ; lui, Galet, dit avoir de beaux secrets pour cela, eux lui firent beaucoup d'offres et de promesses. [Il] fit de la poudre avec du pain et des cantharides qu'il leur donna pour s'en servir pour le roi ; [ils] lui dirent que la dame qu'ils appelaient Mme de Montespan avait eu d'autres poudres d'autres personnes, mais qu'elles n'avaient rien

> fait et que cette dame les ferait tous riches s'ils réussissaient ; que lui, Galet, leur dit encore qu'il fallait que les poudres passassent par les mains d'un prêtre et qu'il y avait fait faire ce qu'il fallait, quoiqu'il ne fût vrai.
>
> Laboissière étant revenu, [il] lui dit que la dame à qui la poudre avait été donnée avait dit qu'elle n'était pas bonne et n'avait produit aucun effet ; il en prépara une seconde prise, qu'il donna aussi pour le roi, en quoi [il a commis] une faute très grave, ne devant se jouer de son maître ; il y a quatre ou cinq ans de cela[9].

D'après cet interrogatoire résumé par La Reynie, la Filastre et Laboissière avaient donc demandé à Galet, vers 1675 ou 1676, des aphrodisiaques pour le compte de Mme de Montespan qui, lassée des drogues inefficaces fournies par la Voisin et Guibourg, avait eu recours à leurs services. Cela semblait confirmer les inquiétants agissements de la maîtresse royale.

Naturellement, la Filastre donnait une autre version des faits. A l'en croire, ce fut Galet, en relation avec des empoisonneurs parisiens, qui parla le premier de poudres qu'il avait déjà fournies pour le roi et Mme de Montespan. Celles qu'il leur confia étaient de même composition. Mais elles n'avaient pas les mêmes destinataires. La Filastre les remit à Mme Chappelain qui voulait faire venir Galet à Paris, l'installer à la Croix-Faubin et le faire travailler à son service le reste de ses jours. La femme du trésorier des Aumônes confirma les déclarations de sa domestique. Les voyages en Normandie n'avaient pas pour but de procurer à Mme de Montespan des « poudres pour l'amour ». Bien au contraire. Ils étaient effectués pour le compte de Mme de Vivonne qui cherchait « quelque chose pour se faire aimer du roi et pour en éloigner Mme de Montespan ».

Les aphrodisiaques demandés à Galet étaient destinés au roi et les poisons à la belle-sœur de Mme de Vivonne. Ainsi, à côté de l'équipe Guibourg-la Voisin qui travaillait à rétablir le crédit de la Montespan, il y aurait eu une seconde équipe autour de la Filastre et de la Chappelain qui s'activait à faire triompher les ambitions de Mme de Vivonne. Fallait-il admettre cette explication ?

Avant d'arrêter Mme de Vivonne, dont la comparution devant la Chambre, après les accusations répétées de Madeleine Chappelain, s'avérait indispensable, le ministre estima que mieux valait attendre la fin du procès de la Filastre. Le procureur général Robert fut donc prié d'« insinuer aux juges » que l'on prendrait en temps utile des mesures à l'égard des personnes nommées dans les interrogatoires. La vérité est que l'on redoutait de frapper une femme si haut placée et belle-sœur de Mme de Montespan.

Coups de théâtre

Le 30 septembre, la Chambre, examinant le cas de la Filastre et de l'abbé Cotton, rendait une double sentence de mort : la sorcière et le prêtre étaient condamnés au bûcher. A la question, l'abbé Cotton avoua aisément qu'il avait fait des maléfices pour le compte de la Filastre et de la Chappelain et confirma que Mme de Vivonne avait désiré passer un pacte avec Satan.

Interrogée une dernière fois, la Filastre répéta qu'elle ne connaissait pas Mme de Montespan et n'avait eu aucune intention coupable en prétendant entrer chez Mlle de Fontanges. Mais elle reconnut que Guibourg lui avait parlé d'une messe noire dite pour Mme de Montespan. « Ce ne sera pas ces gens-là, s'écria-t-elle, dont on fera justice, et à qui on dit des messes sur le ventre, ainsi que lui a dit Guibourg, et qu'on la punit, elle, comme une méchante femme, pour avoir assisté à une seule de ces messes[10]. »

Puis on l'assit sur la chaire de question. Le bourreau lui attacha les mains et les pieds, lui ajusta les brodequins et, à coups de maillet, enfonça un à un les coins. La malheureuse avait les genoux horriblement comprimés. Une dizaine de personnes, greffier, médecin, chirurgien et valets assistaient à la scène. Sous la torture, elle se mit brusquement à nier ses précédentes affirmations. Voici le résumé de cette séance, trouvé dans les papiers de La Reynie :

> Au deuxième [coin] de l'extraordinaire, exhortée de dire le sujet de son voyage en Normandie et en Auvergne :
>
> — C'est la Chappelain qui l'a fait agir et c'est Mme de Montespan qui faisait agir Chappelain afin de donner du poison à Mlle de Fontanges et des poudres pour l'amour et faire rentrer la dame de Montespan aux bonnes grâces du roi. C'est aussi pour cela que Chappelain lui a dit qu'il fallait chercher à se placer et entrer chez Mlle de Fontanges (...). Persiste en ce qu'elle a dit sur Mme de Montespan et sur les poudres que Chappelain lui a fait chercher pour cela (...).
>
> — Au quatrième coin de l'extraordinaire, [elle] s'est écriée : « Ah ! Mon Dieu ! Galet est un méchant homme, il lui a donné les poudres pour poison (...). Guibourg a travaillé pour le pacte de Mme de Montespan et l'homme qui en voulait à M. Colbert est un homme vieux et qui a deux enfants. » [Elle] n'a jamais rien ouï dire contre le roi ni autre chose à cet égard que ce qu'elle a dit de Mme de Montespan contre Mlle de Fontanges et de la Chappelain.

La question terminée, la Filastre fut déliée et étendue. Elle geignait. Le bourreau se retira. Le médecin de la

Bastille la réconforta. Horrifié de ce qu'il venait d'entendre – car c'était la première fois que le nom de la favorite était prononcé devant d'autres personnes que les commissaires instructeurs et leur greffier –, le président Boucherat lui demanda à nouveau confirmation du complot contre Mlle de Fontanges : « Oui, répéta-t-elle, c'est la Chappelain qui lui a dit que Mme de Montespan l'avait vue et lui avait demandé de quoi faire mourir Mlle de Fontanges sans qu'il y parût et aussi de quoi pour se bien remettre dans les bonnes grâces du roi[11]. »

On laissa ensuite la condamnée aux mains de son confesseur, messire Nicolas Gobillon. L'après-midi, à la confrontation avec Madeleine Chappelain, elle réitéra ses aveux. Puis on la conduisit à la chapelle de la Bastille pour entendre lecture du procès-verbal de la question. C'est alors – nouveau coup de théâtre – que la Filastre demanda à parler en particulier aux deux commissaires. Bazin de Bezons et La Reynie se rendirent aussitôt à la Bastille. Elle leur déclara que ce qu'elle avait dit à propos de Mme de Montespan pendant la question et lors de sa confrontation avec Madeleine Chappelain était faux. Elle ne l'avait fait que « pour se libérer de la peine et douleur des tourments et dans la crainte que l'on ne la réappliquât à la question ». « Je n'ai pas voulu mourir, ajouta-t-elle, avec la conscience chargée d'un mensonge... »

Elle fut ensuite reconduite dans sa cellule et, le lendemain, brûlée vive. Le bourreau qui officiait ce jour-là était André Guillaume, ancien amant de la Voisin, celui-là même qui avait fourni à la suppliciée de la graisse de pendu pour ses maléfices...

Après les déclarations de la sorcière pendant la question, la mise en accusation de la Montespan, ou tout au moins sa citation à comparaître devant les juges, s'imposait. C'est ce dernier scandale que le roi avait toujours voulu éviter. On était donc dans l'impasse. La lourde machine judiciaire, mise en place depuis près de deux ans, était bloquée.

Le jour même de l'exécution de la Filastre, Louis XIV, « pour des considérations importantes », interdit l'expédition des grosses des actes du procès qui devaient être examinés à la prochaine réunion de la commission de l'Arsenal. Il donna ordre à Boucherat, président de la Chambre, de faire cesser sur-le-champ toutes les séances et d'arrêter tous les procès en cours. Jamais, dans les annales de l'histoire judiciaire, semblable événement ne s'était produit.

XI

Les tourments de M. de La Reynie

« Ces crimes m'effarouchent »

La décision royale d'arrêter la marche des débats troubla profondément le lieutenant général de police qui se mit dès lors à chercher le moyen de poursuivre les instances sans compromettre Mme de Montespan. Dans un mémoire qui suit de peu la fermeture de la Chambre, il suggérait de rouvrir l'Arsenal, de supprimer des procès-verbaux d'interrogatoire toute allusion à la maîtresse du roi et de se contenter de condamner les prisonniers pour leurs autres crimes.

Il ne tarda pas cependant à se rendre compte que cette solution était imparfaite et bien peu respectueuse des droits sacrés de la justice royale à laquelle on ne devait rien dissimuler. Son second mémoire traduisait son terrible embarras. Il hésitait entre le scandale et l'étouffement de l'affaire : « J'avoue, écrivait-il à Louvois le 11 octobre 1680, que mon esprit se confond dans la discussion de toutes les raisons que j'ai essayé d'examiner comme sujet et comme juge et, quelque effort que je fasse pour n'avoir devant les yeux autre chose que mon devoir, je ne puis entendre néanmoins quel parti peut être le plus assuré et le plus juste à proposer.» Et il ajoutait : «Je reconnais de nouveau que je ne puis par aucune de mes vues particulières percer l'épaisseur des ténèbres dont je me trouve environné. Je demande du temps pour y penser davantage et peut-être arrivera-t-il qu'après y avoir bien pensé je verrai moins que je ne vois à cette heure.» Ce n'était guère encourageant !

Le magistrat n'avait confiance qu'en la Providence : «Tout ce qui est arrivé jusqu'ici me fait espérer (...) que Dieu achèvera de découvrir cet abîme de crimes, qu'il me montrera en même temps les moyens d'en sortir et enfin qu'il inspirera au roi tout ce qu'il doit faire dans une occasion si importante[1].» Rarement pareil aveu d'impuissance s'était trouvé sous la plume d'un haut responsable de la police !

Il est difficile de porter un jugement équilibré sur Gabriel Nicolas de La Reynie qui fut, comme l'a fort bien montré Frantz Funck-Brentano, la cheville ouvrière du procès des Poisons[2]. Il fut excessivement décrié par la haute société de son temps, qui lui pardonnait mal d'avoir fait comparaître devant une juridiction d'exception les plus grands noms de la noblesse française pour, selon elle, de simples bagatelles. Mme de Sévigné à maintes reprises s'en est fait l'écho auprès de sa fille : «La réputation de M. de La Reynie est abominable; ce que vous dites est parfaitement bien dit : sa vie justifie qu'il n'y a plus d'empoisonneurs en France.»

A la fin du siècle, l'opinion change et se montre mieux disposée envers lui. Saint-Simon, dont on connaît pourtant l'esprit de caste et les jugements sans complaisance à l'égard de ces misérables gens de robe, a rendu hommage à cet homme «de grande vertu et de grande capacité». D'une charge obscure, il avait fait un véritable ministère, avait ennobli son emploi «par l'équité, la modestie et le désintéressement avec lesquels il l'avait rempli, sans se relâcher de la plus grande exactitude, ni faire de mal que le moins et le plus rarement qu'il lui était possible».

Les historiens qui l'ont longtemps ignoré s'accordent aujourd'hui à reconnaître l'œuvre immense de cet homme honnête, intelligent et cultivé. Incontestablement, ce grand commis royal fut un travailleur acharné, de même qu'un magistrat pondéré, d'une parfaite équité. Ce concert de louanges ne saurait pourtant dissimuler les graves défauts qu'il laissa éclater lors de l'affaire des Poisons.

Sans aller jusqu'à parler de candeur et de naïveté comme certains l'ont fait, il faut admettre que La Reynie a manqué d'envergure. Il n'a pas été à la hauteur de sa tâche. Il s'est laissé déborder par le nombre considérable de prisonniers à interroger, par la masse et la complexité des dossiers à étudier et n'a pas mené l'instruction avec une parfaite rigueur. Dès que les inculpés avaient subi leurs interrogatoires, ils étaient jugés puis exécutés, alors que leur procès n'était pas clos et qu'ils auraient pu fournir de précieux renseignements pour des instances connexes. Les disparitions prématurées de la de la Grange, de la Bosse, de la Vigoureux, de la Lepère et surtout de la Voisin seront cruellement regrettées après la mise en cause ultérieure de Mme de Montespan.

Il est certain par ailleurs que le lieutenant général de police avait une fâcheuse tendance à voir des crimes abominables là où il n'y avait bien souvent que puériles rêveries astrologiques ou inoffensives expériences alchimiques, ce qui explique le mépris hautain du maréchal de Luxembourg, la haine rageuse du marquis de Feuquières ou les railleries de la duchesse de Bouillon.

Enfin et surtout, il fit preuve dans ces procès d'un caractère timoré, indécis. Autant il fut habile à collecter les informations, à multiplier les interrogatoires, confrontations, récolements, autant il fut incapable d'adopter une position ferme, au début de la procédure tout au moins. Dans ses rapports adressés au roi ou à Louvois, les arguments s'équilibrent si subtilement qu'il paraît impossible d'en dégager une conclusion quelconque. Les révélations relatives à Mme de Montespan l'avaient effrayé en même temps qu'elles avaient obscurci sa capacité de jugement. Lorsqu'il abordait les «faits particuliers», son esprit se troublait, perdait toute logique. Il ne savait que penser et l'avouait humblement : «Je reconnais ma faiblesse. Malgré moi la qualité des faits particuliers imprime plus de crainte dans mon esprit qu'il n'est raisonnable. Ces crimes m'effarouchent.»

Comment faire respecter la justice

Mme de Montespan était-elle coupable? La Reynie n'osait le croire. Etait-elle innocente? Il ne pouvait l'admettre : «J'ai fait ce que j'ai pu, lorsque j'ai examiné les preuves et les présomptions, pour m'assurer et pour demeurer convaincu que ces faits sont véritables et je n'en ai pu venir à bout. J'ai recherché, au contraire, tout ce qui pouvait me persuader qu'ils étaient faux et il m'a été également impossible[3].» Désolant pour quelqu'un qui avait eu en main toutes les pièces !

Ce drame de conscience se trouvait amplifié par le cruel dilemme entre le respect des formes ordinaires de la justice et l'obéissance aux ordres royaux. Mettre un terme aux affaires de poisons lui semblait un déni de justice. Sur ce point, le lieutenant général de police était inflexible. Il n'admettait pas que, pour raison d'Etat, l'on fermât définitivement la Chambre ardente. Dans un long mémoire au roi, il en faisait voir les conséquences :

> Il y a cent quarante-sept prisonniers à la Bastille et à Vincennes; de ce nombre il n'y en a pas un seul contre lequel il n'y ait des charges considérables pour empoisonnement ou pour commerce de poisons et des charges avec cela contre eux pour sacrilèges et impiétés. La plus grande partie de ces scélérats tombent dans le cas de l'impunité.
>
> La Trianon : une femme abominable, par la qualité de ses crimes, par son commerce sur le fait du poison, ne peut être jugée (...).
>
> A l'égard de Romani et de Bertrand, on ne peut faire aucune instruction contre eux sur le dessein où l'on prétend qu'ils sont entrés pour empoisonner Mme de Fontanges par des étoffes et des gants.
>
> On ne saurait juger non plus la dame Chappelain, à cause que la Filastre lui a été confrontée sur la déclaration à la question touchant le dessein prétendu d'empoisonner Mme de Fontanges. Il semblerait cependant important de la pouvoir juger : femme d'un grand commerce appliquée depuis longtemps à la recherche des poisons, ayant travaillé, fait travailler pour cela, fait et fait faire des voyages, suspecte de plusieurs empoisonnements, dans une pratique continuelle d'impiétés, de sacrilèges et de maléfices; accusée par la Filastre, l'une de ses agents, de lui avoir enseigné la pratique de ses abominations avec des prêtres, impliquée considérablement dans l'affaire Vanens.
>
> Pour les mêmes considérations, Galet ne peut être jugé : quoique paysan, homme dangereux, tenant bureau ouvert selon ses propres déclarations pour les empoisonnements et pour toutes sortes de maléfices.
>
> (...) Guibourg : cet homme qui ne peut être comparé à aucun autre sur le nombre des empoisonnements, sur le

commerce du poison et les maléfices, sur les sacrilèges et les impiétés, (...) chargé d'accusations et de crimes de lèse-majesté divine et humaine, procurera encore l'impunité à d'autres scélérats.

(...) La fille Voisin ne peut être jugée non plus que Mariette, quelque chose qui survienne à son égard. Latour, Vautier, sa femme, chargés par la Voisin et par d'autres, d'être artistes et dangereux sur le fait du poison (...), resteront non seulement impunis, mais par les considérations qui feront tenir leurs crimes secrets, leur procès ne pourra être achevé d'instruire[4].

Nouvelles enquêtes

Cependant, la fermeture provisoire de la Chambre ardente n'eut pas pour effet d'arrêter toute enquête. Le roi, qui souhaitait plus que jamais connaître la vérité, avait ordonné aux magistrats instructeurs de poursuivre discrètement l'interrogatoire des accusés.

On apprit ainsi de Guibourg l'existence de plusieurs complots contre Colbert, notamment celui d'un certain d'Amy, correcteur à la Chambre des comptes de Provence. Le ministre de la Marine, pour une raison que nous ignorons, avait fait saisir plusieurs arpents de bois lui appartenant. D'Amy, pour se venger, avait obtenu de Guibourg la formule d'un poison à base d'arsenic, de sublimé, de vert-de-gris et de coque du Levant, et l'adresse d'un apothicaire au bout du pont Saint-Michel, pourvoyeur de drogues. Le 15 novembre 1675, il signait une reconnaissance de dettes de 1000 livres à l'ordre de Guibourg. Le 4 mai 1676, en échange d'un endossement de 200 livres, il recevait la fiole de poison préparée par les soins du prieur. Heureusement pour Colbert, la composition mal préparée n'eut aucun effet. D'Amy n'eut pas le temps de recommencer. Tombé malade, il mourut peu après.

On questionna également Guibourg au sujet d'une messe qu'il devait célébrer chez un des concierges du Palais-Royal à la demande d'un chirurgien du quartier Saint-Victor. « C'était, répondit-il, pour faire paraître l'Esprit. » Lesage, toujours bavard sur les turpitudes des autres, précisa que la messe avait été commandée par « feue Madame contre Monsieur ». Mais cela se passa hors interrogatoire, et le greffier, prudent, « n'écrivit rien parce qu'il n'avait point d'ordres ». Ainsi ne connaîtra-t-on jamais la vérité sur cette messe sacrilège ni sur la culpabilité réelle d'Henriette d'Angleterre, belle-sœur du roi. On sait qu'elle n'aimait pas son mari, qui, sous l'influence de ses favoris, la persécutait. De là à le tuer ?... On peut difficilement se fier à un seul témoin, surtout quand il s'appelle Lesage.

La Des Œillets confondue

Ces révélations avaient en réalité peu d'importance au regard des intrigues de Mme de Montespan qui obnubilaient M. de La Reynie. Ne pouvant interroger l'intéressée, on se rabattit sur sa suivante, Mlle des Œillets, surnommée la demoiselle à « double queue » en raison de la particularité de sa robe nouée et relevée par-devant et derrière. Louis XIV demanda à Louvois de prendre en main cette affaire et de la mener avec la plus extrême discrétion.

« J'ai ordre de parler à la demoiselle que vous savez, écrit le ministre à La Reynie le 21 octobre 1680. J'irai jeudi pour ce dessein ; je vous supplie de faire en sorte que j'aie avant ce temps-là un mémoire des choses sur lesquelles il faut que je lui parle[5]. » Louvois à la réception de ce document convoqua à son hôtel parisien Mlle des Œillets et l'informa des soupçons à son encontre. Plusieurs des prisonniers mêlés aux affaires d'empoisonnement l'accusaient d'avoir rendu visite à la femme Voisin. « La Voisin ! s'exclama-t-elle. Mais c'est à peine si je l'ai connue ! Je n'ai été chez elle qu'une seule fois, par curiosité, en compagnie de cinq ou six filles du quartier. Il y a de cela plus de dix ans. Jamais je n'y suis retournée. — Les prisonniers auraient donc menti ? — Ils n'ont dit que des calomnies. Pas un de ceux qui ont pu me nommer ne me connaît. Ayez la bonté, je vous prie, de demander à Sa Majesté qu'on me confronte avec mes accusateurs. Je réponds sur ma vie qu'aucun d'eux ne saura dire qui je suis, pourvu qu'on ne les avertisse point auparavant de ma visite[6]. » Son énergique protestation d'innocence impressionna favorablement le roi qui, après un délai de réflexion, accéda à sa requête[7].

La Reynie fit à Louvois cette remarque judicieuse : « La fermeté de la personne dont il s'agit vient nécessairement de son innocence et du bon témoignage de sa conscience, ou de ce que la Voisin, principale accusatrice, n'y est plus, ou de ce que cette personne a pu savoir précisément que la Voisin n'avait rien dit contre elle au procès... » Peut-être espérait-elle qu'avec toutes les précautions prises, les prisonniers se garderaient bien « de parler et de la reconnaître[8] »...

Le lieutenant général de police estimait qu'on pouvait la confronter avec la fille Voisin, Lesage et Guibourg, mais pas avec son ancienne amie, Mme de Villedieu, détenue depuis plusieurs mois à Vincennes, qui avait protesté lors de son arrestation par Desgrez : « Il est étrange que je sois arrêtée pour avoir été une seule fois chez la Voisin ! Mlle des Œillets y a été plus de cinquante fois et on ne l'arrête pas ! Elle m'a d'ailleurs dit que le roi ne le souffrirait pas[9]... » Depuis, elle s'était rétractée.

Il n'est resté aucune relation de la confrontation de la suivante de Mme de Montespan avec les prisonniers de Vincennes qui eut lieu le 22 novembre 1680 dans une chambre du rez-de-chaussée, occupée par l'officier de sauvegarde (elle servira plus tard de cachot à Latude). Par les papiers de La Reynie et la correspondance de Louvois, on sait toutefois qu'elle ne tourna pas à l'avantage de l'intéressée, qui fut tout de suite reconnue par Lesage et Guibourg. Marie Marguerite Monvoisin ne manifesta aucune surprise et prétendit ne l'avoir jamais vue, mais, après son départ, elle admit savoir parfaitement qui elle était.

Un point capital était donc acquis : la femme de confiance de la Montespan fréquentait la Voisin, chez laquelle elle était venue à de nombreuses reprises.

Au lieu d'avouer, la Des Œillets s'obstina. Elle répéta que les accusés mentaient ou qu'ils s'étaient trompés de personne. Elle « finit par dire, relate Louvois, qu'assurément il fallait faire venir sa cousine que l'on trouverait avoir pris son nom ; et sur ce que je lui ai dit que sa cousine n'était point de sa taille, elle m'a répondu que la marquise de Castelnau, chez laquelle elle avait demeuré, avait une femme de chambre nommée Tériage qui ressemblait à cette dame à double queue comme deux gouttes d'eau » ; enfin qu'elle avait une nièce qui « avait extrêmement couru les devineresses » et qu'on la confondait sans aucun doute avec elle. Bref, toute sa famille fréquentait peut-être les empoisonneurs, mais pas elle ! Ces propos désordonnés et embarrassés témoignaient d'une grande inquiétude.

La Reynie se forge une conviction

Sceptique, La Reynie se refusait à admettre cette histoire de nièce. « Je tiens cela suspect, écrivait-il dans ses notes le 25 novembre, parce qu'elle ne l'a dit qu'après avoir été reconnue des prisonniers et parce que la demoiselle de Villedieu, sa bonne amie qui est à Vincennes (...), nous a voulu donner le même change[10]. » Mais des ordres venus d'en haut allaient lui faire comprendre qu'on ne pouvait toucher à Mlle des Œillets. Brusquement, en effet, Louvois fit mine d'admettre les protestations d'innocence de la jeune femme – pourtant de moins en moins vraisemblables –, de façon à inciter La Reynie à clore l'instruction.

Ceci résulte d'une note figurant dans le dossier personnel du magistrat :

> Le 5 février 1681, M. de Louvois m'a dit à Paris que la demoiselle à deux queues avait écrit qu'elle n'était point coupable (...), qu'il y avait vingt femmes chez Mme de Montespan, dont dix-huit la haïssaient, et qu'on peut leur demander de ses nouvelles, mais qu'elle a pensé que madame la Comtesse (*de Soissons*) avait deux demoiselles, dont l'une était peut-être à peu près de sa taille, et que Mme la Comtesse pourrait bien avoir le nom d'elle... *M. de Louvois a ajouté qu'il me le disait afin d'avoir une vue générale sur tout cela, que ce devait être tenu secret, et que ce que cette personne écrivait à ce sujet paraissait être pensé*[11].

La pression exercée sur le digne magistrat était évidente. Elle venait, comment en douter, du roi qui n'avait pas voulu se résoudre à faire arrêter la Des Œillets. A la vérité, après la confrontation de Vincennes, le lieutenant général de police était persuadé de la culpabilité de Mme de Montespan. On peut, grâce à ses notes personnelles et aux mémoires adressés à Louvois, suivre pas à pas son raisonnement.

A propos du fameux placet que la Voisin se préparait à remettre à Louis XIV, La Reynie remarquait qu'on en parlait depuis fort longtemps, avant même l'arrestation de Marie Marguerite. A Vincennes, sa mère avait confié à ses deux compagnes de cellule qu'elle appréhendait surtout les questions sur ses derniers voyages à Saint-Germain. N'était-ce donc pas parce que leur but était inavouable ?

> L'affectation que la Voisin a eue de vouloir mettre ce placet entre les mains du roi est suspecte ; elle a demandé des lettres pour se faire bien placer. Et pour ce dessein, elle a demeuré pour cela à Saint-Germain depuis le dimanche jusqu'au jeudi, sans pouvoir trouver son temps ; elle y devait retourner le lendemain du jour qu'elle a été prise. Elle a refusé tous les offices qu'on lui a offerts pour donner son placet et pour le retirer après qu'il aura été vu, et elle a toujours dit, sans même montrer ce placet, qu'il fallait qu'elle le donnât elle-même au roi[12].

Après bien des hésitations, La Reynie concluait donc qu'il était impossible que la fille de la Voisin eût inventé « des choses si étranges et si peu vraisemblables ».

Il remarquait d'ailleurs que Marie Marguerite en avait touché un mot à ses deux compagnes de cachot avant de tenter de se suicider par strangulation. Autant d'indices de sincérité. Marie Marguerite n'avait pas parlé à la légère.

L'attitude pour le moins gênée de la Trianon venait corroborer cette opinion. Lors de ses premiers interrogatoires, cette vieille amie de la Voisin avait paru excessivement embarrassée en abordant le sujet des voyages à Saint-Germain. Ses prétendus horoscopes, d'après lesquels la Voisin serait compromise dans une « affaire d'Etat », donnaient à penser qu'elle savait tout des projets de sa commère. Plus grave : la devineresse avait fait une seconde figure astrologique laissant supposer que la Voisin serait accusée de crime de lèse-majesté. Questionnée, la Trianon finit par concéder que cela concernait bien son amie et le « voyage du placet[13] ». L'aveu, cette fois, était significatif car, note La Reynie, la fille Voisin n'était plus seule à présenter l'histoire du placet de cette manière :

> Pressée encore pour dire elle-même quel rapport le crime d'Etat, le crime de lèse-majesté [peuvent avoir] avec le dessein de présenter un placet au roi, [la Trianon] ne veut répondre, répond enfin et dit des choses si éloignées du bon sens et des apparences que ses réponses établissent peut-être davantage ce que la fille Voisin a dit qu'elle ne le pourrait faire par un aveu précis[14].

Naturellement, on ne trouve nulle trace de ces interrogatoires dans les minutes du procès. Seules les notes personnelles de La Reynie échappées au feu y font allusion.

Le lieutenant général de police examinait ensuite le « second fait », c'est-à-dire la tentative d'empoisonnement de Mlle de Fontanges menée conjointement et à la même époque par Romani et Bertrand. Il lui semblait aussi assuré que le premier.

Il est certain que Romani – il l'avait lui-même reconnu – avait cherché à pénétrer chez la jeune duchesse, déguisé en marchand de soieries, et qu'une amie de la Voisin, la dame de La Bretesche, s'était proposé de lui faciliter la tâche par une de ses relations en place. Comment avec toutes ces précautions croire à un projet innocent ? A cette objection, Romani répondit qu'il voulait seulement lui présenter des étoffes et que « son esprit ne portait pas plus loin[15] ».

La Reynie adoptait une conclusion semblable à propos des messes noires et des sacrifices d'enfants : les aveux concordants de la Filastre, de Guibourg et de Marie Marguerite Monvoisin ne lui laissaient aucun doute sur la réalité des abominations perpétrées par ordre de Mme de Montespan. Il se montrait en revanche plus circonspect au sujet des autres déclarations de la Filastre. Il lui semblait difficile d'admettre que l'ambitieuse marquise se fût risquée, quelques mois après l'arrestation de la Voisin et de la Trianon, à demander à Madeleine Chappelain d'attenter aux jours de Mlle de Fontanges. Pourtant, il convenait qu'il était malaisé de croire à l'innocence d'une femme comme la Filastre. Et de citer les aveux de l'empoisonneur Galet relatifs à Mme de Montespan qui, à son avis, semblaient irrécusables.

En définitive, Mme de Montespan, aux yeux du lieutenant général de police, était coupable :

1°) De sacrilège, pour avoir participé à des cérémonies diaboliques ;

2°) De tentative de crime, pour avoir essayé d'assassiner à une ou plusieurs reprises Mlle de Fontanges ;

3°) De crimes, pour avoir consenti au massacre de nouveau-nés au cours de ses messes noires ;

4°) De lèse-majesté, pour avoir donné à son souverain

des poudres aphrodisiaques et avoir cherché à l'empoisonner au moyen d'un placet.

Telle était son intime conviction. Les conclusions auxquelles il était arrivé étaient si terribles, si effrayantes, que son esprit, comme il l'avait confié, s'en « effarouchait ».

XII

Colbert intervient

Louis XIV consulte Colbert

Après ce réquisitoire, d'autant plus accablant pour Mme de Montespan qu'il émanait d'un magistrat apprécié pour son intégrité et sa modération, le roi voulut connaître l'opinion de Colbert, grand ami de la marquise, dont la femme s'était occupée des deux derniers enfants, Mlle de Blois et le comte de Toulouse, et qui venait de marier, le 13 février 1679, sa propre fille, Marie Anne de Seignelay, à son neveu, Louis de Rochechouart, comte de Vivonne. Il lui communiqua donc les pièces secrètes du procès et les rapports du lieutenant général de police. A lui en quelque sorte d'organiser sa défense.

La lecture du dossier persuada très vite le ministre que la favorite était victime d'une odieuse machination menée par des gens sans aveu. Il entreprit de la blanchir de tout soupçon en regroupant les arguments à décharge. A cet effet, il consulta l'un de ses conseillers juridiques, Claude Duplessis, ancien avocat au Parlement et auteur d'un volumineux *Traité des matières criminelles*. Celui-ci se mit immédiatement au travail et rédigea un premier mémoire relatif à la double conspiration de la Voisin contre le roi et

Mlle de Fontanges. Ce document, qui ne nous est pas parvenu dans sa version originale, permit à Colbert de composer un rapport confidentiel intitulé *Mémoire contre les faits calomnieux imputés à Mme de Montespan.*

Avec sa clarté et sa concision habituelles, le ministre résumait d'abord les divers points de l'accusation, tels qu'ils ressortaient des interrogatoires de Marie Marguerite Monvoisin. Il s'étonnait que, sur un sujet aussi grave, celle-ci eût attendu le supplice de sa mère pour se décider à parler. Il supposait que cette pauvre fille avait cherché, par des déclarations fracassantes, à différer les tourments de la torture et de la mort. « On est naturellement ingénieux dans ces extrémités, et il n'y a rien que l'on n'entreprenne hardiment pour s'en tirer. » En mêlant Mme de Montespan au procès, elle obligeait infailliblement les commissaires instructeurs à suspendre le cours normal de la procédure et à s'engager dans de longues et minutieuses enquêtes. « Elle prétendait par ce moyen associer à son procès et rendre inséparable de son jugement une dame dont le nom implorât les grâces. »

La Voisin, remarquait Colbert, avait toujours affirmé ne pas connaître Mme de Montespan ni sa demoiselle de compagnie. « Pourquoi veut-on que la mère, qui a eu le dernier et le plus sensible de tous les intérêts de dire la vérité, ne l'ait pas dite et qu'au contraire, la fille, qui a eu la plus pressante nécessité d'établir un mensonge, ne l'ait pas fait ? »

D'ailleurs la Trianon, la Vautier, Blessis, Bertrand et Romani ont farouchement nié ses allégations. Tous ont donné de leur aventure une explication apparemment naturelle et logique : le placet avait pour but d'obtenir du roi la libération de Blessis retenu de force chez M. de Termes, en son château de Fontenay-en-Brie. Romani n'avait pas non plus de mauvais desseins en se présentant chez Mlle de Fontanges. Il espérait simplement se faire acheter des pièces d'étoffe. « Donc, cette fille est démentie par tout le monde et on voudrait qu'elle seule ait dit la vérité ! »

A supposer que la Voisin ait reçu ordre de Mme de Montespan de faire mourir le roi au moyen d'un placet, pourquoi se serait-elle trouvée en peine d'approcher le souverain ? On comprendrait mal que personne n'ait facilité son entrée à la Cour et ne l'ait placée sur le chemin du roi. Le fait d'avoir eu recours à un simple valet de chambre de M. de Montausier prouve amplement que la pythonisse était dépourvue de toute relation importante à Saint-Germain. Si Mme de Montespan avait eu des intentions homicides, elle aurait fort bien pu donner elle-même du poison au roi, qui la voyait tous les jours, prenait souvent ses repas avec elle et n'avait aucun soupçon à son égard. Pourquoi se servir d'une tierce personne ? Et puis, quel intérêt aurait-elle eu à la disparition du roi ? Ne risquait-elle pas de tout perdre, position sociale, fortune et honneurs ?

« Quoi ! s'exclamait Colbert, concevoir le dessein d'empoisonner son maître, son bienfaiteur, son roi, une personne que l'on aime plus que sa vie ; savoir que l'on perdra tout en la perdant et se porter à l'exécution de cette furieuse entreprise, et cependant dans cette affreuse pensée conserver toute la tranquillité d'âme qu'une innocence la plus pure peut produire ! Ce sont des choses qui ne se conçoivent pas ; et Sa Majesté qui connaît Mme de Montespan jusqu'au fond de l'âme ne se persuadera jamais qu'elle ait été capable de ces abominations. »

Il est à remarquer, poursuit Colbert, que la Voisin ne faisait pas mystère de son projet de rencontrer le roi. Elle s'en était ouverte à sa famille, à ses amis Bertrand, Romani, à la femme Vautier. Cette dernière déclara, dans son interrogatoire du 8 août 1680, que la Voisin s'était vantée publiquement de gagner 100 000 livres de rente. Or, il n'est pas dans l'habitude des vrais conspirateurs de clamer partout leurs intentions.

« Donc, concluait le ministre, le dessein de ce voyage n'était point un secret dont elle fit mystère ; donc ce n'était point une conjuration abominable telle que cette calomniatrice le veut faire croire ; donc ce n'était autre chose que le secret de Blessis[1] qu'elle voulait proposer au roi et sur lequel elle se formait l'espérance d'une richesse imaginaire comme ont dit les autres accusés. »

Colbert en venait à Mlle des Œillets qui aurait servi d'intermédiaire dans ces sombres intrigues. La confrontation de Vincennes, tranchait-il, avait été mal faite. Au lieu de la présenter seule, on aurait dû la faire venir en compagnie de quatre ou cinq personnes et demander aux prisonniers de la désigner parmi elles. D'ailleurs, soulignait-il, cette demoiselle avait quitté le service de Mme de Montespan dès 1677. N'était-il pas étrange de la voir, deux ans plus tard, demander à la Voisin, pour le compte de sa maîtresse, la mort du roi et celle de Mlle de Fontanges ?

« A supposer que la Des Œillets eût fait véritablement toutes ces visites chez la Voisin et qu'elle eût quelque commerce avec elle, s'ensuivrait-il que Mme de Montespan en dût être chargée ? Où est son ordre ? Où est la preuve qu'elle ait agi pour elle ? »

En définitive, Colbert pensait que Marie Marguerite était une mythomane, une fourbe artificieuse, cachant sa véritable nature sous des dehors ingénus. Prostituée, débauchée, accusée d'avoir abandonné son enfant[2], complice des forfaits de sa mère, elle ne pouvait être un témoin sincère. Ses aveux devaient donc être écartés, d'autant, à y regarder de près, qu'elle n'avait fait que rapporter des commérages incohérents.

Nouveau mémoire

En privé cependant, le ministre ne cachait pas qu'il était impressionné par le faisceau d'indices chargeant la marquise. Le 25 février 1681, il commandait à Duplessis un nouveau mémoire sur le projet criminel de Françoise Filastre, « second fait, ajoutait-il, qui n'est pas moins grave que le premier et dont la preuve est, selon moi, plus entière et plus parfaite ».

Duplessis se mit à la tâche dès le lendemain et, de 2 heures du matin à 2 heures de l'après-midi, rédigea entièrement sa consultation. Nous avons cette fois son texte.

Après des considérations générales sur les sorciers et leurs victimes, Duplessis abordait les accusations relevées contre Mme de Montespan à l'occasion du procès de la Filastre. Il ne niait pas que cette dangereuse personne eût voulu se glisser auprès de Mlle de Fontanges. « Mais, disait-il, ce fait est sans aucune conséquence ; c'était une condition fort avantageuse et (...) la Filastre a dit elle-même qu'elle n'avait d'autre raison pour y entrer que pour son avancement et celui de sa famille. »

Il pensait que l'on portait trop d'attention à ces fantasmes, ces fantaisies de visionnaires, démentis par la réalité et par l'intéressée elle-même.

Il en venait à Philippe Galet qui, d'après ses propres aveux, aurait fourni à la Filastre des aphrodisiaques et des poisons pour le roi et sa maîtresse. Accusation d'importance, mais qu'il était encore facile de détruire. Si la Filastre avait cité le nom de Mme de Montespan, c'était peut-être pour égarer les soupçons ou pour impressionner le paysan normand et obtenir de lui des drogues de meilleure qualité ?

Restaient les allégations de Guibourg. Le vieillard prétendait avoir célébré une messe noire dans une masure de Saint-Denis sur le ventre d'une femme qui avait le visage caché. Cette femme, d'après la Filastre, aurait été Mme de Montespan. Duplessis remarqua que les accusés n'étaient pas en mesure de citer un nom, une date, un fait précis, vérifiables et propres à étayer leurs propos. Diraient-ils la vérité qu'on devrait pourtant conclure qu'on avait usurpé le nom et la qualité de Mme de Montespan. « Car enfin, il faut toujours revenir à ce point qu'il ne se trouve pas dans toute cette affaire une seule personne qui ait jamais parlé à Mme de Montespan ni qui puisse dire qu'elle ait traité avec elle directement ou indirectement. »

Toute la déposition de la Filastre ne reposait que sur un seul témoin, Guibourg. *Testis unus, testis nullus*, dit sagement un vieil adage juridique. Et quel témoin ! « Un imposteur public qui a fait profession ouverte d'illusion, de malices et de mensonges, chargé de tout ce qui se peut imaginer de crimes. »

Duplessis réservait pour la fin l'argument le plus décisif à ses yeux : la rétractation de Françoise Filastre au moment de mourir, qui déchargeait pleinement Mme de Montespan. Les calomniateurs avaient eux-mêmes avoué leur forfait. Que pouvait-on exiger de plus ?

Autant l'avocat de Colbert avait été incisif et habile à défendre sa noble cliente, autant la plaidoirie en faveur de Mme de Vivonne qui terminait son mémoire paraissait médiocre et maladroite. Visiblement, il s'était senti gêné de défendre une femme accusée par tant de personnes. A son habitude, il soulignait les imprécisions et les contradictions apparues dans les procès-verbaux d'interrogatoires pour, en conclusion, nier que cette femme eût cherché à faire un pacte avec le diable. « Hé ! Qu'est-ce qu'une signature d'esprit ? Un vent, une chimère. Peut-on s'imaginer que Mme de Vivonne eût été capable de donner dans ces visions ? »

Lesage avait prétendu que celle-ci cherchait à récupérer des mains de la Filastre un papier compromettant pour elle et les duchesses d'Angoulême et de Vitry. Dédaigneusement, Duplessis écartait cette assertion sans la discuter, affirmant que la parole d'un repris de justice n'était pas recevable. Il faisait de même pour les autres témoins à charge et, à ce compte, parvenait sans difficulté à affirmer qu'il ne restait aucune accusation sérieuse contre la belle-sœur de Mme de Montespan !

Il faut le reconnaître cependant, l'argumentation rassemblée par Colbert et Duplessis pour défendre leurs deux protégées est impressionnante. De l'accusation, elle ne semble rien laisser subsister. A l'époque, elle avait surtout pour effet d'apaiser le trouble d'un roi déjà enclin naturellement à l'indulgence à l'égard de la mère de ses enfants.

Les convictions de La Reynie

La Reynie prit soin de lire attentivement les mémoires de l'avocat, qui ne le firent pas changer d'opinion sur la culpabilité de Mmes de Vivonne et de Montespan. Bien mieux, en lisant sous la plume de Duplessis qu'après la rétractation de la Filastre il ne restait aucune charge contre la marquise, il se souvint brusquement que, dans ses dernières déclarations, la sorcière n'avait pas entièrement blanchi la maîtresse du roi. Dans une lettre à Louvois du 17 avril 1681, il se confondait en excuses d'avoir omis de signaler ce renseignement d'une importance capitale et ajoutait :

> La décharge que la Filastre a faite sur la déclaration à l'égard de Mme de Montespan s'applique uniquement au fait du dessein prétendu de l'empoisonnement de Mlle de Fontanges. Il y a deux autres faits, celui de la messe sur le ventre par Guibourg et pour le pacte et celui des poudres de Galet pour le roi, où Mme de Montespan a été nommée, et ces charges sur ces deux faits ne subsistent pas seulement telles qu'elles ont été faites à la question, mais elles ont encore été de nouveau confirmées par la même déclaration que la Filastre a rétracté le premier fait. Avec cela, Guibourg et Galet en étant convenus après la question de la Filastre et à la confrontation, ils ont fait entre eux et à leur égard une preuve complète sur ces deux faits, et de grosses charges à l'égard de leurs complices sur les crimes de lèse-majesté[3].

Le magistrat concluait donc qu'on ne pouvait supprimer le procès-verbal de la question de la Filastre, ni sa déclaration finale. Celle-ci est « d'autant plus importante que non seulement elle décharge Mme de Montespan et la Chappelain, qu'elle avait chargées de faits particuliers du dessein de l'empoisonnement de Mme de Fontanges, mais encore parce qu'elle en confirme deux autres[4] ».

Ainsi La Reynie, si hésitant l'année précédente, se montrait désormais convaincu de la culpabilité de la favorite. C'est pourquoi il suggérait de faire des extraits des « faits particuliers », en présence du président de la Chambre et du chancelier, et de soumettre aux juges des documents tronqués : procédure bâtarde et peu satisfaisante sur le plan de la stricte justice, il en convenait, mais la seule qui permettait de ne pas laisser impunis tous les accusés. Quant à ceux qui étaient impliqués dans les affaires secrètes, ils échapperaient à la Chambre pour être jugés par le roi en personne.

Celui-ci désirant mettre un terme définitif à la Chambre ardente, le lieutenant général de police défendit sa position quatre jours de suite, quatre heures durant, en présence de Colbert, Louvois et Boucherat. Finalement, son opinion prévalut. Le 14 mai 1681, Louis XIV ordonnait par arrêt du Conseil d'extraire des dossiers tous les documents relatifs aux «faits particuliers».

Par ce moyen, l'honneur de Mme de Montespan et de Mlle des Œillets était sauf. Elles ne seraient pas contraintes de venir s'expliquer devant les commissaires instructeurs, ni devant les juges. Ce serait le secret de l'Etat.

XIII

La fin du procès

La réouverture de la Chambre

Le 19 mai 1681, la Chambre ardente reprit ses audiences dans l'indifférence générale. En février précédent, Thomas Corneille et Donneau de Vizé avaient voulu reproduire le succès de *La Devineresse* en créant une comédie-ballet, *La Pierre philosophale*, sous-titrée *La Cabale ou Science secrète* et mise en musique par Marc Antoine Charpentier. Un four : on n'avait pas dépassé la troisième représentation. Très vite, le bruit se répandit que les juges épargneraient les personnes haut placées pour ne s'occuper que du misérable troupeau des accusés subalternes qui croupissaient depuis des mois dans les prisons. A l'époque où le maréchal de Luxembourg rentrait en grâce et où l'on rendait la liberté à son amie la marquise du Fontet, un pauvre diable, magicien à l'occasion, François Delalande, hurlait sur le chevalet pendant la question : « Vous poursuivez les gueux, mais c'est plus haut que vous devriez chercher[1] ! »

La position des principaux inculpés, qui étaient parvenus à entraver la marche de la justice durant plusieurs mois, n'était pas moins inconfortable que celle des magistrats. S'ils se doutaient qu'ils ne seraient pas régulièrement jugés, ils ignoraient tout du sort que Louis XIV leur réservait. Devant cette incertitude, une des plus anciennes prisonnières, la Trianon, se suicida. Un beau matin, on la retrouva sans vie sur sa paillasse.

On s'en prit à une certaine Anne de Carada du Saussay, dangereuse veuve d'un procureur des eaux et forêts, qui avait supplié Guibourg d'empêcher le troisième mariage d'un amant volage qu'elle poursuivait de ses assiduités, le colonel Donneau de Vizé, frère du rédacteur du *Mercure françois*. Naturellement, le prieur borgne n'avait pu lui refuser pareil service et avait récité des messes sur une figurine de cire. Le procès de cette dame fut vite expédié. Transférée des cachots de Rouen à ceux de Vincennes, elle fut brûlée vive en place de Grève le 25 juin 1681.

Quinze jours après, le père Gilles Davot, chapelain de Notre-Dame-de-Bonne-Nouvelle et indulgent confesseur de la Voisin, était condamné à la pendaison pour impiété et sorcellerie. A son tour, la Chanfrain, maîtresse de Guibourg, qui lui avait livré ses enfants pour les sacrifier au diable, fut suppliciée publiquement, de même qu'une misérable pythonisse du nom de Louison Desloges.

On acheva ensuite le procès d'une sorcière d'Orléans, Marguerite Michau, veuve de Jean César Dominesse, maître vitrier et joueur d'instruments, surnommée la Joly, une matrone sans scrupules dans le style de la Voisin, amie de Guibourg, qui reconnut sans honte plusieurs empoisonnements, avortements et sacrifices d'enfants. Un jour, alors qu'elle se trouvait chez l'abbé Lemaignan, rue du Temple, celui-ci avait soulevé devant elle une tapisserie : elle avait vu les corps de deux petits garçons, âgés de six mois environ, coupés en morceaux, baignant dans leur sang dans une bassine. Quand on avait arrêté la Joly, on avait trouvé du poison dissimulé dans sa coiffe. Cette diablesse, très loquace sous la torture, raconta aux juges comment elle avait promis à Mme de Dreux de la défaire par tous les moyens de la femme de M. de Richelieu et de faire réussir son remariage avec lui. « La dame de Dreux, disait-elle, est pire que la dame de Brinvilliers et la plus grande empoisonneuse qu'il y ait[2]. »

La belle Catherine Sainctot, épouse de Philippe de Dreux, que la Chambre avait acquittée de façon si scandaleuse l'année précédente, eut vent des charges qui pesaient sur elle. Comme elle ne comptait guère sur une nouvelle indulgence de la cour, elle jugea prudent de prendre le large.

La Joly fut brûlée vive le 19 décembre 1681, et sa noble cliente condamnée au bannissement perpétuel. Une sorcière de ses amies, la Méline, fut également envoyée rendre compte à Dieu de ses forfaits...

En revanche, Simone Boucher, veuve de Nicolas Unziesme, servante de Madeleine Chappelain, une certaine Bigenne et Delaistre, amant de la Chappelain, furent déchargés d'accusation et libérés. Après des mois de sommeil, la Chambre ardente témoignait donc d'une intense activité.

A la même époque, elle concentrait ses recherches sur un mystérieux complot mené contre le roi par des partisans de l'ancien surintendant des Finances, Nicolas Fouquet, récemment décédé d'une crise d'apoplexie, après quinze ans de captivité au donjon de Pignerol[3]. Au dire même de Louvois, cette affaire était de très grande conséquence. D'après les déclarations de deux bergers, réputés jeteurs de sorts, Debray et Moreau, un homme de condition, parent de Fouquet, qui se faisait appeler le chevalier de La Brosse, était venu les voir, sept ans auparavant, accompagné de son valet Dubois, pour leur demander de faire mourir Colbert et Louis XIV par poison et sortilège. Comme le chevalier promettait bonne récompense, plusieurs personnes s'étaient entremises pour faire réussir ce projet, notamment l'inévitable Guibourg et un prêtre satanique de ses disciples, connu sous le nom de prieur de Saint-Arnoul. Tout ce joli monde s'était acharné à faire griffer par Belzébuth un parchemin contenant les vœux les plus chers du chevalier. On avait récité force conjurations, célébré maintes cérémonies sacrilèges. En vain. Louis XIV résistait.

On eut alors recours au moyen le plus sûr, le poison. Un certain Barenton, laboureur en Beauce et rebouteux de village, avoua à la question que, dans un cabaret de Choisel, il avait remis à ce mystérieux parent de Fouquet une petite bouteille contenant un mélange d'arsenic, de sublimé et d'extrait de crapaud, destiné au roi. Ainsi était avoué un nouveau crime de lèse-majesté.

Qui était cet énigmatique chevalier de La Brosse ? Après une enquête difficile, les soupçons se portèrent sur deux personnages, le marquis de Termes et un cousin de Fouquet, Jacques Pinon du Martroy, seigneur de Vitry-sur-Seine et Villejuif, conseiller à la quatrième Chambre des enquêtes, mort quelques années auparavant. Tous deux avaient été ruinés lors du procès de 1661 intenté contre le surintendant et ses amis, les gens de finance. Le prétendu chevalier de La Brosse avait « beaucoup de ressentiment contre la personne du roi de ce qu'il avait fait emprisonner M. Fouquet, ajouta Guibourg dans son interrogatoire du 24 août 1681. Pinon lui dit qu'il avait quelque accès à la Bouche (*le service chargé des repas du roi*) et qu'il y entrait librement[4] »...

Le 6 septembre, Barenton était condamné au supplice de la roue (avec le *retentum* d'être étranglé avant les premiers coups de barre). Il en fut de même du berger Debray exécuté le 9 septembre au soir. Son infortuné confrère Moreau fut roué vif le 13, sans atténuation de peine. Les ramifications en province de ces réseaux d'empoisonneurs ne laissaient pas d'inquiéter La Reynie. S'il fallait arrêter tous les jeteurs de sorts qui tuaient bêtes et gens, jamais on n'en finirait !

Un auditeur à la Cour des comptes, conseiller du roi, Jean Maillard, également compromis dans cette ténébreuse affaire, fut interrogé à son tour. Il nia avec obstination, même au plus fort de la torture. Maillard en avait trop dit ou pas assez pour sauver sa tête. Il était d'ailleurs accusé par sa maîtresse, Marie de Baliron, veuve d'un procureur au Parlement, d'avoir empoisonné son premier mari, le sieur Violet. Il avait été à cette fin en relation avec Sainte-Croix, l'amant de la Brinvilliers. Membre d'une cour souveraine, on lui épargna le bûcher. Le 21 février 1682, il eut la tête tranchée « pour avoir su, connu et non révélé les détestables projets formés contre la personne du roi ». Il refusa de faire amende honorable devant Notre-Dame. Lorsqu'il parvint place de Grève pour y subir son châtiment, il déclara spontanément qu'un de ses anciens jardiniers avait fourni le poison à la Baliron pour son premier mari, Violet, et que lui-même avait remis à Sainte-Croix la somme de 4 000 livres. Comment se nommait ce jardinier et pour quelle raison avait-il donné une telle somme à Sainte-Croix, lui demanda le greffier, impatient ? Maillard eut un sourire : « Monsieur Sagot, c'est assez, ne parlons point de cela ! » Et il monta à l'échafaud[5].

Après ces échecs répétés, il était temps de clore définitivement les procès. Mulbe, mari de la Bosse, qu'on avait fait venir du bagne de Toulon, fut promptement ramené à son vaisseau et à son banc. Blessis, convaincu de faux-monnayage, fut condamné à quelques années de galères et remis au geôlier de la Tournelle en attendant la chiourme en partance pour Marseille.

Le 16 juillet 1682, vers 6 heures du soir, La Chaboissière, le répugnant valet de Vanens et son préparateur en poisons, fut pendu haut et court en place de Grève, après avoir souffert à la Bastille les questions ordinaire et extraordinaire. On avait dissocié son procès de celui de son maître, car il ne s'était pas rendu en Piémont en 1675 et ne pouvait donc faire de révélations sur la mort du duc de Savoie. Il avait enfin avoué qu'une bonne partie des activités alchimiques de Vanens dissimulaient son entreprise de fabrication de poison (« les soufres d'or n'en sont point, mais des drogues qui servent à de méchants usages[6] »). Cependant, dans une de ses précédentes déclarations, au moment où on s'y attendait le moins, ce vaurien avait indiqué que son maître connaissait Mme de Montespan et lui avait donné des conseils « qui méritaient de le faire tirer à quatre chevaux[7] ». Sans doute effrayé par ses propos, puisqu'il touchait au régicide, le tabou suprême dans ce royaume de France depuis l'assassinat d'Henri IV, il demanda à la relecture du procès-verbal la suppression de ce passage...

Ce fut la dernière exécution publique de l'affaire. Le 21 juillet, le roi ferma définitivement la Chambre de l'Arsenal. Dix jours plus tard, le Parlement enregistra un édit bannissant du royaume les devins, devineresses et tireurs d'horoscopes, punissant sévèrement les pratiques superstitieuses, la prétendue magie – tenue désormais pour pure charlatanerie – et les sacrilèges, réglementant le commerce des produits et animaux toxiques ou vénéneux – herbes, serpents, crapauds et vipères –, réservant enfin aux seuls apothicaires et professeurs de chimie le droit d'avoir des laboratoires. Un édit, rédigé par Colbert et La Reynie, qui fera date.

Ainsi se terminait, sans gloire, au milieu de la lassitude générale, ce formidable procès qui avait révélé les abîmes de tout un siècle, sur lesquels on s'était vainement promis de faire la lumière. Les affaires d'empoisonnement et la pratique des maléfices ne cessèrent pas, comme le montrent les archives de la Bastille. A la Cour, la hantise du poison subsistera. La mort brutale de Louvois en 1691, celles de la duchesse et du duc de Bourgogne, l'héritier du trône, et de leur fils, le petit duc de Bretagne, en 1712, susciteront bien des commentaires. Tout au long du XVIIIe siècle, on continuera d'arrêter des devins et devineresses, sorciers et marchands de philtres. Un si lourd fléau ne s'éradique pas par ordonnance. Mais aucune de ces procédures n'aura la même ampleur. Comme dira Saint-Simon, la mode des poisons était passée...

La dispersion des prisonniers

La Chambre de justice avait donc achevé ses travaux. Cependant, à la Cour, on murmurait qu'un événement particulier l'avait empêchée de mener sa tâche à bien. Les gens prudents se gardaient d'en dire davantage. Ainsi, le 29 juillet, Foscarini, ambassadeur de la Sérénissime République, écrivait-il au doge Contarini : « Bien des particularités aussi curieuses qu'importantes mériteraient d'être rapportées si la prudence ne prescrivait pas la réserve et ne commandait d'en remettre la relation à un autre temps[8]. »

En trois ans, la Chambre ardente avait tenu 210 séances, prononcé 319 décrets de prise de corps, obtenu l'arrestation de 194 personnes, rendu 104 jugements dont 36 condamnations à mort, 4 condamnations aux galères, 34 à des peines de bannissement ou d'amende et 30 acquittements. Restait à statuer sur ceux qui étaient encore enfermés à la Bastille et à Vincennes. Certains, coupables de fautes relativement légères, seraient libérés par grâce royale ; les autres, en revanche, ceux qui avaient commis d'impardonnables crimes, ceux qui avaient cité le nom de Mme de Montespan ou appris quelque chose à son sujet ne pouvaient être régulièrement jugés pour raison d'Etat : on ne les tuerait pas sommairement – ce n'était pas dans les habitudes du temps –, mais ils seraient enfermés pour le reste de leurs jours, de façon à étouffer avec eux leur secret. Dès le mois de février 1682, Louis XIV avait pris la résolution de les disperser dans les plus lointaines citadelles du royaume.

Quelques mois plus tard, au début d'août, après la fermeture définitive de la Chambre, le lieutenant général de police établissait une liste des prisonniers de Vincennes et de la Bastille en distinguant trois catégories : ceux pour lesquels une décision restait à prendre, ceux qu'il fallait, à son avis, tenir en réclusion perpétuelle et ceux que l'on pouvait mettre immédiatement en liberté sans grande conséquence. Par prudence, il envisageait de condamner à la prison perpétuelle pas moins de 85 accusés. Le roi, jugeant ce chiffre excessif, ordonna une quinzaine de libérations supplémentaires.

On élargit en premier lieu les comparses dont on avait le moins à redouter les bavardages. C'est ainsi que, le 18 août, on enrôla Guillaume Bosse, fils de la sorcière, dans une compagnie d'infanterie. Jean Filastre, frère de Françoise, fut également de ceux que l'on traita avec indulgence. Tenant compte de ce « qu'il avait été dans une brigade des archers des gabelles et qu'il était assez bien fait », on l'incorpora dans une compagnie de cavalerie en garnison aux frontières. Le cas de Rodolphe Lemaire, frère de la Vertemart, est plus curieux. En possession d'une charge de sommelier de paneterie-bouche, il avait été soupçonné de vouloir empoisonner le roi. Finalement, il fut élargi. Mais comme il avait été le compagnon de cellule de l'abbé Guibourg qui lui avait fait des confidences, il reçut la promesse d'une pension annuelle de 150 pistoles s'il partait pour l'étranger, sans espoir de revenir en France, et surtout s'il ne soufflait mot de ce qu'il avait appris en prison. Desgrez, qui le conduisit jusqu'à Péronne, lui fit comprendre que « s'il se gouvernait bien, Sa Majesté aurait soin de lui ; mais que s'il lui arrivait jamais d'écrire ou de parler de ce qu'il avait entendu pendant qu'il était à Vincennes, elle le ferait arrêter et renfermer pour le reste de ses jours[9] ». On peut supposer que Lemaire se le tint pour dit : on n'entendit plus jamais parler de lui...

Moins heureux, mais certainement plus coupables, étaient les abbés Deshayes et Lepreux qui furent incarcérés à Saint-Lazare, la maison de correction des prêtres de la Mission, où le roi paya leur pension sur le pied de 600 livres par an. En novembre 1685, profitant de la faible surveillance dont il était l'objet, Deshayes s'évadera et disparaîtra dans Paris sans qu'il soit possible de le retrouver[10].

Nombreux furent les prisonniers relégués en résidence surveillée dans les couvents ou les hôpitaux. Marie Dufayet, cette rivale de la Filastre qui avait cherché à se placer dans la maison de Mlle de Fontanges en même temps qu'elle, fut envoyée à l'hôpital général de Tours. L'alchimiste Grémont, collaborateur de Bachimont, fut expédié à l'hôpital général de Rouen où, selon toute vraisemblance, il termina ses jours. Il était « artiste, lit-on dans une note de La Reynie, et il a beaucoup travaillé avec Vanens, Blessis, Bachimont et avec la Voisin qui l'a chargé de lui avoir donné du poison pour quelque frère. Les charges étaient très considérables. C'est un misérable qui n'a quoi que ce soit pour subsister et il serait dangereux de lui laisser la liberté de sortir du lieu où il est ».

La jeune Manon Bosse, fille de Marie Bosse, qui fut enfermée dans la même cellule que Marie Marguerite Monvoisin, ne pouvait, elle non plus, être libérée : elle en savait trop. En outre, son inconduite notoire méritait châtiment. Elle fut cloîtrée au couvent de la Visitation Sainte-Marie à Dole, où elle fit un tel scandale qu'on dut bien vite la transférer chez les religieuses de Baffens à Besançon. On l'inscrivit sous le nom de Manon Dubosc et l'on régla pour elle une pension de 250 livres par an.

Une certaine Nanon Aubert avait été également en communication avec Marie Marguerite. Elle connut le même sort. En 1683, elle fut placée aux Ursulines de Besançon puis à celles de Vesoul. On donna à la supérieure le motif qu'elle avait été en commerce avec « une dame de qualité accusée de poison ».

Quant à Blessis, il fut condamné à aller ramer sa vie durant sur la galère *La Réale*, sans jamais débarquer[11]. En 1685, ce protestant se fit catholique, dans l'espoir d'une libération. Seignelay, secrétaire d'Etat à la Marine, recommanda pourtant à l'intendant Bégon « de prendre bien garde que cet homme ne s'évade, et qu'il ne soit point détaché de la chaîne pour quelque cause et sous quelque prétexte que ce soit[12] ». En décembre 1702, vingt ans après la clôture du procès des Poisons, il réclama encore sa liberté : « L'intention de Sa Majesté est qu'il reste aux galères, répondit le ministre Pontchartrain à son responsable. Vous l'en ferez avertir afin qu'il ne s'avise plus de fatiguer par de nouveaux mémoires sur sa liberté[13]. »

Belle-Isle-en-Mer

Enfin, on s'occupa de répartir les prisonniers les plus importants dans diverses citadelles de province, car ils coûtaient trop cher à la Bastille et à Vincennes. Le 15 décembre, Louis XIV signait l'ordre de dispersion : douze étaient expédiés à Belle-Isle-en-Mer, onze à la citadelle de Besançon, treize au fort de Saint-André-de-Salins, dix-neuf à la forteresse de Salses en Roussillon, cinq[14] au fort de Bains (aujourd'hui Amélie-les-Bains) en Cerdagne, et six au château de Villefranche-de-Conflent, non loin de là. Au début de l'année suivante, tous avaient rejoint leur lieu de détention définitif.

Le sieur Auzillon, exempt de la compagnie du prévôt de l'Ile-de-France et adjoint de Desgrez, se chargea de conduire à Belle-Isle les douze femmes désignées. Parmi elles, Marie Marguerite Monvoisin, Madeleine Chappelain, la Pelletier, la Delaporte et Catherine Leroy, maîtresse de La Chaboissière[15]. Leurs conditions de vie étaient draconiennes : « Comme elles sont fort entreprenantes, écrivait Louvois à Claude de Louvat, gouverneur de la place, Sa Majesté vous recommande de les faire garder avec beaucoup de précautions et de les traiter fort sévèrement en sorte que si elles s'échappent en la moindre chose, le châtiment que vous en ferez faire les oblige à se contenir ; surtout vous observerez d'empêcher que l'on entende les sottises qu'elles pourront crier tout haut, les menaçant de les faire corriger si cruellement qu'il n'y en ait pas une qui ose faire le moindre bruit. (...) Je crois qu'il est inutile de vous dire qu'elles doivent être soignées et servies par des femmes (...). Aucun officier ni soldat de la garnison ne doit savoir leur nom[16]. »

En réponse à une lettre de M. de Louvat, le ministre précisait qu'en cas de maladie, les captives devaient être soignées par le chirurgien-major de l'île, et seulement par lui. A Pâques, ou en cas de péril évident de mort, on pouvait les faire confesser par un « prêtre sage ». En considération du climat, on consentait à leur laisser, outre leur paillasse, des draps et des couvertures, ce qui était un luxe exceptionnel dans les prisons du roi de France. Imagine-t-on le sinistre *in pace* dans lequel ces criminelles étaient pour ainsi dire murées vives ? Le passage y conduisant était si étroit que Louvois dut se résigner à faire « un peu ouvrir le trou qui donne entrée au lieu où elles sont, autant que cela se pourra accommoder avec la sûreté de la garde[17] ».

Ces empoisonneuses étaient rayées du monde des vivants. Si certaines avaient imaginé éviter les pires supplices en compromettant injustement Mme de Montespan, elles avaient fait un bien mauvais calcul. La torture et le bûcher les eussent délivrées de cette lente, tragique et effrayante agonie subie de longues années durant au fond de leur cave sordide. C'était l'enfer sans rémission.

Lorsque François Chappelain sollicitera quelque faveur auprès de M. de Louvat – sans doute celle de revoir une dernière fois sa femme qui lui fut pourtant si infidèle –, Louvois se bornera à répéter sèchement la consigne au gouverneur : « Vous ne devez point vous inquiéter de ce qu'il vous mande et vous contenter d'exécuter les ordres qui vous ont été donnés à l'égard des prisonnières qui sont à Belle-Isle, sans lui faire de réponse[18]. »

Ce serait une lamentable et monotone chronique que de relater la vie de ces douze femmes. Les adoucissements à leur emprisonnement étaient rares et bien timides. Le 1er mai 1684, le roi, pour la première fois, les autorisa à entendre la messe les dimanches et fêtes, « pourvu que cela ne préjudicie point à leur sûreté[19] ». Un an plus tard, il consentit à renouveler leurs vêtements, des haillons humides qu'elles portaient depuis plusieurs années. Mais ce n'est que le 21 avril 1686, alors que les captives venaient d'achever leur quatrième hiver dans l'île, qu'on accepta de leur fournir « de la chandelle et du bois pour les chauffer quand il fait froid[20] ». Du bois ? Impossible, le cachot, un double réduit noir, ne présentait aucune ouverture sur l'extérieur. Le 31 janvier 1687, Louvois écrivait à M. de Louvat : « J'ai reçu la lettre que vous avez pris la peine de m'écrire au sujet des prisonnières détenues à Belle-Isle, lesquelles n'ayant point de cheminées dans leurs chambres et ne pouvant s'y en pratiquer parce qu'elles sont voûtées les unes sur les autres demandent qu'on leur donne des terrines de braise pour les chauffer pendant l'hiver ; le roi trouve bon que vous leur en fassiez donner dans la plus grande rigueur de la saison[21]. » Le plus étonnant est que certaines aient pu végéter plusieurs années dans de pareilles conditions. De temps en temps, la correspondance de Louvois à La Reynie nous informe du décès de l'une d'elles : la Pelletier le 10 décembre 1684, la Chappelain en septembre 1686...

Besançon et Saint-André-de-Salins

A Louis de Chauvelin, intendant de Franche-Comté et cousin de Louvois, le ministre donna des ordres d'une égale fermeté. Les geôliers de la citadelle de Besançon et du fort de Saint-André-de-Salins devaient surveiller leurs pensionnaires avec le plus grand soin et faire en sorte que nul ne pût entendre leurs cris. Ceux-ci devaient être attachés par un pied ou par une main à une chaîne courant le long de la muraille, « laquelle aura néanmoins la longueur nécessaire pour ne pas les empêcher de se coucher[22] ».

« Surtout, écrit-il le 16 décembre 1682, recommandez, s'il vous plaît, à ces messieurs d'empêcher que l'on entende les sottises qu'ils pourront crier tout haut, leur étant souvent arrivé d'en dire touchant Mme de Montespan qui sont sans fondement, les menaçant de les faire corriger si cruellement au moindre bruit qu'ils feront, qu'il n'y en ait pas un qui ose souffler[23]. » Ils étaient entretenus à raison de 10 sols par jour – une misère –, somme sur laquelle le geôlier était prié de prendre « le salaire de ceux qui les serviront et qui leur accommoderont à manger[24] ».

A la citadelle de Besançon on expédia, entre autres, Lesage, l'abbé Guibourg, Romani et Philippe Galet[25]. Lesage chercha naturellement à se singulariser en prétendant apporter de nouvelles révélations. Mais Louvois ne s'intéressait plus à ses rodomontades, lui qui naguère était venu le voir dans sa cellule : « Vous ne sauriez agir trop durement envers ce fripon-là qui, pendant tout le temps qu'il a été à Vincennes, n'a jamais pu dire un mot de vérité[26] », écrit-il à Louis Fabri de Montcault, gouverneur de la citadelle. Ici, le ministre exagérait, car Lesage, en dépit de ses mensonges et de ses récits fort embrouillés, fut l'un des accusés qui rendirent possibles nombre d'arrestations.

Cette première série de prisonniers fut rejointe quelques mois plus tard par deux membres de la cabale de Vanens, le chirurgien aveugle Dalmas, récemment évadé de l'hôpital général de Tours, où on l'avait mis par compassion pour son état, et le banquier Cadelan, accusé d'avoir écoulé des poisons et de la fausse monnaie. Dalmas décéda en avril 1683, Cadelan en septembre 1684 et l'abbé Guibourg en janvier 1686. On ignore la date à laquelle disparut Lesage, mais, contrairement à certains bruits, il ne fut jamais libéré et finit ses jours à la citadelle de Besançon, vraisemblablement sous le gouvernement de M. de La Prade[27].

A Saint-André-de-Salins, M. de La Barthe reçut comme prisonniers le chevalier de Vanens, les époux Bachimont (ces derniers transférés de Besançon en 1683) et un actif collaborateur de la Voisin, maître Pierre, spécialisé dans la fabrication de décoctions vénéneuses[28]. En juillet 1682, Vanens avait été condamné aux galères à perpétuité. Devenu entre-temps à demi fou à la Bastille, où il pratiquait des cérémonies sataniques sur son chien, il devait être acheminé à Marseille avec la chiourme, lorsque La Reynie, qui avait de bonnes raisons de croire que le drôle avait été en relation avec Mme de Montespan, insista sur le danger qu'il y aurait à l'envoyer aux galères, où il pourrait révéler ce qu'il savait. Le roi se rangea à son avis et commua sa peine en détention à vie. Il fut confié à M. de La Barthe qui devait s'occuper de lui avec une vigilance toute particulière[29]. Il mourut le 22 octobre 1691, enchaîné par un pied dans un étroit cul-de-basse-fosse de la forteresse.

Les époux Bachimont, d'abord reclus au château de Pierre-Encize puis confiés à la garde de Fabri de Montcault dans la citadelle de Besançon, furent condamnés à la prison perpétuelle à Saint-André-de-Salins. Ils furent d'une garde particulièrement difficile. Le gouverneur se plaignait constamment de leurs « crieries ». Pour donner de leurs nouvelles et annoncer qu'on les retenait injustement en prison, ils écrivaient sur leur linge, qu'ils jetaient ensuite par la fenêtre de leur cellule. Louvois, qui détestait les rébellions, ordonna de les séparer et de les mettre au pain et à l'eau[30]. Quand ils furent calmés, on put les réunir à nouveau, avec menace d'être isolés, cette fois pour toujours, au moindre bruit[31].

Salses

Bâtie sur la route de Perpignan, Salses est une rude forteresse médiévale, à moitié enterrée, selon un système défensif à l'ancienne, et entourée de profonds fossés. Pendant l'hiver 1682-1683, elle reçut dix-neuf condamnés de la Chambre ardente, parmi lesquels des complices de Vanens et de Chasteuil, tels l'avocat Jean Terron de Clausel et l'empirique Rabel, des amis de la Voisin, comme Latour, dit le « Grand Auteur », Bertrand, Vautier, La Coudraye, dit Laboissière, amant de la Filastre, et le malheureux lieutenant de La Frasse dont le seul crime, semble-t-il, fut d'avoir voulu aider la Filastre à entrer au service de Mlle de Fontanges[32]. Tous étaient mêlés de près ou de loin à l'affaire de Mme de Montespan ou détenaient des secrets qu'il était impossible de divulguer. Il y avait en outre le fanfaron Bouchard, dit le vicomte de Montemayor, astrologue patenté du maréchal de Luxembourg.

Au début, ces prisonniers ne semblent pas avoir connu un régime très pénible. Au bout de quelques années, la surveillance s'était même totalement relâchée. Le gouverneur de la place, M. de Saint-Alire, ne venait que rarement à son poste, et le lieutenant de roi, M. de Manse, était en perpétuel déplacement. Dans la nuit du 14 au 15 juillet 1686, profitant de l'insouciance de leurs geôliers, dix-sept détenus s'évadèrent du fort après avoir patiemment creusé un trou dans un mur de la tourelle sud-ouest. Seul Rabel refusa de partir avec ses camarades[33]. Il fit mieux : à peine eurent-ils franchi le mur d'enceinte qu'il avertit la garde à grands cris ! La garnison se lança aussitôt à la poursuite des fugitifs malgré l'obscurité. Ceux-ci, partis dans trois voitures que leur avaient amenées des complices, n'avaient pas prévu que l'alerte serait donnée si rapidement. Ils furent tous repris à quelques lieues de là, dans les garrigues et les marécages des environs de Périac et de Sigean, où ils s'étaient malencontreusement aventurés.

M. de Manse se fit rudement sermonner par le ministre de la Guerre : « Sa Majesté ne peut croire qu'ils eussent fait un si long travail sans être découverts, s'ils étaient gardés avec le soin qu'Elle s'était attendue que vous ne manqueriez pas d'en avoir. Je suis obligé de vous dire que le roi n'a pas agréable que vous vous absentiez de la place où vous commandez et que, si cela vous arrivait encore, Sa Majesté y pourvoira[34]. »

Raymond de Trobat, président du conseil souverain du Roussillon et intendant à Perpignan, fut chargé de savoir si les évadés n'avaient pas frayé avec leurs gardiens ni obtenu d'eux des outils. A la suite de cette enquête, le concierge du château, dont la négligence fut reconnue, fut congédié et remplacé. Quant au gouverneur, il reçut l'ordre de visiter les prisons deux ou trois fois par semaine à des heures irrégulières, même la nuit. Il est vrai que sa tâche était singulièrement réduite : pas moins de treize fugitifs avaient trépassé en recevant la bastonnade ! Les survivants retrouvèrent leur cachot et furent cette fois enchaînés. Un forgeron de Perpignan se chargea de façonner ces longues chaînes en forme de huit et les livra à Salses avec sa charrette et sa mule.

Bientôt, Terron de Clausel tomba malade et mourut en novembre 1686, suivi en avril 1688 par Bertrand. Sept ans plus tard, il y avait un dernier survivant de l'affaire des Poisons, le lieutenant de La Frasse, qui protestait encore de son innocence : « Il ne sait pourquoi il a été prisonnier, n'ayant point été interrogé[35]. » C'était inexact : il avait été interrogé, mais pas jugé. Grâce à des graffitis, des dessins sur les murs, des trous dans le sol, des restes de chaînes, on a pu identifier les lieux d'enfermement : un cachot et deux autres salles proches du donjon[36].

Le mouchard Rabel, par grâce royale, fut dispensé des chaînes et bientôt libéré. On le retrouvera à l'île Sainte-Marguerite, en Provence, où il se livrera en toute quiétude à ses recherches médicales et alchimiques. Le 17 avril 1688, Louvois écrivait en effet au gouverneur de l'île, M. de Saint-Mars : « Le roi veut bien dissimuler le séjour qu'il fera chez le gentilhomme de vos amis dont vous me parlez pour y travailler à ses remèdes. »

Que se passa-t-il alors ? On l'ignore. Officiellement, il avait été libéré et banni du royaume. La Reynie lui-même semble ignorer sa présence à l'île Sainte-Marguerite. Commit-il quelque imprudence ? Toujours est-il qu'on le retrouve à la citadelle de Besançon en avril 1692, à nouveau attaché. Il était d'une piété exemplaire, portant la haire et le cilice. Sur les 10 sols qu'on donnait pour sa subsistance, il exigeait qu'on en distribuât la moitié aux pauvres. Touché par son humilité et sa conduite, le roi ordonna de lui ôter ses chaînes.

D'une façon générale, la discipline si sévère du temps de Louvois s'adoucit sous ses successeurs. En 1711, le ministre Voisin autorisait M. de La Prade, gouverneur de la citadelle de Besançon, à laisser le médecin Tournet faire dans sa cellule « l'épreuve de la conversion du cuivre en argent », chose inconcevable vingt ans plus tôt. L'officier devait fournir au prisonnier les quantités de cuivre et d'étain désirées. Il est vrai qu'en cette fin de règne, les difficultés financières étaient telles qu'on était prêt à regarder avec quelque indulgence les expériences des alchimistes, au cas où...

Villefranche-de-Conflent

Un groupe comprenant Petit, Faure, Duclos, Hénart et la Guesdon fut envoyé au château de Bains, à quatre lieues de Perpignan. Un autre, composé de la Jacob, la Du Refuge, la Loyseau, la Doublet, la Duval et la Dusoulcye, partit pour la citadelle de Villefranche-de-Conflent, toujours en Cerdagne (aujourd'hui Fort Liberia, où l'on montre encore leur cellule). La Guesdon vint les y rejoindre. En 1717, sur ces sept prisonnières, il y en avait encore deux en vie. Le 17 août de cette même année, l'intendant informait le duc de Villars : « Monsieur, le commandant du château de Villefranche m'a écrit que, des deux prisonnières d'Etat enfermées il y a trente-six ans, la Guesdon mourut le 15 du courant, qui a laissé 45 livres en argent sur les 8 sols de nourriture par jour de paie ; ladite somme dont elle a chargé sa camarade survivante de prendre ce dont elle avait besoin pour son usage et d'employer le surplus à faire prier Dieu pour elle. C'est un pensionnaire de moins pour le roi et, à commencer du 16 de ce mois, sa subsistance de huit sols par jour sera retranchée du compte de l'Extraordinaire des guerres[37]. La bonne femme avait soixante-seize ans, celle qui reste n'est pas moins vieille; elles étaient dans la même chambre et faisaient chacune sa potée à part. » On imagine ces femmes déguenillées, croupissant dans leur réduit privé de soleil et préparant leur misérable soupe. Celle qui venait de mourir, Anne Hébert, femme Guesdon, épouse d'un laquais qui avait servi chez M. d'Aubray, avait eu le malheur de garder quelque temps chez elle la cassette aux poisons de Sainte-Croix, avant d'être impliquée dans les affaires d'empoisonnement de Maillard. Dans les premiers jours de son emprisonnement à Vincennes, elle avait accouché de jumelles, qu'on avait mises aux Enfants-Trouvés. Le 4 juin 1725, sa compagne, Denise Loyseau, femme du gagne-deniers en foin Chapelain[38], mourut à son tour après avoir vécu quarante et un ans en captivité. Avec elle s'achevait le drame des Poisons.

TROISIÈME PARTIE

UN MYSTÈRE HISTORIQUE

XIV

L'énigme Montespan

La défense de la marquise

Avec la publication au XIXᵉ siècle par l'érudit François Ravaisson des volumineuses *Archives de la Bastille*, l'essentiel des dossiers du procès et des notes de M. de La Reynie fut enfin porté au jour. Malheureusement, les premiers historiens qui se sont penchés sur cette affaire, Ravaisson et Funck-Brentano en tête, ne surent pas bien tirer parti des documents mis à leur disposition. Ils se contentèrent de parcourir rapidement les fastidieux interrogatoires de l'Arsenal, de reproduire les foudroyantes accusations lancées contre Mme de Montespan, sans le moindre esprit critique, sans discuter les textes cités ni soupçonner la bonne foi des accusateurs. Dédaignant les pertinentes remarques déjà faites à l'époque par Colbert et l'avocat Duplessis, ils n'ont pas douté un instant de l'entière culpabilité de la triomphante marquise. Pour eux, il était clair que la célèbre cliente de la Voisin avait fait prendre au roi des philtres luxurieux, avait participé à d'infernales bacchanales accompagnées d'égorgements d'enfants et tenté d'assassiner Mlle de Fontanges et l'amant infidèle.

Au début du XXe siècle, seul contre tous, un chercheur, Jean Lemoine, polémiquant tour à tour avec Funck-Brentano, Victorien Sardou et Armand Praviel, osa s'élever contre la thèse communément admise. Comme venait de le faire Pierre de Ségur pour le maréchal de Luxembourg, il s'acharna à blanchir la Montespan. Son argumentation, solide et serrée, mérite examen, car de nos jours elle a convaincu, au moins partiellement, plus d'un de ses biographes[1].

Jean Lemoine assure d'abord que la favorite, constamment entourée de domestiques et de courtisans empressés, ne pouvait s'absenter de la Cour sans se faire immédiatement remarquer. Le roi avait attaché à son service quatre robustes gardes du corps, chargés de l'accompagner dans ses moindres déplacements. Comment aurait-elle pu, dans ces conditions, se rendre au quartier mal famé de la Villeneuve-sur-Gravois ? Qu'aurait-elle fait de son carrosse, de sa suite et des gens dont il aurait fallu acheter le silence ? Comment enfin ses allées et venues auraient-elles échappé à l'attention du roi, toujours bien informé ? Lemoine cite à l'appui de son propos un passage de l'historien Ernest Lavisse, duquel il ressort que Louis XIV avait à Versailles une nuée d'espions, de laquais soudoyés, postés dans les corridors, les jardins, les cabarets ou les alcôves, qui devaient rapporter fidèlement à son premier valet de chambre les menus échos du jour.

Un autre argument avancé par le défenseur de la marquise est l'extrême piété dans laquelle sa mère l'avait élevée. Le fait est que, jeune dame d'honneur de la reine, Mme de Montespan passait, sinon pour une dévote, du moins pour une femme scrupuleusement attachée aux devoirs de la religion. Devenue maîtresse du roi, elle n'oubliait pas pour autant la pratique chrétienne. « Rien ne lui aurait fait rompre aucun jeûne ni un jour maigre, nous dit Saint-Simon ; elle fit tous les carêmes et avec austérité quant aux jeûnes. » Elle rendait de fréquentes visites à la maison des Filles de Saint-Joseph, cette institution pour orphelines pauvres, où elle devait se retirer et dont elle deviendra la supérieure. Elle y était connue pour ses libéralités et la générosité avec laquelle elle traitait les pensionnaires. En 1676, à Bourbon, elle se signala par une donation considérable aux capucins et à l'hôpital de la ville. Trois ans plus tard, elle faisait cadeau à la princesse d'Harcourt, pour ses étrennes, d'une haire, d'une discipline et d'Heures enrichies de diamants.

De la part d'une femme qui, par ailleurs, affichait publiquement le scandale d'amours doublement adultères, cette attitude avait de quoi surprendre et choquer. Un jour, devant la duchesse d'Uzès, étonnée de ses scrupules, elle ne put s'empêcher de s'exclamer : « Eh quoi, madame, quand on fait un péché, est-ce une raison pour commettre tous les autres ? »

Ce qui semblerait inconcevable aujourd'hui l'était sans doute beaucoup moins à une époque où la religion, à l'exception de saintes âmes, résidait principalement dans le respect des rites extérieurs. Mme de Montespan fut certes une grande pécheresse ; elle n'en demeurait pas moins une chrétienne pieuse et sincère, assez lucide pour avoir conscience de sa faute. Elle n'avait rien d'une débauchée, d'une libertine cynique. Et ce n'est pas parce qu'elle donnait au monde le triste spectacle de ses amours avec le roi que l'on doit systématiquement la charger de tous les crimes. Il y a loin de l'adultère aux messes noires et aux massacres rituels de petits innocents.

L'invraisemblable pacte de Guibourg

A propos de ces cérémonies qui ont si vilainement obscurci les années de gloire du Roi-Soleil, Jean Lemoine a examiné de près les propos amphigouriques de Guibourg. Le 10 octobre 1680, à l'instruction, le prieur avait cité de mémoire le texte d'un pacte trouvé chez la Voisin :

> Il y a cinq ans qu'il a dit une pareille messe chez la Voisin sur la même personne qu'on lui a toujours dit être Mme de Montespan, aux mêmes intentions, et la Delaporte était présente ; et après que tout fut fini, voulant reprendre son manteau sur une chaise, il trouva sur cette chaise un écrit qui devait être la copie d'un pacte, attendu qu'il n'était qu'en papier, où il lut ces termes :
>
> « Je..., fille de..., demande l'amitié du roi et celle de Mgr le dauphin, et qu'elle me soit continuée, que la reine soit stérile, que le roi quitte son lit et sa table pour moi, et que j'obtienne de lui tout ce que je lui demanderai pour moi et mes parents, que mes serviteurs et domestiques lui soient agréables ; chérie et respectée des grands seigneurs, que je puisse être appelée aux conseils du roi et savoir ce qui s'y passe, et avec cette amitié redoublant plus que par le passé, le roi quitte et ne regarde La Vallière, et que, la reine étant répudiée, je puisse épouser le roi. »

Il se trompe certainement en situant la scène « il y a cinq ans », c'est-à-dire en octobre 1675. A cette époque, Mme de Montespan était depuis longtemps la favorite en titre. Elle n'avait rien à redouter de Mlle de La Vallière qui, depuis plus d'un an déjà, priait en silence derrière la clôture des Grandes Carmélites de la rue Saint-Jacques. Si le texte du pacte est exact, sa date doit être plus ancienne. Il faudrait remonter aux années 1667-1668, au cours desquelles les deux femmes se disputaient la première place dans le cœur du roi. On peut alors se demander comment Guibourg, dont on connaît la mémoire déficiente, a pu réciter les termes exacts d'une conjuration, à quelque douze ou treize ans de distance. Jean Lemoine, qui a passé au crible ce texte, en a montré toute l'invraisemblance. Mme de Montespan y sollicitait l'amitié du dauphin. Or, au seul moment où elle pouvait craindre la rivalité de La Vallière, le dauphin était âgé de six ans. Quelle influence aurait pu avoir un si jeune garçon sur le choix des maîtresses de son père ? La marquise désirait également que la reine fût stérile. Pour quelle raison, puisque Marie-Thérèse était déjà mère de plusieurs enfants ? Enfin, Mme de Montespan aurait émis le souhait d'épouser le roi. Encore une invraisemblance : il aurait fallu que le roi répudiât la reine, avec le consentement de l'Eglise, et la marquise son mari ! Ce papier, « digne tout au plus d'une tireuse de cartes de troisième ordre », conclut l'historien, n'a jamais pu être signé par une Mortemart. Guibourg en a tout simplement inventé les termes. Comment le croire, après ce mensonge patent, lorsqu'il assure avoir récité des messes sacrilèges sur le ventre d'une femme « qu'on lui a toujours dit être Mme de Montespan » ?

Contradictions et erreurs

Reprenant les arguments déjà développés par Colbert et Duplessis, les défenseurs de la marquise ont beau jeu de souligner les contradictions relevées dans les interrogatoires des prisonniers, surtout à propos du complot contre le roi et Mlle de Fontanges. Il semble impensable que cette femme intelligente et ambitieuse ait eu des desseins qui allaient à l'encontre de ses propres intérêts.

Mme de Montespan connaissait mieux que personne les caprices royaux, dont elle finissait toujours par triompher. Elle regardait « avec indifférence les infidélités du roi », assure Mme de Caylus dans ses *Souvenirs*. Elle entendait régner sur Louis XIV par l'éclat de son esprit. Ayant supplanté Mlle de La Vallière, écarté quelques autres rivales, pourquoi aurait-elle cherché à user du poison contre une petite provinciale que tous les contemporains s'accordent à décrire comme une fille gauche et sans brio ? N'avait-elle pas plus à redouter de Mme de Maintenon qui avait su insidieusement conquérir la confiance et l'amitié du roi ?

Enfin, qu'aurait-elle gagné à faire mourir Louis XIV dont elle tirait puissance, richesse et gloire, sinon la disgrâce, l'exil et peut-être le couvent ? La disparition de son royal amant aurait marqué la fin de ses ambitions, sous la régence d'une reine qui avait trop souffert de ses humiliations pour tolérer plus longtemps sa présence à la Cour.

Il est frappant de constater qu'après les aveux de la fille Monvoisin, de la Filastre et de Guibourg, le roi ait continué de garder près de lui une femme chargée apparemment de tant de crimes. Que ne l'a-t-il incitée à fuir comme la comtesse de Soissons ? Que ne l'a-t-il bannie comme la duchesse de Bouillon ?

Jean Lemoine démontre qu'après la suspension de la Chambre ardente, Louis XIV, malgré sa liaison avec Mme de Maintenon, traitait encore avec considération son ancienne maîtresse. Le 19 novembre 1680, par exemple, il lui accordait une gratification extraordinaire de 50 000 livres. Son attitude serait-elle explicable s'il n'avait eu la preuve absolue de son innocence ?

Frantz Funck-Brentano, dans son *Drame des Poisons*, a basé une partie de son réquisitoire contre Mme de Montespan sur les singuliers agissements de sa femme de confiance, Claude de Vin des Œillets, maintes fois dénoncée par les accusés comme étant sa commissionnaire. Si la chambrière était coupable, la maîtresse l'était également. Or, tout laisse à penser qu'après la confrontation de Vincennes, accablante pour l'intéressée, la Des Œillets avait été arrêtée à la demande de La Reynie. Dans une lettre publiée au tome VII des *Archives de la Bastille*, Louvois écrivait au lieutenant de police le 22 septembre 1686 :

> Le papier que vous trouverez ci-joint vous fera connaître que la Des Œillets, qui était enfermée par ordre du roi dans l'hôpital général de Tours, y est morte le 8 de ce mois. C'est de quoi j'ai cru qu'il était bon de vous donner avis[2].

De ce texte, on pouvait conclure que Mme de Montespan avait bien été reconnue coupable et qu'à défaut de sévir contre la mère de ses enfants légitimés, le roi s'était acharné sur sa suivante. Comme pour beaucoup de prisonniers qui en savaient trop, on s'était gardé d'achever son procès. On l'avait donc reléguée pour le reste de ses jours dans une silencieuse retraite hospitalière. Ce détail est évidemment d'une grande importance.

L'infatigable chercheur qu'était Lemoine s'est penché sur la vie de Mlle des Œillets, à laquelle il a consacré un de ses ouvrages. Il a découvert – fait insigne – qu'elle ne fut jamais arrêtée, ni enfermée à l'hôpital général de Tours. Elle vécut paisiblement dans son hôtel de la rue Montmartre et dans son petit château de Suisnes, sans être inquiétée par les policiers de Desgrez. Plusieurs actes où figure sa signature prouvent qu'elle jouissait alors d'une complète liberté. Le 10 avril 1687, sentant ses forces l'abandonner, elle fit appeler deux notaires du Châtelet, Mes Lenormand et Chuppin, et leur dicta un testament, auquel elle ajouta un codicille olographe le 25 avril. Elle mourut rue Montmartre le 18 mai 1687. L'inventaire de ses meubles et papiers fut dressé par les soins de Mes Béchet et Chuppin.

La femme morte à l'hôpital général de Tours, le 8 septembre 1686, n'était donc pas la suivante de Mme de Montespan. S'agissait-il d'une homonyme ou d'une de ses parentes ? On sait par la correspondance de Louvois que quatre empoisonneurs, trois hommes et une femme, furent envoyés à cette maison de force. Le 8 décembre 1682, le ministre écrivait à La Reynie : « Vous remettrez à Auzillon les ordres ci-joints pour conduire à l'hôpital général de Tours Martin Bicq, Petit-Charles, la Drodelot et Dalmas. »

Aymée Drodelot était accusée d'avoir fabriqué de la fausse monnaie et d'avoir travaillé avec sa sœur, la Poligny, à l'empoisonnement d'un conseiller du roi, Lescalopier. La Reynie, convaincu qu'elle savait « quelque chose de plus », avait demandé son internement. Pourquoi la Drodelot devint-elle en 1686 sous la plume de Louvois la Des Œillets ? Jean Lemoine suppose que cette femme avait pris à un moment donné ce surnom et qu'il lui était resté. La vérité est plus simple. En consultant la minute originale de la lettre du 22 septembre 1686, conservée au Service historique de la Défense (château de Vincennes), on constate que Ravaisson avait simplement commis une erreur de transcription. C'est bien le nom de Drodelot qui apparaît et non celui de Des Œillets. Cette dernière n'a jamais été enfermée à Tours, et cela constitue un solide argument en faveur de l'innocence de sa maîtresse.

La concertation des prisonniers

Il restait à Jean Lemoine à expliquer pourquoi le nom de la Montespan fut si abondamment cité au cours du procès. La première raison qui vient à l'esprit est d'admettre que les accusés se sont concertés à l'effet d'établir un système commun de défense. Guibourg, Lesage, la fille Voisin, la Filastre, tous criminels de haut vol, savaient parfaitement qu'à l'issue de leur procès, c'était le bûcher ou le gibet qui les attendait place de Grève. Ces canailles avaient donc intérêt à retarder au maximum l'heure du châtiment en multipliant les fausses accusations, en cherchant à compromettre les plus hauts personnages du royaume afin d'embarrasser la justice. Ils y réussirent puisque, après la mise en cause de Mme de Montespan, les principaux criminels échappèrent au supplice. Ce raisonnement, les historiens n'ont pas été les premiers à l'éconcer. Le marquis de Feuquières l'avait déjà avancé à l'époque : « Quelques empoisonneurs et empoisonneuses de profession ont trouvé le moyen d'allonger leur vie en dénonçant de temps en temps un nombre de gens considérables qu'il faut arrêter et dont il faut instruire les procès, ce qui leur donne du temps... »

On vérifia la véracité de ce jugement lors du procès du maréchal de Luxembourg, bassement attaqué par le magicien Lesage et dont l'innocence n'est plus aujourd'hui à démontrer. Les prisonniers, suppose encore Jean Lemoine, se sont imaginé qu'en prononçant le plus souvent possible le nom de Mme de Montespan, les magistrats seraient effrayés et renonceraient à de plus amples investigations. Le nom de la maîtresse royale était comme un « talisman libérateur». Leur absence totale de moralité laisse penser qu'ils étaient fort capables d'une telle imposture.

Il faut aussi admettre qu'ils ont communiqué entre eux à l'insu de leurs gardiens, car il existe dans leurs aveux une cohérence qui ne s'expliquerait pas autrement. Il est de fait qu'à Vincennes la surveillance des captifs ne fut pas des plus rigoureuses. De mystérieux individus firent parvenir à Marie Marguerite Monvoisin la nouvelle de la mort de sa mère. Desgrez, de son côté, saisit à temps dans une «cornette» de la dame de Ronville, détenue au donjon, des lettres destinées à son mari. Il mit également la main sur une correspondance dissimulée dans un tablier de futaine que Mme de Dreux avait fait demander chez elle[3]. A plusieurs reprises, Louvois ordonna au commandant du château de Vincennes, le négligent M. de La Ferronaye, d'être plus vigilant.

La rivalité de deux ministres

La seconde explication des fausses accusations contre Mme de Montespan trouverait sa source dans l'impitoyable rivalité qui opposa Colbert à Louvois. Pour Jean Lemoine, l'affaire des Poisons ne serait qu'un épisode de leur terrible lutte qui sépara la Cour en deux camps, à la grande satisfaction, du reste, de Louis XIV, attaché à diviser pour régner, comme il le reconnaît dans ses *Mémoires*. Saint-Simon et d'autres ont accusé Louvois d'avoir poussé le roi à la guerre à seule fin d'assurer la primauté du département ministériel dont il avait la charge. La campagne de Hollande lui avait permis d'atteindre l'apogée de sa puissance. Ses ennemis étaient morts ou neutralisés.

Turenne avait trouvé une fin héroïque au combat ; le Grand Condé, malade et vieilli, vivait retiré à Chantilly ; le secrétaire d'Etat aux Affaires étrangères, Simon Arnauld de Pomponne, n'allait pas tarder à tomber en disgrâce sous les coups répétés de ses adversaires. Nul ne portait ombrage à sa gloire, hormis le trop prestigieux maréchal de Luxembourg et l'infatigable contrôleur général des Finances. Mais la paix de Nimègue, signée en 1678-1679, avait placé les affaires militaires au second rang des préoccupations royales. Louvois risquait ainsi de perdre la place privilégiée qu'il occupait auprès de son maître depuis plusieurs années. L'affaire des Poisons, qui éclata quelques mois plus tard, survenait à un moment opportun. Louvois s'empara du procès qui, en toute logique, aurait dû revenir à Colbert. Certes, reconnaît Jean Lemoine, il n'a pas inventé de toutes pièces cette sombre affaire, mais il l'a dirigée, canalisée dans le sens de ses intérêts. D'un drame crapuleux relevant de la justice ordinaire du royaume, il a fait une affaire d'Etat, soumise à une juridiction extraordinaire. Afin de justifier ses procédés brutaux, il a inquiété le roi en lui faisant entrevoir d'abominables conjurations ourdies contre sa personne sacrée. Les magistrats instructeurs étaient à son entière dévotion. La Reynie, autrefois du clan Colbert, à qui il devait ses fonctions de lieutenant général de police, était passé depuis longtemps de son côté. Par une « coupable inconscience », il servit le ministre dans ses ambitieux desseins. Bazin de Bezons, le « Judas de l'Assemblée[4] » selon Primi Visconti, était également l'un de ses obligés. La machine judiciaire mise en place dans le courant de l'année 1679 était donc entièrement subordonnée au tout-puissant ministre de la Guerre, dont le père, Michel Le Tellier, avait été par ailleurs nommé quelques mois plus tôt chancelier de France, au sommet par conséquent de la hiérarchie judiciaire. Louvois allait faire mieux encore. Il allait intervenir personnellement dans la procédure, sans respect des règles élémentaires de justice, incitant les prisonniers à dénoncer leurs complices, soufflant les réponses aux plus désemparés. Du moins, c'est ce que prétend Jean Lemoine. L'historien n'en veut pour preuve que les entretiens « si étrangement suggestifs » que Louvois se ménagea avec Lesage et les principaux accusés. N'est-il pas surprenant que la plupart des grands noms cités aient été des ennemis de Louvois et des amis de Colbert : la duchesse de Bouillon, parente de Turenne, la comtesse de Soissons, le maréchal de Luxembourg, sa belle-sœur, la princesse de Tingry, la duchesse de Vivonne, dont le fils avait épousé une Colbert ? Il s'acharnait particulièrement sur Mme de Montespan, devenue l'alliée de Colbert. Le ministre, qui avait le culte du pouvoir, l'avait toujours ménagée du temps de sa faveur. Maintenant qu'elle était en semi-disgrâce, il volait au-devant de la nouvelle maîtresse, Mme de Maintenon. Il n'hésita pas à compromettre « l'altière Vashti » dans un fallacieux complot contre la vie du roi et celle de Mlle de Fontanges. Louvois mentait. La preuve en est qu'en 1682, lorsque le procès sera clos, il avouera au gouverneur de la citadelle de Besançon que Lesage « n'a jamais pu dire un mot de vérité », et à M. de Chauvelin, intendant de Franche-Comté, que les « sottises » avancées par les prisonniers sur Mme de Montespan étaient sans fondement...

Tels sont les principaux arguments permettant à Jean Lemoine et, après lui, aux défenseurs de la marquise d'affirmer que leur protégée fut la victime innocente d'atroces calomnies.

Faut-il innocenter Mme de Montespan ?

A vrai dire, ces arguments sont loin d'avoir tous la même valeur persuasive. Ainsi celui qui affirme que Mme de Montespan ne pouvait pas se rendre chez la Voisin parce qu'elle était continuellement surveillée n'a rien de décisif. Hormis la reine, entourée et protégée jour et nuit, une femme en vue de la Cour trouvait toujours moyen de conserver une part de vie privée et d'échapper pour quelques heures à la surveillance de ceux qui étaient commis à sa garde. Tout ce que l'on sait de la favorite montre d'ailleurs qu'elle avait suffisamment de rouerie pour déjouer les plus vigilants cerbères. S'il est vrai que Louis XIV avait une nuée d'espions parmi la domesticité de son château[5], on conçoit mal qu'il ait fait constamment espionner ses maîtresses et se soit ingénié à connaître leur emploi du temps quotidien par le menu. De plus, à l'époque où l'on situe les premières visites clandestines chez les sorcières, Mme de Montespan n'était pas encore la maîtresse en titre. Elle n'avait par conséquent ni gardes du corps ni escorte. Elle n'en eut qu'à la fin de 1671, lorsqu'elle voulut se protéger des insolences et des audaces de Lauzun[6]. Plus tard, le procès révélera qu'au moment de son triomphe, au moins deux commissionnaires se chargèrent d'assurer la liaison avec le repaire de la Voisin, sa suivante, Mlle des Œillets, et la propre fille de la pythonisse.

Autre argument : Mme de Montespan était fort portée à la dévotion, au point de ne pouvoir s'adonner à de tels sacrilèges. C'est mal connaître la mentalité de ce siècle où mysticisme et démonolâtrie faisaient bon ménage. On croyait ardemment, sans trouble, avec une égale conviction, aussi bien en la Providence divine qu'en la puissance maléfique de Satan. Le sentiment religieux de la moyenne des contemporains se trouvait gâté par de naïves croyances héritées du paganisme et, en dégénérant, pouvait fort bien s'accommoder de répréhensibles pratiques superstitieuses. Le respect de la morale chrétienne n'était pas mieux établi. A la cour licencieuse du Roi-Soleil, on imaginait avec peine qu'être la maîtresse de son souverain fût un péché.

De même, en visitant les devineresses, les nécromants, les marchands de philtres ou les prêtres démoniaques, les dames de la Cour dans leur délire sensuel ne pensaient pas un instant commettre une faute grave. Une ignoble goule comme la Voisin trouvait sa conduite à peine contraire à la foi catholique. Elle avait « de la religion », cette pieuse paroissienne de Notre-Dame-de-Bonne-Nouvelle ! Elle ne manquait jamais une messe, récitait consciencieusement des neuvaines pour ses futures victimes et ondoyait avec recueillement le malheureux petit enfant qu'elle allait abandonner à la lame de Guibourg ! La piété de Mme de Montespan ne l'avait pas empêchée de sombrer dans les dérèglements que l'on sait. Pourquoi se serait-elle arrêtée ? On objectera que le roi n'aurait certainement pas souffert de conserver à ses côtés une criminelle dont les turpitudes avaient éclaboussé son entourage. Le problème, à vrai dire, est mal posé. Pouvait-il agir autrement ? Ce n'est pas certain. En contraignant sa maîtresse à venir s'expliquer devant les commissaires de l'Arsenal ou en répudiant la mère de ses bâtards légitimés, Louis XIV ternissait par contrecoup sa propre gloire et salissait jusqu'aux marches de son trône d'où, pendant plus de dix années, l'impudique sultane avait, avec arrogance, défié l'opinion. L'intérêt du royaume commandait qu'elle ne fût pas soupçonnée.

On peut croire aussi que le roi s'était laissé convaincre par les mémoires de Colbert. Elle avait été calomniée comme l'avaient été avant elle le maréchal de Luxembourg ou la princesse de Tingry. D'ailleurs, à l'heure des ultimes révélations des empoisonneurs, elle était en semi-disgrâce. Dès le 30 avril 1680, Mme de Sévigné nous informe qu'elle « est fort tombée, au point qu'il n'est pas croyable ; le roi ne la regarde pas et vous pensez bien que les courtisans suivent cet exemple ». Le 9 juin, elle ajoutait : « La faveur de Mme de Maintenon croît toujours, celle de Mme de Montespan diminue à vue d'œil. »

Certes, le 19 novembre, le roi lui accorda une gratification extraordinaire de 50 000 livres. Mais il s'agissait sans doute d'une de ces dettes de jeu que le souverain réglait toujours aux courtisans impécunieux. « Louis XIV la tolère à sa Cour, remarque pertinemment Georges Mongrédien, comme il avait toléré Mlle de La Vallière abandonnée, continue à lui faire publiquement des visites de politesse, sauvant la face, mais ne trompant personne sur ses véritables sentiments[7]. »

Elle garda son grand appartement de Versailles, au premier étage, à côté de celui du roi[8], son rang et ses fonctions officielles de surintendante de la maison de la reine. Le souverain la recevait aimablement « mais toujours avec ses courtisans, écrivait l'abbé de Choisy, de peur qu'on le soupçonnât des chaînes rompues depuis plusieurs années ».

Bientôt, elle allait subir dans son indomptable orgueil les humiliations qu'avait endurées avant elle Louise de La Vallière. Le roi espaça puis supprima ses visites d'amitié. Elle ne figura plus sur les listes d'invitation aux fêtes et aux cérémonies officielles. On lui enleva jusqu'à la garde et l'éducation de ses enfants. En 1683, elle était absente le jour où l'on présenta au roi son seul fils légitime, le duc d'Antin. En 1685, elle dut céder son appartement de Versailles pour un autre, resplendissant sans doute, l'appartement des Bains, mais situé au rez-de-chaussée[9]. En 1692, on ne la vit point paraître au mariage de son fils le duc du Maine avec la petite-fille du Grand Condé, ni à celui de sa fille, Mlle de Blois, avec Philippe duc de Chartres. A cette date, elle venait de quitter « en furie et en larmes », note Saint-Simon, un monde auquel elle s'était désespérément accrochée. Enfin convertie, elle consacrera les dernières années de sa vie à expier ses péchés par la prière, le jeûne, les macérations et mortifications volontaires. En 1707, elle mourra en odeur de sainteté, dans l'indifférence générale, à Bourbon-l'Archambault.

Plus troublantes sont les grossières erreurs relevées dans le prétendu pacte de Guibourg. La liberté laissée à Mlle des Œillets après son interrogatoire de Vincennes est déconcertante. Si l'on n'a pas sévi contre elle, est-ce parce qu'elle fut reconnue innocente ? On verra plus loin ce qu'il faut en penser. On admettra que, sur ce terrain, les défenseurs de la marquise ont marqué des points. En revanche, on restera plus réservé sur les raisons pour lesquelles Mme de Montespan se serait trouvée involontairement mêlée à l'affaire des Poisons.

L'argument, selon lequel les prisonniers de Vincennes ont pu à loisir bâtir un système commun de défense, a le mérite de fournir une explication globale de la relative cohérence de leurs accusations. Mais, s'il ne fait aucun doute que les prisonniers ont eu des intelligences avec des complices en liberté, on n'a jamais prouvé qu'ils se soient concertés à l'intérieur de leur prison, contrairement à la Conciergerie où la demoiselle de La Grange et son amant le curé Nail avaient pu correspondre. D'ailleurs, dès qu'il eut écho du relâchement de la surveillance à Vincennes, Louvois prit des mesures draconiennes pour renforcer la garde. La responsabilité des détenus fut pour ainsi dire soustraite au commandant du château, M. de La Ferronaye. Le 16 juillet 1680, le ministre nomma deux «officiers de sauvegarde» spécialement affectés à cette tâche et, en août, ordonna au capitaine-exempt Desgrez de déplacer les gardes en qui il n'avait pas entière confiance.

Cependant, plusieurs faits qui n'ont pas été soulignés par les historiens interdisent d'admettre en son entier la thèse de Jean Lemoine. Tout d'abord, les révélations des prisonniers n'intervinrent que de façon progressive. La Bosse parla la première de Mme de Montespan au cours de la question. Mais n'ayant point d'ordre, les magistrats ne poursuivirent pas l'interrogatoire sur ce sujet délicat. Une autre prisonnière, Mme de Ronville, la cite également : «Il y a un acte de la Ronville qui parle de Mme de Montespan», lit-on dans une note inédite de La Reynie. L'acte a malheureusement disparu. De son côté, la Voisin témoigna en privé de son inquiétude d'être questionnée sur ses allées et venues à Saint-Germain. Lesage, à mots couverts, fit comprendre qu'il s'était éloigné de sa commère parce qu'elle entretenait de dangereux commerces à la Cour. Marie Marguerite Monvoisin ne fit sa confession générale qu'après bien des hésitations et une tentative manquée de suicide. La Filastre mit également du temps avant de s'abandonner aux confidences. Les propos de ces deux femmes sont parfaitement corroborés par les aveux criminels de Guibourg qui, eux aussi, n'intervinrent pas immédiatement. Donc, si les prisonniers avaient décidé d'un commun accord de compromettre Mme de Montespan, ils auraient tous en même temps récité leur rôle sans aucune habileté et surtout sans avoir l'idée de doser ou d'étaler leur fable sur des mois. Les accusés de la Chambre ardente ne se mirent à parler qu'avec bien des réticences.

On vient de voir qu'à partir du 16 juillet 1680, la surveillance des détenus fut considérablement renforcée. Après cette date, on doit tenir pour douteuse toute communication prolongée entre eux. Or, c'est précisément à la fin de juillet et dans le courant d'août de cette même année que la fille Monvoisin se décida à révéler les crimes de sa mère. Ses foudroyantes dépositions sont des 13, 17 et 20 août. Les assertions maladroites de la Trianon sur les horoscopes de la Voisin remontent à la même époque. La Filastre, Madeleine Chappelain, Galet, le lieutenant de La Frasse ne racontent leur ténébreuse histoire qu'au mois d'octobre, pendant la suspension de la commission de l'Arsenal. Un simple coup d'œil sur la chronologie suffit ainsi à montrer la fragilité de l'hypothèse d'un plan concerté. Si l'on examine en détail les procès-verbaux de leurs interrogatoires, on s'aperçoit que les prisonniers, loin de débiter banalement la même antienne, donnent chacun leur propre version de faits dont ils disent avoir été témoins. C'est seulement en confrontant l'ensemble de leurs déclarations que l'on peut établir des recoupements et des rapprochements révélateurs. Telle est d'ailleurs la conclusion de La Reynie :

> Guibourg et la fille Voisin se sont rencontrés l'un et l'autre sur des circonstances si particulières et si horribles qu'il est difficile de concevoir que deux personnes aient pu les imaginer ou les forger toutes semblables à l'insu l'une de l'autre. Il faut, *ce semble*, que ces choses aient été pour être dites[10].

Quant à faire de Louvois le *deus ex machina* de toute l'affaire, il ne saurait en être question. Ce n'est pas trop s'avancer que de reconnaître que le bouillant secrétaire d'Etat à la Guerre a profité du procès pour régler ses comptes avec plusieurs de ses ennemis. Il a pris visiblement un malin plaisir à enfoncer la comtesse de Soissons, la duchesse de Bouillon et le maréchal de Luxembourg. Mais de là à prétendre qu'il a intégralement falsifié l'instruction et soufflé aux prisonniers d'infâmes calomnies contre la favorite, il y a loin. Rien dans son attitude ne permet de supposer qu'il ait voulu perdre la maîtresse du roi. On a tiré argument de sa lettre du 16 décembre 1682 à M. de Chauvelin, dans laquelle il avouait textuellement que toutes ces «sottises» étaient sans fondement. Mais à vrai dire, que la marquise fût ou non coupable, pouvait-il écrire autre chose à un subordonné qui devait ignorer ce qu'il s'était passé dans les cachots de Vincennes et de la Bastille?

En définitive, on retiendra que les apologistes de la Montespan ne sont pas parvenus à établir de façon formelle la preuve de son innocence. Pour insuffisantes qu'elles soient, leurs critiques ont le mérite de démontrer que les déclarations des accusés ne peuvent être acceptées sans réserve. Il est évident par exemple que Guibourg a commis de fâcheuses erreurs dans le texte de son pacte. Rien ne prouve que les accusés eux aussi n'aient pas fait des confusions, des erreurs d'interprétation ou de mémoire. Il y a bien une énigme Montespan. C'est cette énigme, âprement discutée, qu'il faut maintenant tenter de résoudre.

XV

Louis XIV
et Madame de Montespan

Athénaïs

De l'avis unanime de ses contemporains, Mme de Montespan était une divinité, une éblouissante beauté qui attirait irrésistiblement les regards, forçait l'admiration. « Elle était belle comme le jour », avouait Saint-Simon. Elle « avait un éclat extraordinaire », reconnaissait la princesse Palatine. « Sa beauté est extrême », renchérissait Mme de Sévigné : des flots de cheveux blonds tombant en grappes mousseuses, de grands yeux couleur azur, des sourcils châtain clair, un nez aquilin finement dessiné, une bouche petite et vermeille et, par-dessus tout, un sourire charmeur.

Les parures venaient rehausser sa splendeur. Mme de Sévigné nous a laissé la description d'un costume « d'or sur or, rebrodé d'or, rebordé d'or et par-dessus un or frisé, rebroché d'un or mêlé avec un certain or qui fait la plus divine étoffe qu'on ait jamais été imaginer : ce sont les fées qui ont fait en secret cet ouvrage ». Un autre jour, elle était apparue « habillée de point de France, coiffée de mille boucles, les tempes lui tombant fort bas sur les deux joues ; des rubans noirs sur la tête, les perles de la maréchale de

L'Hôpital, embellies de boucles et de pendeloques». Il était impossible, reconnaissaient les mémorialistes, d'avoir une aisance si grande dans la conversation, qui rendait sa compagnie attachante et délicieuse. Elle était à la fois naïve et provocante. Tour à tour capricieuse, spirituelle, ensorcelante, elle charmait par un esprit élégant fait de vivacité primesautière et de cruelle raillerie. C'était ce qu'on appelait «l'esprit des Mortemart».

Née en octobre 1640 en Poitou, à Lussac-les-Châteaux, Françoise de Rochechouart de Mortemart appartenait à l'une des plus vieilles familles de France dont la fière devise défiant les siècles était : *Ante mare undae* («Avant que la mer fût au monde, Rochechouart portait les ondes»). Elle était fille de Gabriel, duc de Mortemart, premier gentilhomme de la Chambre du roi, et de sa femme, Diane de Grandseigne de Marsillac, dame d'honneur d'Anne d'Autriche. Après quelques années passées au couvent Sainte-Marie de Saintes, où, entre les travaux d'aiguille et les leçons de morale, on lui avait appris des rudiments de lecture et calcul, la jeune pensionnaire fit son entrée à la Cour. A la prière de sa mère, elle fut nommée demoiselle d'honneur de la nouvelle reine, Marie-Thérèse d'Autriche, épouse de Louis XIV. Elle portait alors le nom de princesse de Tonnay-Charente, titre de complaisance appartenant à la famille mais ne lui donnant aucune préséance sur la haute noblesse titrée.

En compagnie de la demoiselle d'honneur de Madame, Louise de La Vallière, de quatre ans plus jeune, dont elle devint l'amie, elle s'abandonna au tourbillon effréné des plaisirs. Elle dansait le ballet jusqu'à minuit – ces ballets peuplés de pastoureaux, bergerettes et amazones enrubannées –, assistait à la féerie des carrousels, s'étourdissait dans les fêtes galantes, goûtait les promenades musicales sur l'eau. Les poètes la célébraient comme une jeune fille « aussi charmante que sage », douce, modeste. Sa grâce angélique n'avait alors ni la voluptueuse langueur ni l'orgueil dominateur du triomphe et de l'âge mûr. De sa mère, elle avait hérité une piété ardente et de son père, un certain goût de l'aventure et de la galanterie. Il semble que, toute sa vie, ces deux tendances se soient combattues en elle.

Bientôt, les gentilshommes la courtisèrent. Le comte de Frontenac et le marquis de Noirmoutier soupiraient après elle. Le vaniteux Péguilin, futur comte de Lauzun, laissait courir le bruit – faux – qu'elle ne lui était point « cruelle ». Ses parents s'inquiétèrent. Ils estimaient qu'il était grand temps de la marier.

Noirmoutier, jeune homme bien né, beau et téméraire, fut agréé comme fiancé. Malheureusement, il fut blessé dans un duel mettant aux prises huit bretteurs impénitents qui s'étaient donné rendez-vous un matin de janvier 1663 au Pré-aux-Clercs, feutre sombre sur la tête et plumes au vent. Pour échapper aux archers du guet et à la police royale, il avait fui au Portugal. Un de ses seconds, Henri de Pardaillan, marquis d'Antin, avait été tué. Le frère de celui-ci, Louis Henri de Pardaillan de Gondrin, marquis de Montespan, fut prompt à vouloir consoler la jeune fille qui venait de perdre son promis. En moins de huit jours, elle tomba amoureuse de ce hardi cadet de Gascogne, vif et beau parleur. Le 28 janvier 1663, la dotant de 150 000 livres, le contrat de mariage fut signé. On parla de mésalliance. Certes, les Montespan étaient de vieille et honorable souche, descendant de ces seigneurs de Mont-Espaing ou Mont-Espagne, eux-mêmes héritiers des puissantes maisons de Comminges et de Foix. Certes, le père du fiancé était chevalier de l'Ordre, conseiller d'Etat, sénéchal et gouverneur pour le roi du pays de Bigorre. Mais, comparés à l'illustre lignage des Rochechouart, ils faisaient figure de petits seigneurs sans sol ni maille. La sœur aînée de la mariée, la prétentieuse Gabrielle de Rochechouart, marquise de Thianges, ne plaçait-elle pas sa famille sur un pied d'égalité avec les La Rochefoucauld, reléguant loin derrière les Capétiens ?

Contrairement à l'usage lorsqu'il s'agissait d'une personne en vue à la Cour, le contrat de mariage ne fut signé ni du roi, ni de Monsieur, ni d'Anne d'Autriche. C'est que l'oncle du fiancé, Louis Henri de Gondrin, archevêque de Sens, personnage austère et outrancier, passait pour l'un des chefs de file du jansénisme. Personne n'avait voulu apposer son nom à côté de celui de ce prélat sentant le fagot !

Pour la nouvelle Mme de Montespan, le mariage était, comme le dit Bussy-Rabutin, un moyen de « prendre l'essor ». Elle fréquenta le milieu précieux de l'hôtel d'Albret, rue des Francs-Bourgeois, où se bousculaient fins lettrés, ciseleurs d'épigrammes, poètes galants et abbés mondains du Tout-Paris de l'époque. C'est là qu'elle troqua le prénom de Françoise contre celui d'Athénaïste, transformé en Athénaïs. Elle était de toutes les réceptions, de tous les bals, de toutes les fêtes de la Cour, notamment des fameux *Plaisirs de l'île enchantée* représentés au petit château de Versailles que Louis XIV avait hérité de son père. Là, du 7 au 14 mai 1664, s'étaient succédé ballets, courses de bague, joutes de cavalerie, promenades, loteries, festins et feux d'artifice, dans un déploiement de costumes, de décors et de machineries baroques. L'héroïne secrète de ces réjouissances, dont le thème principal était inspiré du *Roland furieux* de l'Arioste, était la compagne d'Athénaïs, cette Louise de La Vallière dont le galant monarque était l'amant heureux et comblé.

Passé ces moments féeriques, elle retrouvait non sans tristesse son médiocre logement conjugal, rue Taranne, près de Saint-Germain-des-Prés. Elle était déçue de son mari, Gascon impécunieux, joueur et dépensier, qui commençait à accumuler les dettes chez les marchands du Pont-au-Change et les plumassiers du pont Notre-Dame, sous prétexte de s'équiper pour l'armée et de partir combattre les Barbaresques en Alger. Les créanciers en appelaient au Châtelet de Paris. Pour les désintéresser, il fallait emprunter de nouveau, d'autant que la jeune marquise, pour tenir dignement son rang à la Cour, devait faire bonne figure et s'acheter de dispendieuses toilettes. Bref, le ménage était aux abois. Au retour de l'expédition de Djidjelli, à laquelle son mari avait participé, elle eut l'humiliation de mettre en gage une partie de ses bijoux.

La favorite

Malgré ses succès, la conduite d'Athénaïs demeurait irréprochable. Les jolis cœurs avaient beau s'enamourer d'elle, le comte de Saint-Paul, le marquis de La Fare, elle n'en avait cure. On l'entendait blâmer, au contraire, la conduite de Mlle de La Vallière : « Si j'étais assez malheureuse pour que pareille chose m'arrivât, je me cacherais pour le reste de ma vie ! »

Pourtant, l'humeur toujours gaie, elle minaudait, brillait par ses saillies malicieuses, son ironie pétillante, ses moqueries parfois cruelles des travers des courtisans. Elle avait gagné l'estime et l'affection de la naïve Marie-Thérèse, dont elle fut nommée dame d'honneur grâce au crédit de son frère, Louis Victor de Rochechouart, comte de Vivonne, qui avait été l'un des enfants d'honneur du petit Louis XIV. Puis elle avait déployé son charme à séduire le souverain lui-même, qui résista à cette attaque en règle. « Elle fait ce qu'elle peut, confia-t-il un jour à son frère, mais moi, je n'en veux pas. » Elle s'était fixé un but : supplanter La Vallière, non pas en se glissant dans le lit du monarque, mais en conquérant son esprit. « Loin d'être née débauchée, observait Mme de Caylus, le caractère de Mme de Montespan était éloigné de la galanterie et porté à la vertu. Son projet avait été de gouverner le roi par l'ascendant de son esprit : elle s'était flattée d'être maîtresse non seulement de son propre goût, mais de la passion du roi. Elle croyait qu'elle lui ferait toujours désirer ce qu'elle avait résolu de ne lui pas accorder. » Louis n'allait pas tarder à succomber.

Les signes avant-coureurs de sa faveur remontent à la fin de l'année 1666. Le 5 novembre, le duc d'Enghien en informait la reine de Pologne : « On veut dire à la Cour qu'il (*le roi*) songe un peu à Mme de Montespan et, pour dire la vérité, elle le mériterait bien, car on ne peut avoir plus d'esprit, ni plus de beauté qu'elle en a. » Au mois de janvier suivant, le doute n'était plus permis : le roi, délaissant la douce Tourangelle, était tombé amoureux de la marquise. Au cours du *Ballet des Muses* représenté à Saint-Germain, les deux femmes interprétèrent le rôle de tendres bergères et Louis entre elles joua celui du galant berger ! En mai, Louise fut créée duchesse de Vaujours et sa fille Marie Anne fut légitimée. C'était une aimable manière de donner congé à quelqu'un qui ne plaisait plus. A nouveau enceinte, elle était de surcroît priée de rester à Versailles, tandis que son amant allait rejoindre l'armée.

Athénaïs se sentit-elle en danger, près de céder ? Elle demanda à son mari de l'éloigner pour quelque temps de la Cour. « Elle le pressa, écrit Saint-Simon, elle le conjura avec la plus forte insistance de l'emmener dans ses terres de Gascogne et de l'y laisser jusqu'à ce que le roi l'eût oubliée et se fût engagé ailleurs.» Mais Montespan, trop confiant, ne vit rien, ne comprit rien et refusa de modifier ses plans. Il partit seul lever une compagnie qui devait servir à la frontière des Pyrénées.

La guerre en effet venait d'éclater. Louis XIV entreprenait la conquête des Pays-Bas espagnols. Mme de Montespan se résigna à suivre la Cour. A Compiègne, pendant la campagne des Flandres, alors que cette pauvre délaissée de Louise faisait rouler son carrosse à travers champs pour rejoindre son amant, au grand scandale de Marie-Thérèse, elle s'était encore exclamée : «Dieu me garde d'être la maîtresse du roi ! Mais si je l'étais, je serais bien honteuse devant la reine ! »

A l'étape suivante pourtant, à Avesnes, durant la semaine du 9 au 14 juin, Louis entra dans sa chambre déguisé en garde suisse... pour n'en ressortir qu'au petit matin. Mme de Montausier, première dame d'honneur de la reine, avait favorisé leur rencontre.

A son habitude, Marie-Thérèse ne s'aperçut de rien. Un jour, au dîner, elle se plaignit à son mari qu'il n'était venu se coucher qu'à 4 heures du matin. «Je lis les dépêches, Madame, et j'y réponds», répliqua-t-il d'un ton légèrement embarrassé. «Mais vous pourriez prendre une autre heure ! », se récria-t-elle, chagrinée. La Grande Mademoiselle, qui relate la scène dans ses *Mémoires*, ajoute que le roi tourna la tête de son côté afin de cacher son sourire, tandis que les assistants, par discrétion, fixaient le fond de leur assiette... Ainsi naquit la nouvelle et ruineuse passion du Roi-Soleil.

Pendant ce temps, le mari, franc buveur, joueur enragé et grand trousseur de cotillon, menait dans le Midi la vie joyeuse des camps. C'étaient les gaietés de l'escadron.

N'avait-il pas séduit une jeune Perpignanaise qu'il cachait dans sa compagnie, « vêtue en habit de garçon » ?

Malgré l'erreur qu'il avait commise de ne pas emmener sa femme, ce n'était pas pour autant un époux commode et complaisant. Ce bouillant Gascon, d'un naturel irascible, n'avait pas la résignation que le sieur Jean-Baptiste Poquelin prêtait à son Amphitryon :

> Un partage avec Jupiter
> N'a rien du tout qui déshonore.
> Et sans doute, il ne peut être que glorieux
> De se voir le rival du souverain des dieux.

Quelques mois plus tard, en septembre 1668, à son retour, lorsqu'il apprit la liaison, il arriva en furie au château de Saint-Germain, hurlant, vomissant mille imprécations, disant pis que pendre de sa femme, couvrant d'injures Mme de Montausier, l'entremetteuse, et menaçant le roi de la vengeance du ciel. La Cour en fit des gorges chaudes, brocardant cet Alceste grincheux qui prétendait défendre l'honneur conjugal, le prenant pour un extravagant trublion, un hurluberlu ridicule, à la cervelle échauffée par le soleil du Midi ! « J'ai vu votre mari à Paris, dit la Grande Mademoiselle à Mme de Montespan, je l'ai fort grondé et lui ai dit que, s'il ne se taisait, il mériterait qu'on le fît enfermer. » La marquise, enceinte du roi, était à la fois consternée et effrayée. « Je sais, répondit-elle ; il est ici qui fait des contes à la Cour ; je suis honteuse de voir que mon perroquet et lui amusent la canaille. »

L'impertinent fut enfermé au For-L'Evêque, puis, de là, exilé en Guyenne sur les terres de son père. Loin de s'assagir, il multiplia les gasconnades. Il demanda à entrer dans son château de Bonnesson par la grande porte et non par la petite, comme à son habitude, à cause, disait-il, de la hauteur de ses cornes ! Puis il convoqua ses parents et amis pour leur annoncer la mort de sa femme et les convier à un service funèbre dans sa chapelle.

Enfin, il se résigna à regagner l'armée. Mettant à profit une de ses aventures galantes, au cours de laquelle un malheureux sous-bayle de Perpignan avait été rossé par les soldats du marquis, Louvois recommanda à l'intendant de Roussillon de « ruiner sa compagnie » et de la faire casser « avec apparence de justice ». En servile courtisan, il ajoutait : « Vous en devinerez assez les raisons pour peu que vous soyez informé de ce qui se passe dans ce pays-ci. » Le capitaine de Montespan n'eut d'autre ressource que de s'enfuir en Espagne.

Une demande en séparation de corps et biens fut introduite au Châtelet par sa femme, avec l'appui de son royal amant. Les magistrats firent d'abord la sourde oreille et refusèrent d'accéder à cette requête. Mais le président de Novion fut alléché par la perspective de recevoir les Sceaux. Le 7 juillet 1674, la déshonorante sentence de séparation était prononcée aux dépens du marquis, accusé d'avoir dissipé les biens de la communauté et de s'être livré à des sévices sur son épouse.

Il faut le reconnaître, Louis XIV n'avait pas eu le beau rôle. Oubliant ses devoirs d'époux et de souverain, il s'était comporté sans vergogne comme un amant égoïste.

Les impiétés de 1666-1668

Mais que dire de la conduite de la marquise ? Dès 1666, en effet, il est avéré qu'elle était en relation avec la Voisin.

Elle consultait également ses deux acolytes, Lesage et Mariette, qu'elle continua de fréquenter lorsqu'ils se brouillèrent avec la devineresse. Les dépositions irréfutables des deux coupables, dépositions soustraites au dossier et conservées par La Reynie, témoignent de ces premières diableries.

C'est à la demande de la marquise qu'au début de 1668 Mariette et Lesage vinrent au château de Saint-Germain, dans l'appartement de sa sœur, Mme de Thianges. Là, Mariette revêtit son surplis et son étole, fit des aspersions d'eau bénite et récita l'Evangile des Rois sur la tête de la belle Athénaïs. Pendant ce temps, Lesage faisait brûler de l'encens. Puis Mme de Montespan se mit à lire une conjuration rédigée par Lesage, visant à obtenir les bonnes grâces du roi et la mort de Mlle de La Vallière. Mariette contestera que le sortilège eût pour but sa mort ; il ne s'agissait que de son éloignement[1]. C'est bien possible.

Avant de quitter le château, les deux compères reçurent les cœurs de deux pigeons récemment égorgés sur lesquels ils acceptèrent de faire de nouvelles invocations magiques. Quelques jours plus tard, la marquise se rendit incognito à l'église Saint-Séverin où Mariette dit la messe. A l'élévation, il glissa sous le calice les deux cœurs de pigeon symbolisant ceux du roi et de Mme de Montespan. Après l'office, les trois conjurés allèrent dans la chambre de Mariette et répétèrent à plusieurs reprises les mêmes cérémonies qu'à Saint-Germain. Lesage ajouta qu'ils firent quelque incantation maléfique avec des os de mort, toujours pour faire périr La Vallière, ce que Mariette nia encore.

Les deux hommes mirent les cœurs des pigeons, le texte du pacte et de l'Evangile des Rois, quelques versets d'une hymne, une petite étoile et une hostie consacrée dans une boîte de vermeil qui fut apportée à la marquise pour répéter la conjuration « en son particulier ».

Quelques jours plus tard, celle-ci se rendit au logis de Lesage, chez la femme Duverger, où les deux coquins chantèrent le *Veni Creator* sur sa tête.

La marquise n'était pas seule à briguer la place de La Vallière. Selon Lesage, la comtesse de Soissons, la comtesse du Roure, la vicomtesse de Polignac « cherchaient à faire des pactes pour détrôner Mlle de La Vallière hors d'auprès du roi », d'autres encore de moindre condition. Ainsi, la Duverger, rapporte Primi Visconti dans ses *Mémoires*, « sacrifiait tout pour être aimée du roi, qu'elle ne voyait pas parce qu'elle était bourgeoise de Paris. Lesage lui tira beaucoup d'argent, sous prétexte de lui faire un habit riche qu'elle porterait dans une cérémonie au cours de laquelle elle remettrait une supplique dont l'écriture le rendrait amoureux passionné d'elle[2] ». Il était déjà question d'un placet « accommodé » qui devait capturer le cœur du roi. Ce placet fut effectivement présenté au souverain qui, dit-on, « en aurait eu mal à la tête[3] ».

Ce dernier fait, qui constituait un crime de lèse-majesté, resta ignoré jusqu'à ce que, au printemps de 1668, on arrêtât, sur dénonciation de la Voisin, Mariette et son complice Lesage, alors appelé Dubuisson. Interrogé au Châtelet, le 30 juin, Mariette avoua les cérémonies maléfiques commanditées par Mme de Montespan :

— A qui il a dit des Evangiles sur la tête ?

— Il en a dit sur la tête de Mme de Baugy, sur Mme de Montespan, à la Duverger, à M. de Raffetot, toutes lesquelles personnes Lesage a menées chez lui.

— Pourquoi disait-il les Evangiles dans sa chambre ?

— Dubuisson lui faisait entendre qu'il était inutile

d'aller dans l'église pour cela, et que l'Evangile dit par un prêtre avait le même effet en quelque lieu que ce fût.

— S'il n'avait pas une étole et un surplis ?

— Oui[4].

Cette déposition, faite quelque douze années avant le scandale des Poisons, accable Athénaïs. Il n'est plus possible de croire à sa complète innocence ; pour quelle raison en effet Mariette aurait-il menti en accusant une femme qui n'était pas encore devenue la favorite officielle ? L'affaire fut étouffée, et le roi, très vraisemblablement, ne fut pas mis au courant. Pour bonne justice, le dossier fut transmis à la chambre criminelle du Parlement. Dans un second interrogatoire, le 26 septembre 1668, Mariette et Lesage ne soufflèrent mot de Mme de Montespan qui, pendant ce temps, à la Cour, devait être morte d'inquiétude. L'explication en est simple : le président de la Tournelle, chargé d'instruire le procès, n'était autre que Henri de Mesmes, père de Mme de Vivonne, la propre belle-sœur de la marquise. On leur promit sans doute la bienveillance du tribunal en échange de leur discrétion. Tous deux furent en effet condamnés à des peines relativement légères, Mariette au bannissement et Lesage à quelques années de galères.

On doit à La Reynie d'avoir retrouvé le premier interrogatoire du Châtelet qui établit de façon formelle les relations de la maîtresse du roi avec les empoisonneurs. On notera d'ailleurs que les partisans acharnés de la marquise se gardent bien de faire état de ce document. Duplessis et Colbert ne parlent dans leurs mémoires ni de Lesage, ni de l'abbé Mariette, ni du procès de 1668. Or, une note inédite de la main de Colbert, tirée des archives de Chevreuse par Mme Inès Murat, révèle que celui-ci était au courant.

Le fait qu'il l'ait tu dans le document officiel remis au roi prouve son embarras[5].

La confirmation de 1680

Douze ans plus tard, en 1680, le lieutenant général de police interrogea séparément les deux prisonniers à ce sujet et obtint une entière confirmation.

Il est « établi, note-t-il, qu'en l'année 1668, Mariette était dans le commerce de la Voisin et de Lesage, qu'il a reconnu dès ce temps-là que Lesage l'a obligé de dire l'Evangile des Rois dans sa chambre et chez la Duverger et sur la tête de quelques personnes que Lesage lui a menées et entre autres Mme de Montespan ».

Dans un de ses mémoires, Lesage confirma qu'il se rendit chez Mme de Thianges, à la requête de Mme de Montespan qui « demandait de devenir la maîtresse du roi, que c'était pour cela les Evangiles et les conjurations à la messe du roi ».

Le 15 novembre 1680, il revint encore sur les pratiques de magie de l'hiver 1667-1668 :

> Il fit des conjurations sur un paquet d'herbes que lui remit la Voisin. C'étaient des herbes pour faire un charme, pour l'amour et pour le roi, et c'était pour faire aimer, et il dit à la Voisin qu'il fallait que la personne pour qui elles étaient portât les herbes ou poudres sur elle, et qu'elles feraient indubitablement leur effet. Ce qui a été fait sur cela a été commun et de concert entre eux, et ce fut les premières choses qu'ils firent ensemble lorsqu'il fut à Paris, chez la Voisin, dans les derniers jours de l'année 1667 et au commencement de 1668. Mariette y avait aussi fait de sa

part des conjurations et avait mis le paquet sous le calice en disant la messe.

La Reynie remarque que ces agissements sont d'une « grande considération » car « cela a été fait en temps non suspect[6] ». Il écrit encore :

> Lorsque j'ai interrogé sur cela les deux complices qui restent, ils ont dit séparément que le dessein était de parvenir aux bonnes grâces du roi. *L'un et l'autre connaissent Mme de Montespan, ils l'ont vue et lui ont parlé plusieurs fois et, sur cela, on pourrait dire qu'entre tous les faits particuliers il n'y en a aucun autre qui ait plus d'apparence de vérité, et si ce fait était véritable, peut-être serait-il lui-même une des plus fortes conjectures et des plus grandes présomptions de la vérité à l'égard de Mme de Montespan des autres faits particuliers qui ont précédé et qui ont suivi*[7].

Malgré le ton dubitatif de ce texte, La Reynie était intimement convaincu de la culpabilité de la maîtresse du roi, mais, prudent, ne pouvait l'écrire noir sur blanc.

On peut donc conclure que, dès les années 1666 1668, la marquise de Montespan fréquentait assidûment la Voisin, Mariette et Lesage. Pour obtenir l'amour du roi, l'éloignement, ou peut-être même la mort de sa rivale, elle s'était livrée à des sortilèges, s'était fait lire des passages des Evangiles sur sa tête, avait assisté à des messes sacrilèges chez la Duverger et dans l'appartement de sa sœur, au château de Saint-Germain. Elle n'avait pas hésité à réciter des conjurations diaboliques dans l'espoir de satisfaire ses grandes ambitions ; elle avait reçu de Mariette et Lesage des herbes, des poudres, des cœurs de pigeon passés sous le calice pendant la messe. Comme le dit La Reynie, ces faits constituent de fortes présomptions pour les autres accusations.

Le mystère des messes noires

Les premières messes noires pour le compte d'Athénaïs datent de la même époque. Elles furent célébrées par l'abbé Guibourg au château de Villebouzin, au hameau du Mesnil, près de Montlhéry. Elles avaient été commandées par un sieur de Saint-Maurice, gentilhomme de l'archevêque de Sens, et un nommé Leroy, gouverneur des pages de la Petite Ecurie, moyennant 50 pistoles et un bénéfice de 2 000 livres[8]. Au cours du rite sacrilège un petit enfant avait été sauvagement égorgé. La femme sur qui la messe du Mesnil fut dite était-elle Mme de Montespan, ou une autre personne l'aurait-elle représentée ? On ne le saura jamais. L'inconnue livrée ainsi aux regards lubriques du prieur avait, dit-on, « les coiffes rabattues qui lui cachaient le visage et la moitié des seins ».

« On voudrait croire qu'il y eut substitution », écrit l'historien Jules Lair. Il arrivait en effet que les commanditaires se fissent remplacer. La Voisin joua ainsi les doublures. Une des suivantes de la marquise – Mlle des Œillets par exemple qui entra à son service vers 1668-1669 – a-t-elle emprunté son nom, avec ou sans son consentement ? On ne sait. Les dysfonctionnements du procès ne permettent pas aujourd'hui de faire la lumière sur ce point.

Mais comment douter, malgré les bafouillages de Guibourg, de la réalité de ces macabres cérémonies ? Pour quelle raison les aurait-il inventées, aggravant ainsi les charges déjà relevées contre lui ? Sa maîtresse, la Chanfrain, a reconnu qu'il avait fait en ce temps-là « quelque chose d'extraordinaire» à une messe dite au Mesnil. Les offices célébrés ultérieurement pour Mme de Montespan sont attestés par la fille Monvoisin et la Filastre. Et La Reynie de conclure :

> Impossible moralement que Guibourg ait trompé en faisant sa déclaration et qu'il ait inventé ce qu'il a dit du pacte, c'est-à-dire de la conjuration qui était dite au cours des messes sur le ventre. Il n'a pas l'esprit assez appliqué, ni assez de suite pour une méditation telle que celle qu'il lui aurait fallu faire pour trouver à dire ce qu'il a dit sur ce sujet, parce que, quand il serait capable d'une telle application, il n'a pas assez de connaissance des nouvelles du monde sur le fait de Mme de Montespan.

Comment expliquer les contradictions relevées par Jean Lemoine dans le texte de cette fameuse conjuration ? Il ressort clairement des déclarations des accusés que plusieurs messes noires furent célébrées à différentes époques. La première série de trois messes, dites à Villebouzin, à Saint-Denis puis à Paris, remonte vraisemblablement à l'hiver 1667-1668, peut-être même à l'année précédente. Les autres eurent lieu entre 1675 et 1677. Il est certain que les intentions de ces messes varièrent. Les conjurations furent donc modifiées à plusieurs reprises. Partant de là, on peut admettre que Guibourg, accoutumé à mélanger les lieux et les temps, a tout simplement fondu en un seul texte des phrases prononcées à des époques différentes. Pour la messe du Mesnil, il donna d'ailleurs une version beaucoup plus concise et du coup plus plausible[9].

De plus, on a dit que le pacte lu par Mme de Montespan dans le logis de sa sœur à Saint-Germain n'avait pas été rédigé par elle mais par Lesage. S'il en fut de même pour ceux des messes noires, on comprendrait mieux les maladresses et les erreurs grossières qu'on y relève. En tout cas, les contradictions d'un texte cité de mémoire par le vieux prieur à douze ans d'intervalle ne sauraient faire douter de la réalité de ces cérémonies. Il reste à savoir si elles ont bien été commandées par la maîtresse du roi. Sur ce point, l'incertitude demeure. Est-il concevable que l'éclatante Mortemart se soit abaissée à de telles horreurs ?

La crise de 1675

A partir de 1668, Mme de Montespan pouvait être ravie. Son triomphe était total. Sa rivale, l'infortunée La Vallière, de plus en plus délaissée, pleurait amèrement tous les jours sur son sort. Obligée de conserver son rang officiel, elle ne servait plus que de « prétexte », comme dit Bussy-Rabutin, pour couvrir les amours du roi. Situation intenable. Après une première fuite dans un couvent en 1672, elle entra pour toujours en avril 1674, à trente ans à peine, chez les Carmélites du faubourg Saint-Jacques. La véritable souveraine, c'était Mme de Montespan. Elle avait des gardes du corps, une vingtaine de femmes de chambre à son service et une innombrable domesticité. La maréchale de Noailles portait sa traîne, tandis que la reine devait se contenter d'un simple page. A Versailles, où elle affichait un luxe inouï, elle avait vingt pièces à sa disposition, la reine seulement onze. Louis XIV satisfaisait ses moindres désirs. A Clagny, près de Versailles, il lui avait fait bâtir une délicieuse « folie ». Elle la trouva digne d'« une fille d'opéra ». Aussitôt, il ordonna à Mansart de raser la maison et de lui édifier un palais de conte de fées que l'on surnomma bientôt l'« hôtel de Vénus ». Lorsqu'elle voyageait en province, c'était en carrosse à six chevaux, suivi d'un second carrosse pour ses dames de compagnie, de plusieurs fourgons à mulets et d'une escorte de douze cavaliers...

A mesure que son règne se consolidait, elle s'enivrait de sa puissance et ne mettait aucune retenue à son insolence. Elle se désespéra à la première grossesse, dit Mme de Caylus, se consola à la deuxième et porta pour les autres «l'impudence aussi loin qu'elle pouvait aller». Elle donna sept enfants au roi : un fils mort en bas âge, le duc du Maine, le comte de Vexin, Mlle de Nantes, Mlle de Tours, Mlle de Blois et le comte de Toulouse.

Le triomphe de l'impétueuse marquise ne fut pas de toute quiétude. Le jeudi saint, 11 avril 1675, se produisit une première crise : un confesseur de Versailles, le père Lécuyer, lui refusa l'absolution. Elle confessait un péché mortel, l'adultère, auquel elle ne voulait pas renoncer. Furieuse, l'orgueilleuse pénitente fit appel au curé de la paroisse qui confirma la décision de son vicaire. Elle se plaignit alors au roi qui soumit le cas au grand Bossuet. La réponse du prélat fut catégorique : pour être admis à la Sainte Table, une séparation complète des deux amants était indispensable. Le père Bourdaloue prit la relève. Louis XIV, ébranlé, inquiet pour son salut, finit par se laisser convaincre. Il donna l'ordre à sa maîtresse de s'éloigner de la Cour : elle était pour ainsi dire répudiée.

«Quanto», comme la surnommait Mme de Sévigné, se rendit alors à Paris, dans la retraite isolée où vivait, en compagnie de ses enfants, Mme de Maintenon. C'est là que Bossuet vint la voir et entreprit de la convertir. La première réaction de cette femme précipitée du sommet de l'Olympe dans le néant fut effroyable. «Elle l'accabla de reproches, raconte l'abbé Le Dieu, elle lui dit que son orgueil l'avait poussé à la faire chasser; qu'il voulait se rendre seul maître de l'esprit du roi. » Une fois calmée, elle chercha à gagner le prélat par mille flatteries, lui faisant miroiter les plus hautes dignités de l'Eglise et de l'Etat. Pourvu qu'il la laissât reprendre sa vie passée, elle lui promettait d'intervenir en sa faveur. L'Aigle de Meaux ne céda pas. Alors, vaincue, elle reconnut ses fautes, pleura sur ses péchés, pria, jeûna et visita les églises. Le 15 avril, le roi fit ses pâques et manifesta sa ferme intention de rompre avec elle. Il l'autorisa à revenir à Clagny mais lui interdit l'accès de Versailles. « Vous devez être content de moi, dit Louis XIV à Bourdaloue ; Mme de Montespan est à Clagny. — Sire, répondit le prédicateur, je serais plus content si Clagny était à soixante-douze lieues de Versailles ! »

Avant de partir pour l'armée, le roi la rencontra et lui parla longuement dans un cabinet vitré d'où l'on pouvait les voir « de la tête aux pieds ». Bientôt, les dames de la Cour lui rendirent visite, la reine en tête. Une correspondance secrète se noua entre les deux amants. Le roi brûlait d'impatience de revoir sa maîtresse. Il demanda à Bossuet la permission de la faire revenir à la Cour, lui donnant sa parole qu'il ne se passerait « rien que d'honnête ». L'évêque connaissait trop la nature humaine pour ignorer qu'en cédant il rendrait inévitable la rechute. Il refusa, mais le roi passa outre. Mme de Montespan s'établit à Versailles, où elle attendit le retour de son amant. Il fut convenu, raconte Mme de Caylus, que « des dames respectables et les plus graves de la Cour » seraient présentes aux retrouvailles. « Le roi vint donc chez Mme de Montespan comme il avait été décidé ; mais, insensiblement, il la tira dans une fenêtre ; ils se parlèrent bas assez longtemps, pleurèrent et se dirent ce qu'on a accoutumé de dire en pareil cas ; ils firent ensuite une profonde révérence à ces vénérables matrones, passèrent dans une autre chambre; et il en advint Mme la duchesse d'Orléans, et ensuite M. le comte de Toulouse. »

Les rivales

La Montespan avait donc repris orgueilleusement sa place au côté de Jupiter. Mais son empire chancelait. Sa beauté perdait de son éclat. Elle prenait de l'embonpoint, au point de ressembler à une Vénus de Rubens. Primi Visconti, qui était parfois méchant, dit que, la voyant un jour sortir de carrosse, il constata que sa cuisse était plus grosse que son propre corps ! L'esprit des Mortemart s'émoussait et s'aigrissait. Ses cris et ses railleries perpétuels lassaient. Bientôt, cette Junon allait connaître les tourments de la jalousie. Le « Grand Alcandre », travaillé par le démon de midi, tourna ses regards vers d'autres horizons. Il s'intéressa aux nièces de la marquise, les jeunes demoiselles de Thianges, Diane Gabrielle et Louise Adélaïde. « On dit que l'on sent la chair fraîche dans le pays de Quanto », ironisait Mme de Sévigné. Puis une ravissante et coquette rousse, Anne de Rohan-Chabot, princesse de Soubise, devint sa maîtresse, avec le consentement intéressé de l'époux qui n'avait pas la raideur de M. de Montespan. L'épisode Soubise fut de courte durée : Athénaïs l'avait qualifiée de « belle pomme gâtée au-dedans » ! A peine cette idylle achevée, on vit le roi s'occuper avec insistance de Mme de Louvigny et de la jeune Lydie de Rochefort-Théobon (future comtesse de Beuvron). Une vraie fringale amoureuse ! Les passades se multipliaient. « Débauché, galant, écrit la princesse

Palatine à propos du roi, tout lui était bon pourvu que ce fussent des femmes ; paysannes, filles de jardiniers, femmes de chambre, dames de qualité, pourvu qu'elles fissent seulement semblant d'être amoureuses de lui. » Mme de Montespan rageait. Ses plaintes, ses bouderies restaient sans effet. Sa situation rappelait celle de La Vallière, obligée de partager les faveurs du roi avec des rivales. On commençait à se demander si elle n'aurait pas mieux fait de demeurer à Clagny. « Si Quanto avait bridé sa coiffe à Pâques de l'année qu'elle revint à Paris, remarquait Mme de Sévigné, elle ne serait pas dans l'agitation où elle est ; il y avait du bon esprit à prendre ce parti ; mais la faiblesse humaine est grande ; on veut ménager les restes de beauté, et cette économie ruine plus qu'elle n'enrichit[10]. » Elle réussit cependant à se débarrasser de Mlle de Grancey en faisant courir le bruit qu'elle avait eu un enfant du chevalier de Lorraine. La princesse de Wurtemberg retint-elle les regards du roi ? Vite, elle lui susurra qu'elle se prostituait à un moine jacobin qui prétendait avoir découvert la pierre philosophale. Elle clabaudait avec sa perversité toujours charmante et ses morsures toujours féroces.

Depuis l'été de 1675, semble-t-il, elle avait renoué avec sa vieille amie la Voisin à qui elle demanda des aphrodisiaques. Ces pâtes nauséabondes étaient fabriquées par la Vautier ou la Trianon et données en général à Guibourg qui les « activait » en les passant sous le calice au moment de la consécration. La sorcière ou sa fille allaient les porter à Versailles et revenaient dîner au cabaret Le Heaume, à Boulogne. Lorsqu'elles en étaient empêchées, c'était une suivante discrète, Mlle des Œillets, qui allait les chercher à Paris. Elles étaient ensuite remises à des serviteurs du roi qui se chargeaient de les lui faire prendre dans quelque aliment ou boisson. Deux « officiers du gobelet » furent ainsi soupçonnés de ces pratiques : un obligé de Mme de Montespan nommé Duchesne, ancien laquais de M. d'Aubray, frère de la Brinvilliers, et, avec plus de vraisemblance, un certain Gilot, de la connaissance de Lesage, qui était déjà dans le « commerce des impiétés » en 1668. C'est à peu près à la même époque que Guibourg célébra cette nouvelle messe noire dont la fille Monvoisin nous a laissé l'horrible description. Pendant l'hiver de 1676, Mme de Montespan fit-elle la connaissance du chevalier de Vanens ? Alla-t-elle le consulter en son logis de l'hôtel de Mantoue ? Plus tard, on l'a dit, La Chaboissière, son valet, avouera à La Reynie que Vanens « aurait mérité d'être tiré à quatre chevaux pour les conseils qu'il avait donnés à Mme de Montespan ».

Les philtres dont le roi était alors intoxiqué eurent un effet imprévu. Au lieu de le rapprocher de Mme de Montespan, ils l'en éloignèrent. Après la princesse de Soubise, après Mme de Louvigny et Mlle de Rochefort-Théobon, il courtisa Marie Elisabeth de Ludres, fille d'honneur de la duchesse d'Orléans, jeune femme élancée à la longue chevelure aux reflets fauves et aux yeux bleus ensorceleurs. La faveur de cette ravissante Lorraine, chanoinesse laïque de l'abbaye des filles nobles de Poussay, atteignit un tel degré au début de 1677 qu'on crut un moment qu'elle allait passer au rang de maîtresse en titre. Les rimailleurs chantonnaient :

La Vallière était du commun,
La Montespan était de la noblesse,
La Ludres était chanoinesse,
Toutes trois ne sont que pour un :
C'est le plus grand des potentats
Qui veut assembler les Etats.

Mme de Montespan triompha une fois encore en faisant répandre le bruit que la belle avait eu la gale et la lèpre ! Elle écrasa de sa superbe la « pauvre Io », ne l'appelant plus devant la Cour que « ce haillon ». Marie Isabelle de Ludres se retira au couvent des Filles de Sainte-Marie du faubourg Saint-Germain. A ce moment, l'attachement du roi pour Athénaïs sembla renaître. « Ah ! ma fille, écrivait Mme de Sévigné, quel triomphe à Versailles ! Quel orgueil redoublé ! Quel solide rétablissement ! Ils en sont aux regards, il ne s'est jamais vu d'amour reprendre terre comme celui-là. » Ce ne fut qu'une éclaircie.

XVI

Mademoiselle de Fontanges

« La bête dans les toiles »

Au mois de mars 1679, Mme de Maintenon demanda à l'abbé Gobelin « de prier et de faire prier pour le roi qui est sur le bord d'un grand précipice ». La nouvelle passion de Louis portait le joli nom de Marie Angélique de Scorailles de Roussille, demoiselle de Fontanges. De l'avis de l'ambassadeur de Brandebourg, Ezéchiel Spanheim, sa beauté « était fort au-dessus de tout ce qu'on avait vu depuis longtemps à Versailles, accompagnée d'une taille, d'un port et d'un air capables de surprendre et de charmer une Cour élégante ». Dix-huit ans, un corps souple et élancé, un air d'Agnès avec ses cheveux d'or et ses grands yeux gris pâle, Marie Angélique était vraiment « belle comme un ange », ainsi que s'accordaient à le reconnaître la princesse Palatine, Bussy-Rabutin et l'abbé de Choisy.

Elle était fille de Jean Rigaud de Scorailles, comte de Roussille, lieutenant du roi en Auvergne, et d'Anne Eléonore de Plas. Les Scorailles, une des plus anciennes maisons de la région, tiraient leur nom d'un château fort du XIe siècle, bâti à deux lieues de Mauriac. Leurs armoiries portaient « de gueule en chef d'or chargé de trois fleurs de lys d'azur ».

C'est au manoir familial de Cropères, proche de Raulhac, que la future favorite vit le jour en 1661 et passa la première partie de sa jeunesse. Un voisin, César de Grolée, comte de Peyre, bailli du Gévaudan, ayant remarqué son étonnante beauté, suggéra à ses parents de lui trouver un établissement à la Cour. La chronique galante veut qu'il ait obtenu leur consentement en les persuadant que ses charmes étaient dignes d'un roi. Ayant plus de passion pour leur fortune que pour leur honneur, nous dit Bussy, ses parents « boursillèrent entre eux pour pouvoir l'envoyer à la Cour et lui faire une dépense honnête ». C'est en tout cas avec la ferme intention de devenir la maîtresse de Louis XIV que la jeune provinciale, « terriblement romanesque », arriva à Paris, où la duchesse d'Arpajon lui offrit l'hospitalité. Le 17 octobre 1678, elle était admise, sur présentation de la duchesse de Ventadour, parmi les demoiselles d'honneur de Madame, Charlotte Elisabeth, princesse Palatine, seconde épouse de Monsieur. Mme de Montespan commit une première imprudence en la vantant au roi : « Regardez, Sire, dit-elle en la montrant de loin, voilà une fort belle statue ; en la voyant, je me demandais dernièrement si elle sortait du ciseau de Girardon et j'ai été bien surprise quand elle m'a dit qu'elle était vivante. — Statue tant que vous voudrez, répondit Louis XIV, mais, vive Dieu, voilà une belle créature ! »

Quelques jours plus tard, au cours d'une chasse, Mme de Montespan lui présenta la jeune fille. Le roi courtisait à ce moment-là une autre fille d'honneur, Uranie de la Cropte-Beauvais. Contre toute attente, la belle résistait à ses assauts. Il se tourna alors vers Marie Angélique. Son favori, le duc de La Rochefoucauld, se chargea du rôle d'entremetteur et fut bientôt récompensé par la charge de grand veneur « pour avoir mis, comme dit Saint-Simon, la bête dans les toiles ».

Un soir que Mme de Montespan jouait à la bassette avec plusieurs courtisans, le roi quitta discrètement la table de jeu et se rendit au Palais-Royal, à Paris. Une fille d'honneur de Madame, Mlle des Adrets, qui était dans la confidence, lui ouvrit les portes de l'appartement de ses compagnes. Ce fut la première fois, raconte Primi Visconti, que le roi posséda Mlle de Fontanges[1]. La nouvelle maîtresse fut installée au Château-Neuf de Saint-Germain, puis au Château-Vieux, dans un appartement contigu au cabinet royal. Sa faveur devint officielle. La Fontaine composa en son honneur une épître louangeuse :

> Charmant objet, digne présent des cieux ;
> Et ce n'est point langage de Parnasse,
> Votre beauté vient de la main des dieux...

Dès lors, dédaignant Mme de Montespan, les courtisans réservèrent leurs flatteries à la jeune provinciale. Les coquettes l'enviaient, l'admiraient et n'avaient d'autre ambition que de lui ressembler en tout, adoptant même sa nouvelle coiffure.

Les dévots eurent tôt fait de s'alarmer. Un évêque se chargea de faire remontrance au souverain qui lui rétorqua sèchement : « Vous me ferez le plaisir, monsieur, de conserver votre zèle pour votre diocèse ! » Mme de Maintenon, tentant l'impossible, se rendit chez la demoiselle d'honneur et, pendant deux heures, l'exhorta à renoncer au roi. Elle lui dit en conclusion : « Si vous l'aimez, vous devez le sauver et vous sauver avec lui ; si vous ne l'aimez point, l'effort ne doit pas vous coûter. Quoi qu'il en soit, en le quittant, vous ferez une belle et louable action. — Mais, madame, répondit la fière beauté, vous parlez de me défaire d'une passion comme de quitter une chemise ! »

Pendant quelques mois, Mlle de Fontanges vécut un rêve éblouissant. Elle dépensait 25 000 écus par semaine, toisait la fille des Mortemart, passait devant la reine sans la saluer. Elle avait des gardes du corps comme sa devancière. A son carrosse gris perle étaient attelés huit chevaux, alors qu'à celui d'Athénaïs il n'y en avait que six ! Au jour de l'an 1680, elle parut à Versailles telle une divinité, dit Bussy, « extraordinairement parée de pierreries sur un habit de même étoffe que celui de Sa Majesté avec des rubans bleus tous deux ». Elle fit cadeau avec ostentation à Mme de Montespan et à ses enfants d'étrennes somptueuses, lui offrit notamment un almanach couvert de gemmes avec une « prédiction pour les quatre saisons », composée par La Fontaine. Cela n'empêchait pas la délaissée de lutter bec et ongles, en répandant des propos calomnieux, la qualifiant de belle peinture, de fille stupide et sans éducation qui avait eu des amourettes dans sa province, en blâmant ouvertement son « grand péché ». Cela lui valut de « rentrer dans les bonnes grâces de la reine[2] », rien d'autre. « La violente passion du roi pour Mme de Montespan n'est plus rien, écrivait Mme de Montmorency ; on dit qu'il y a des moments où elle pleure amèrement et cela après des conversations qu'elle a eues avec le roi. »

A la Cour, on ne les surnommait plus que les « deux sultanes ». « Lorsqu'elles assistaient à la messe à Saint-Germain, conte malicieusement Primi Visconti, elles se plaçaient devant les yeux du roi, Mme de Montespan avec ses enfants sur la tribune à gauche vis-à-vis de tout le monde, et l'autre à droite, tandis qu'à Versailles Mme de Montespan était du côté de l'Evangile et Mlle de Fontanges sur des gradins élevés du côté de l'Epître. Elles priaient, le chapelet ou leur livre de messe à la main, levant les yeux en extase, comme des saintes. Enfin, la Cour est la plus belle comédie du monde[3]. »

L'éphémère

L'enchantement du roi fut de courte durée. Très vite, il constata que la ravissante Marie Angélique, cette provinciale simplette, était totalement dépourvue d'esprit et se montrait incapable de soutenir en public la moindre conversation. Ce qu'il avait d'abord pris pour une fraîche naïveté n'était que sottise. « Une sotte petite bête », disait madame Palatine de sa fille d'honneur, « sotte comme un panier », renchérissait l'abbé de Choisy. A la Cour, les méchantes langues se déchaînent vite. Le roi osait à peine s'afficher avec elle. Il passait des heures entières chez Mme de Maintenon, où il pouvait goûter les plaisirs de la conversation.

Bref, comme il fallait s'y attendre, au mois d'avril 1680, Mlle de Fontanges était faite duchesse avec 20 000 écus de pension : c'était le cadeau de la disgrâce, le geste par lequel le galant monarque congédiait ses maîtresses.

Elle se retira pour Pâques à l'abbaye de Maubuisson. A la fin de l'année précédente, elle avait donné naissance à un petit garçon qui, malgré les soins assidus d'Antoine d'Aquin, premier médecin du roi, n'avait vécu que quelques jours. Depuis, elle souffrait d'une « perte de sang très opiniâtre et très désobligeante » qui la contraignit à s'aliter. « Elle commence même à enfler, notait Mme de Sévigné ; son beau visage est un peu bouffi[4]. » Les médecins y perdaient leur latin. Pour la soigner, on eut recours à un rebouteux réputé, mi-astrologue, mi-charlatan, le prieur Trimont de Cabrières, qu'on avait fait venir de Saint-Geniès-de-Malgoirès en Languedoc. La jeune duchesse rejoignit la Cour à Fontainebleau au début de mai. Après une accalmie passagère, sa maladie empira. Le 17 mai, un correspondant de M. de Mazauges, conseiller au parlement d'Aix, écrivait : « Cette duchesse est toujours incommodée d'une perte de sang : des médecins m'ont dit qu'ils ne croyaient pas qu'elle pût guérir. »

Le roi, qui avait horreur des pleurs et des souffrances d'autrui, se détacha d'elle. « Vous avez ri de cette personne blessée dans le service, confiait, le 14 juillet, Mme de Sévigné à sa fille ; elle l'est à un point qu'on la croit invalide. »

Quelques jours plus tard, pâle, épuisée par les hémorragies, accablée de ne plus être aimée, elle quittait la Cour pour se retirer à l'abbaye de Chelles dont sa sœur venait d'être nommée abbesse. On raconte que le sacre de la religieuse s'était fait avec une telle pompe, un tel cérémonial, qu'émerveillée, une femme s'était écriée : « N'est-ce pas ici le paradis ? — Ah ! non, madame, lui répondit-on, il n'y aurait pas tant d'évêques ! »

Puis, elle revint à la Cour, toujours languissante. Pour peu de temps. Le 22 mars 1681, on la transporta à l'abbaye de Port-Royal à Paris, son confesseur l'ayant persuadée de ne pas mourir dans un lieu de plaisir. Louis XIV envoyait trois fois par semaine le duc de La Feuillade ou le duc de Noailles prendre de ses nouvelles, mais répugnait personnellement à lui rendre visite. Lorsqu'il s'y résolut, il vit à travers ses larmes une pauvre malade pâle, décharnée, méconnaissable, murmurant : « Je meurs contente puisque mes yeux ont vu pleurer le roi. »

Bientôt un abcès pulmonaire se déclara. Le 24 juin, son premier gentilhomme, M. de Richebourg, envoyait au commissaire Delamarre ce billet : « Il y a tout à craindre pour cette nuit ; l'abcès de madame est crevé, elle crache le pus et, comme elle n'en crache pas beaucoup, on craint que celui qui est répandu dans sa poitrine ne l'étouffe. »

Marie Angélique expira le samedi 28 juin à une heure du matin. Elle avait à peine vingt ans. On l'inhuma le lendemain dans l'église de Port-Royal, en présence du duc de Noailles, capitaine des gardes du corps de Sa Majesté. Son cœur fut transporté à l'abbaye de Chelles. Un an plus tard, le roi fondait à Port-Royal un service perpétuel pour le repos de son âme.

Après la description de cette étrange maladie, une question vient à l'esprit : Mlle de Fontanges fut-elle réellement empoisonnée ?

Il est certain que le roi avait redouté cette éventualité. Le jour même de ce singulier trépas, il écrivait au duc de Noailles : « Sur ce que l'on désire de faire ouvrir le corps, si on le peut éviter, je crois que c'est le meilleur parti. » L'autopsie eut lieu néanmoins. Les six praticiens, unanimes, conclurent à une mort naturelle. Voici le résumé de leurs constatations, rédigé par le commissaire Delamarre :

> Hydropisie de la poitrine contenant plus de trois pintes d'eau, avec beaucoup de matières purulentes dans les lobes droits du poumon, dont la substance était entièrement corrompue et gangrenée, adhérente de toutes parts (...). Le cœur un peu flétri, de l'eau sur la membrane qui l'enveloppe, en trop grande abondance (...). Le foie d'une grandeur démesurée et sa partie droite non seulement altérée, mais sa substance corrompue et sa couleur fort changée (...), la matrice et la vessie très saines et très naturelles.

> La cause de la mort de la dame doit être attribuée à la pourriture totale des lobes droits du poumon, qui s'est faite ensuite de l'altération et intempérie chaude et sèche de son foie qui, ayant fait une grande quantité de sang bilieux et âcre, lui avait causé les pertes qui ont précédé [5].

Thomas Diafoirus n'aurait pas mieux parlé ! A l'époque – n'oublions pas qu'on était en pleine affaire des Poisons –, on se refusa à croire à une mort naturelle. Les soupçons firent plus qu'effleurer sa rivale. Ezéchiel Spanheim dit qu'un « bruit assez public, quoique peut-être sans fondement, attribue [sa mort] à un breuvage qui lui aurait été donné par les ordres secrets de Mme de Montespan ».

La princesse Palatine précisait que ce breuvage était du lait qu'un domestique stipendié lui aurait fait prendre. « Je ne sais si c'est vrai, conclut-elle, mais ce que je sais bien, c'est que deux des gens de la Fontanges moururent, et on disait publiquement qu'ils avaient été empoisonnés. » Quelques années plus tard, elle ajoutait dans une de ses lettres à propos de Mme de Montespan : « Je sais trois personnes qu'elle a empoisonnées : la Fontanges, son petit garçon et une fille que celle-ci avait auprès d'elle ; sans parler des personnes que je ne connais pas. »

Cette accusation se retrouve dans un pamphlet anonyme paru en 1695 et intitulé *L'Esprit familier de Trianon ou l'Apparition de la duchesse de Fontanges contenant les secrets de ses amours, les particularités de son empoisonnement et de sa mort et plusieurs autres aventures*.

Les historiens modernes ne sont pas d'accord sur les causes du décès. Littré pensait que la favorite avait succombé à « une perforation d'un ulcère simple de l'estomac», comme Henriette d'Angleterre. Le docteur Legué penchait plutôt pour une affection de poitrine. Les docteurs Cabanès et Nass diagnostiquaient une tuberculose pulmonaire venue se greffer sur une maladie utéro-ovarienne : «pleuro-pneumonie tuberculeuse, avec épanchement de liquide dans le péricarde[6]». Le docteur Hébert y voyait les conséquences d'une rétention placentaire, thèse reprise en 1952 par le docteur Laulan, qui observait qu'un abcès du poumon se déclare souvent à la suite d'affections génitales à entérocoques. Il arrive dans ce cas que les lésions terminales soient en pleine évolution alors que les lésions initiales se trouvent presque guéries, ce qui expliquerait la saine apparence de l'utérus et le mauvais état du foie et des poumons. En 1988, le professeur de gynécologie Yves Malinas attribuait ce décès à une tumeur maligne (chorio-carcinome pulmonaire et hépatique) développée à partir d'un kyste du placenta[7].

L'innocence de Mme de Montespan

Quoi qu'il en soit, nul n'admet la thèse de l'empoisonnement. Si Mme de Montespan a cherché à faire mourir sa rivale, comme le prétendait Funck-Brentano, il faut reconnaître qu'elle n'a pu commettre le crime qu'en intention. Mais l'a-t-elle vraiment voulu ? «Il courut beaucoup de bruits sur cette mort au désavantage de Mme de Montespan, écrit Mme de Caylus, mais je suis convaincue qu'ils étaient sans fondement.» Elle avait raison.

Les derniers historiens ont noté l'invraisemblance du récit de la fille Monvoisin. Psychologiquement, il est difficile d'admettre que, même dans un moment de dépit,

Mme de Montespan ait décidé de faire assassiner le roi puis Mlle de Fontanges et, surtout, se soit adressée pour cette mission à une femme comme la Voisin. Pour Gonzague Truc et Georges Mongrédien cependant, les arguments font défaut dans un sens comme dans l'autre. Le doute subsiste donc et, après trois siècles, doit bénéficier à l'accusée, devant le tribunal de l'Histoire.

En réalité, l'innocence de Mme de Montespan peut être aisément prouvée par une simple analyse chronologique des événements.

Selon toute probabilité, Marie Angélique de Fontanges devint la maîtresse du roi moins de deux mois après son arrivée à la Cour, dans le courant de décembre 1678. Mais la nouvelle ne fut pas immédiatement connue, Louis XIV cherchant à dissimuler sa liaison avec cette toute jeune fille. Seuls quelques intimes, dont le duc de La Rochefoucauld et Mlle des Adrets, étaient dans la confidence. Ce n'est qu'au mois de janvier 1679 qu'on se rendit compte que le roi délaissait Mme de Montespan. « On établit un jeu chez Mme de Montespan pour cet hiver, remarquait Mme de Scudéry le 18 janvier; pourvu qu'elle se puisse passer d'amour, elle aura encore la considération du roi; c'est tout ce que peut faire un fort honnête homme quand il n'aime plus. » On ne connaissait pas encore l'objet de la nouvelle passion, étroitement protégé par le duc de Noailles. Le 27 février, Corbinelli écrivait à Bussy-Rabutin : « Vous savez toutes les nouvelles générales et particulières. On parle de changements d'amour à la Cour; le temps nous en éclairera. »

Au début de mars, on vit apparaître Mlle de Fontanges aux portières du carrosse royal. Ce fut une révélation. Le 22, Bussy s'adressait au marquis de Trichâteau :

«Mme de Montespan partit brusquement de Saint-Germain le mercredi 15 de ce mois pour Paris. On dit qu'il y a quelque brouillerie dans le ménage, et cela vient de la jalousie qu'elle a d'une jeune fille de Madame appelée Fontanges, dont le roi, dit-on, a déjà eu contentement car, comme vous savez, les rois qui désirent ne soupirent pas longtemps.»

A vrai dire, la jalousie n'était peut-être pas l'unique cause de ce départ. Trois jours auparavant, le 12 mars, un événement inaperçu à la Cour s'était produit à Paris : la pourvoyeuse des poudres d'amour, la sinistre Voisin, était arrêtée par les policiers de Desgrez. Athénaïs l'avait-elle appris ? Le 30 mars, elle revint à Saint-Germain. Elle semblait rassurée. Avait-elle obtenu que la sorcière ne parlerait pas[8] ? Comment ? Elle éprouva en tout cas une certaine satisfaction en voyant le roi revenir aimablement vers elle.

> «Tout est fort paisible ici, confiait-elle alors au duc de Noailles, le roi ne vient dans ma chambre qu'après la messe et après souper. Il vaut mieux se voir peu avec douceur que souvent avec de l'embarras[9].»

Si elle avait su que M. de Noailles était chargé de protéger la nouvelle maîtresse, elle ne lui aurait certainement pas fait cette confidence. A cette époque, il semble bien que la marquise ignorait encore tout de son infortune. Elle avait vu naître avec une certaine amertume la faveur de la jeune provinciale, mais ne savait pas que celle-ci était déjà tombée dans les bras du roi.

Le 1er avril, Mme de Montespan n'était toujours pas éclairée et accusait Mme de Maintenon d'aimer le roi. «Je n'aurais fait que suivre votre exemple», répliqua celle-ci.

Enfin, tout lui fut révélé. Le roi, qui avait voulu atténuer sa disgrâce, l'autorisa à prendre rang de duchesse «pour lui donner, disait le brevet, des marques de considération particulière et de l'estime de Sa Majesté en lui accordant un rang qui la distingue des autres dames de la Cour et suite de la reine». On ne pouvait aller au-delà, sinon il eût fallu nommer duc le mari !

Deux semaines plus tard, elle était promue chef du Conseil de la reine et surintendante de sa maison, en remplacement de la comtesse de Soissons que l'on força à démissionner, moyennant il est vrai la coquette somme de 200 000 écus. Lorsqu'elle le sut, on raconte que la malheureuse Marie-Thérèse soupira : «Mon destin est d'être servie par toutes les maîtresses du roi !» Le 4 mai, Mme de Maintenon assista à une scène violente entre Louis XIV et Mme de Montespan. «Elle me croit d'intelligence avec le roi, relate-t-elle ; elle s'emporte contre la pauvre fille, le père de La Chaise, M. de Noailles ; elle exagère les dépenses, invente des calomnies.» Dans sa rage, elle se retira quelque temps au château de Clagny.

On retiendra de tout ceci que Mlle de Fontanges succomba au roi à la fin de 1678 et que Mme de Montespan fut la dernière à l'apprendre, dans le courant du mois d'avril 1679. Or, que nous dit la fille Monvoisin ? Que les projets d'empoisonnement furent élaborés au cours des fêtes de Noël 1678. Le souverain devait mourir le premier d'un poison violent et sa jeune maîtresse après lui, d'un poison plus lent. Il n'est donc pas possible d'impliquer dans cette affaire Mme de Montespan. Même au mois de mars 1679, au moment des mystérieux voyages de la Voisin à Saint-Germain qui précédèrent de peu son arrestation, elle n'avait aucune raison de faire périr le roi et une rivale dont elle ignorait l'existence. Par conséquent, tout ce qu'a pu dire la fille Monvoisin à ce sujet est contredit par les faits eux-mêmes.

En ce qui concerne la seconde tentative d'empoisonnement dont a parlé la Filastre à la question, avant de se rétracter spectaculairement, de solides arguments permettent de mettre à nouveau hors de cause Mme de Montespan.

La Filastre a avoué qu'en août 1679, avant de partir pour l'Auvergne en quête de poisons et de diverses drogues, elle se rendit à Saint-Germain et, pendant trois jours, chercha vainement à obtenir une place chez Mlle de Fontanges. C'est alors qu'elle sollicita auprès du lieutenant de La Frasse un appui que, naturellement, ce petit officier n'avait pas. Bref, lorsque le 1er septembre la Filastre quitta Paris, elle ne savait toujours pas si elle entrerait au service de la favorite. Madeleine Chappelain, qui l'encourageait dans cette entreprise, était tout aussi démunie de relations à la Cour, malgré la charge de trésorier des Aumônes exercée par son mari. Il est bien évident que si Mme de Montespan avait demandé à ces deux sorcières de se débarrasser de Mlle de Fontanges, elle leur aurait fourni le moyen de pénétrer chez sa rivale.

On constate de surcroît que les deux conjurées étaient sans argent. Pour payer le voyage, Madeleine Chappelain avait dû mettre en gage une petite croix de diamants pour 12 écus. Une misère ! Dans ses lettres, la Filastre lui réclamait sans cesse de quoi reprendre la route de Paris. La Chappelain fit le tour de ses amis et de ses amants, comme Bardin de Courville, et rassembla avec peine une somme modique qu'elle envoya à sa commère : « J'ai fait tout ce que j'ai pu pour emprunter de l'argent, lui écrivit-elle alors. Je ne vous en saurai plus envoyer davantage. Recevez la bonne volonté pour l'effet. Vous savez que je n'ai qu'une parole[10].» Mme de Montespan aurait-elle laissé ses complices dans une si cruelle impécuniosité, au risque de compromettre l'exécution de ses desseins ?

Enfin et surtout, comment admettre qu'elle ait repris contact avec les empoisonneuses pendant l'été de 1679, alors que la Voisin et ses complices venaient d'être arrêtés quelques mois plus tôt ? Il était facile de se douter que Madeleine Chappelain, citée comme témoin dès 1678 dans le procès Vanens, était étroitement surveillée par la police. Une femme intelligente comme la marquise n'aurait certainement pas commis pareille imprudence. Il est possible que la Filastre ait voulu entrer chez Mlle de Fontanges à seule fin d'occuper une position enviable à la Cour pour poursuivre plus commodément ses intrigues. «Il y a quelque chose dans leurs lettres qui se peut appliquer simplement à cela», notait La Reynie.

Coupable de sortilèges contre Mlle de La Vallière, révélés par le procès de Mariette et Lesage de 1668, pourvoyeuse assurément de «poudres d'amour» pour le roi, peut-être commanditaire des messes noires de Guibourg – mais ce dernier fait, quoi qu'en ait pensé La Reynie, est loin d'être avéré; elle ne fut jamais interrogée ni confrontée à ses accusateurs et bénéficie donc juridiquement de la présomption d'innocence[11] –, Mme de Montespan doit être, sans nul doute, totalement déchargée des deux derniers crimes qu'on lui imputa : elle n'a cherché ni la mort de son amant ni celle de sa jeune rivale[12].

XVII

La Des Œillets

La troublante « demoiselle à double queue »

La fille de la Voisin s'était donc trompée. A vrai dire, sa charge contre Mme de Montespan ne s'appuyait que sur de simples conjectures. Elle-même avait reconnu que sa mère évitait de la tenir au courant des affaires qu'elle menait en compagnie de Blessis, Vautier, Romani et Bertrand. Tout ce qu'elle avait pu savoir venait de quelques propos entendus au hasard des conversations, happés dans un couloir ou derrière une porte. Personne ne lui avait révélé clairement le but de ces projets, ainsi qu'il ressort de sa déclaration du 26 juillet 1680 :

> Elle, fille Voisin, n'a point été présente à toutes les conférences, ni su tout ce qui a été fait ou dit sur ce sujet (...). A entendu dire par Romani et sa mère que le poison qui serait mis à la pièce d'étoffe et aux gants ferait mourir en langueur [Mlle de Fontanges] et qu'ils disaient en même temps qu'on dirait que ce serait du regret de la mort du roi qu'elle serait morte, que cela a été dit trois ou quatre fois chez Lapierre entre Romani et sa mère (...). Ne sait point le motif.

Sa déposition est une suite de racontars, sans doute déformés et mal interprétés. Ayant entendu parler à peu près à la même époque du profond dépit de Mme de Montespan de se voir abandonnée par son royal amant, elle avait, avec une certaine apparence de logique, rapproché les deux faits. De là son erreur.

L'innocence de la marquise ne conduit pourtant pas à conclure à l'inexistence d'une double tentative d'empoisonnement du roi et de sa jeune maîtresse. La fille Monvoisin était une jeune femme impulsive, à l'imagination excessive[1]. Son récit est empli d'erreurs, mais elle n'a pas tout inventé. Ce n'est pas une pure affabulatrice, une mythomane, comme le reconnaissait déjà La Reynie. Les détails qu'elle donne sont d'une telle précision qu'on peut difficilement écarter son témoignage dans son intégralité. Ses déclarations recoupent partiellement celles d'autres accusées, comme la Trianon, la Pelletier, la Villedieu. L'attitude ambiguë de la Trianon, notamment ses horoscopes relatifs au crime de lèse-majesté, son suicide en prison semblent prouver que Marie Marguerite ne s'était pas totalement trompée. Il en est de même de Guibourg, suspect à bien des égards. Souvent brouillé avec les temps et les dates, probablement gagné par la sénilité, il était pourtant incapable d'inventer tout ce qu'il confessait avec un cynisme désarmant.

Si ce n'est Mme de Montespan, qui donc peut être le véritable instigateur de ce complot ? On aborde ici le cœur du problème. Une enquête menée hors des sentiers battus va permettre de lever le voile sur une partie du mystère. Un nom revient constamment dans les aveux des prisonniers ; il en devient troublant par sa répétition : celui de la

Des Œillets, demoiselle de compagnie de la marquise, en qui celle-ci avait toute confiance.

La plupart des empoisonneurs impliqués dans le procès de la Voisin connaissaient cette grande brune, sans beauté, qui venait le soir, en cachette, au logis de la rue Beauregard, chercher les poudres d'amour réclamées par sa maîtresse. C'était « la demoiselle à double queue », comme l'avait surnommée Louvois. « Elle était douce, bonne fille, humble, délicate, soumise », écrit Maurice Rat, auteur d'une biographie de *La Royale Montespan*. Apparemment, une servante honnête, dévouée, sans histoire.

Et si la réalité était différente ? En relation suivie avec les devineresses, les nécromanciennes, les marchands de philtres et de poisons, pourquoi n'aurait-elle pas profité de l'occasion pour nouer ses propres intrigues, à l'insu de sa maîtresse, comme l'avait fait Bonnard, intendant du maréchal de Luxembourg ? Il est étonnant que cette hypothèse, suggérée à l'époque par Colbert, n'ait pas été approfondie. Elle permet pourtant d'éclairer les raisons pour lesquelles Mme de Montespan fut accusée de projets criminels contre le roi : les prisonniers n'auraient fait qu'attribuer à la maîtresse des agissements imputables à sa seule femme de chambre.

Fille de comédiens

Claude de Vin des Œillets, née vers 1638, était la fille d'un couple de comédiens, Nicolas et Alix Faviot, plus connus sous leur nom de théâtre, les Des Œillets. Petite, elle avait partagé avec ses parents l'existence nomade des comédiens de campagne. A la mort de son père, disparu d'assez bonne heure, sa mère se fixa à Paris et eut alors une carrière fulgurante. A l'hôtel de Bourgogne, elle tenait le rôle-titre de *Sophonisbe* de Pierre Corneille, elle était l'Axiane de l'*Alexandre* de Racine, l'Arsinoë de l'*Antiochus* de Thomas Corneille. Les poètes ne tarissaient pas d'éloges sur cette « inimitable comédienne ». Donneau de Vizé, dans ses *Nouvelles nouvelles*, s'enflammait jusqu'à écrire qu'elle était « une des premières actrices du monde ». Le 17 novembre 1667, à la création d'*Andromaque*, jouée par la Du Parc, elle était Hermione. En 1669, elle campait une remarquable Agrippine. La gloire ! Hélas, l'année suivante, elle tombait malade d'un abcès au poumon qui la contraignit à abandonner les planches. Avec tristesse, elle assista au triomphe de sa remplaçante, l'inoubliable Champmeslé, maîtresse de Jean Racine. « Il n'y a plus de Des Œillets ! », soupira-t-elle. MM. Baralis et Brayer, les deux médecins qui la traitaient, ne parvinrent pas à la guérir, en dépit de la miraculeuse cure au lait de chèvre qu'ils lui prescrivirent. Elle mourut à l'automne de 1670.

Ses enfants firent tous une carrière honorable. Son fils aîné, François, entra comme valet de chambre au service de la Grande Mademoiselle, avant de devenir commissaire des guerres. Le cadet servit comme lieutenant au régiment de Champagne, puis comme capitaine dans les fusiliers du roi. Quant à sa fille, Claude, elle exerça dès 1664 une charge domestique lucrative puisque, cette année-là, elle était en mesure de prêter 1 600 livres à la duchesse de Brissac. Elle dut à la protection du duc de Mortemart d'entrer vers 1668 au service de Mme de Montespan en qualité de femme de chambre et, très vite, jouit de la pleine confiance de sa maîtresse. En avril de l'année suivante, elle était mentionnée dans un acte privé comme demeurant « près du palais des Tuileries », sans autre précision. Il est possible qu'elle se soit occupée dans cette retraite discrète du premier enfant de Mme de Montespan, avant que la veuve Scarron n'en soit chargée[2].

En 1670, en récompense de ses services, le roi lui fit don des biens d'un étranger, Michel de Moronia, qui revenaient à la couronne en vertu du droit d'aubaine[3]. En décembre 1672, il lui offrit un terrain « sis au bourg de Versailles, terroir de Clagny », sur lequel le surintendant des Bâtiments édifia un superbe hôtel particulier. Situé place du Marché, il comprenait deux corps de logis à l'enseigne de Saint-Jérôme.

En 1675, elle racheta à ses deux frères leur part dans l'ancienne maison de leur mère, rue Comtesse-d'Artois. Elle-même habitait Paris, rue du Regard, paroisse Saint-Sauveur, dans un logement appartenant à un sieur Leroy. La fille Monvoisin, Romani et Bertrand parlèrent d'ailleurs du « nommé Leroy où ladite demoiselle des Œillets était logée », ce qui prouve que les empoisonneurs la connaissaient bien[4]. Puis elle occupa un hôtel particulier rue Montmartre pour lequel elle payait un loyer annuel de 1 400 livres. En 1684, elle acquit de François Pingre, sieur de Farinvilliers, le château de Suisnes, sur la paroisse de Grisy-Suisnes, près de Brie-Comte-Robert : un charmant bâtiment à toits mansardés, dont les pavillons rappelaient ceux de Trianon et de Marly.

Par l'inventaire après décès de ses biens, dressé le 4 juin 1687, on constate qu'elle détenait plusieurs rentes sur l'Hôtel de Ville et sur les Aides et Gabelles. Dans un coffre par elle déposé à l'hôpital des Incurables, on trouva près de 2 000 louis d'or, pour une valeur estimée à 22 375 livres. A la fin de sa vie, elle avait trois domestiques à son service : un cocher, un laquais et une servante, sans compter le jardinier du château. Elle possédait de riches tapisseries des Flandres, des pièces de porcelaine de Hollande, des perles, diamants, colliers et bracelets à profusion. Pour ses déplacements, elle usait d'un grand carrosse garni de velours rouge à ramages et d'un plus petit tapissé de drap gris.

Une petite maîtresse royale

La grande aisance de cette fille de comédiens ne s'expliquait pas seulement par sa condition de femme de chambre de confiance. La vérité est qu'elle partagea avec sa maîtresse les faveurs du roi dont elle eut, dira-t-elle, plusieurs enfants. Ecoutons Primi Visconti qui la vit vers 1675 :

> Cette demoiselle laissait entendre que le roi avait eu commerce avec elle par diverses fois. Elle paraissait même se vanter d'en avoir eu des enfants. Elle n'est pas belle, mais le roi se trouvait souvent seul avec elle quand sa maîtresse était occupée ou malade. La Des Œillets me dit que le roi avait ses ennuis et qu'il se tenait parfois des heures entières près du feu, fortement pensif et poussant des soupirs[5].

Alexandre Sallé, petit-neveu de la Champmeslé, qui connaissait bien les traditions de l'hôtel de Bourgogne, écrivait à propos des maîtresses de Louis XIV : «Parmi celles-là, il y eut une demoiselle des Œillets, fille d'une comédienne, qui fixa les amitiés du roi pendant un temps assez considérable pour qu'elle pût espérer devenir maîtresse déclarée, mais le goût du roi changea, ce qui lui causa tant de chagrin qu'elle en mourut d'une maladie de langueur. »

On comprend dès lors pourquoi, lorsqu'elle fut impliquée dans l'affaire des Poisons, Mlle des Œillets déclara à son amie Mme de Villedieu que le roi n'oserait jamais la faire arrêter : sans être la favorite officielle, elle jouissait à peu près de la même immunité que Mme de Montespan.

Un seul des enfants qu'elle eut du roi nous est connu. Il s'agit d'une fille, Louise, née en 1676, à qui l'on donna pour père fictif Philippe de Maisonblanche, ancien capitaine de cavalerie, et pour mère Gabrielle de La Tour, sa femme. Elle se maria en 1696 à Bertrand de Prez, seigneur de La Queue, un petit gentilhomme de l'Ile-de-France « fort simple et assez médiocrement accommodé », prétend Saint-Simon, qui ajoute à propos de son épouse qu'elle « ressemblait fort au roi » et, « pour son malheur », n'ignorait rien de ses origines. Charles d'Hozier, le généalogiste, confirmait ces renseignements : « Cette Louise de Maisonblanche est une fille naturelle du roi et de N... des Œillets, laquelle était alors femme de chambre de Mme de Montespan et comme le roi n'a pas voulu la reconnaître, il l'a fait baptiser et marier sous les faux noms qu'on lui donne et qu'on lui suppose de père et mère lorsqu'on la maria parce qu'elle ne voulut pas être religieuse. » C'était en effet une règle pour les bâtards royaux non légitimés d'entrer en religion, de façon à ne pas avoir de descendance.

Mlle des Œillets servit d'abord fidèlement Mme de Montespan en assurant la liaison avec la Voisin. Mais, à partir de 1675, il se passa dans sa vie un drame que l'on a partiellement reconstitué à partir de certains interrogatoires de Guibourg et des notes manuscrites de La Reynie.

Il semble bien qu'Alexandre Sallé ait vu juste en écrivant que la femme de chambre de la Montespan brûlait du désir de la supplanter en se faisant déclarer maîtresse officielle. Enivrée à l'idée d'avoir été distinguée par le roi, elle ne voulait plus jouer le rôle de doublure ni rester dans l'ombre des alcôves en servant les caprices intermittents d'un amant volage. Ne disait-elle pas un jour avec assurance à Mme de Villedieu qu'on «lui avait prédit sa fortune à la Cour»? Tous les espoirs lui paraissaient permis.

Empoisonner le roi (1676)

Quelle ne fut pas sa déception lorsque le roi refusa d'accéder à son désir et même de légitimer son dernier enfant. Alors son amour, qui, plus encore que celui de la Montespan, n'était que vile ambition, se transforma en une haine sourde et féroce. A la Voisin, dont elle connaissait les talents particuliers pour avoir été la commissionnaire habituelle des «poudres d'amour» de sa maîtresse, elle demanda le moyen de le faire périr par magie. Lesage commença à travailler à ce terrible projet, qui valait l'écartèlement, mais, lorsqu'il apprit que le souverain avait eu «des vapeurs[6]», il prit peur et renonça une nouvelle fois à fréquenter sa commère. Le 2 octobre 1675, en effet, le *Journal de la santé du Roi*, tenu par son médecin d'Aquin, signale que Louis XIV eut de violentes douleurs à la tête, accompagnées de frissons et de difficultés respiratoires. Le 7, il eut de la fièvre. «Sa peau, écrit d'Aquin, demeura chaude le lendemain, les yeux étincelants et le visage enflammé, la bouche amère, la tête pleine de vapeurs et fluxion, lassitude et faiblesse des jambes.» D'Aquin purgea le patient et lui donna de l'essence de cannelle et de l'esprit d'ammoniac. Cette maladie, que l'on peut vraisemblablement attribuer au poison, dura jusqu'au 17 octobre.

Lesage fut bientôt remplacé par le Grand Auteur, autrement dit le tailleur de pierre Latour, et son ami Vautier qui se lancèrent dans la fabrication de poisons violents. « Il mourut beaucoup de gens au faubourg Saint-Laurent, raconte Lesage ; les poisons auxquels on travaillait en ce temps-là chez Vautier furent cause de la mortalité que l'on attribuait néanmoins alors à la puanteur des égouts ; mais il y avait bien des gens qui disaient que les méchantes odeurs qu'on sentait venaient de chez Vautier. » Les conjurés distillaient notamment de petits serpents appelés norevers qu'ils capturaient du côté de Ménilmontant.

La Des Œillets avait promis à ses complices de leur donner 100 000 écus et de faciliter leur fuite en Angleterre. Cent mille écus n'étaient pas à l'époque une mince somme, même pour la riche femme de chambre de la marquise. Les appointements d'un maréchal de France comme Turenne se montaient à 8 000 écus. Mme de Montespan elle-même n'avait qu'une pension de 2 000 écus qui fut portée à 5 000 lorsqu'elle devint surintendante de la reine. L'importance de cette somme fait songer à un complot mené de l'étranger, d'autant qu'on remarquait auprès de la Des Œillets la présence inquiétante d'un mystérieux milord, sans doute son amant. Or, il semble bien que cet individu n'ait pas été un simple figurant occasionnel, jeté par sa maîtresse dans une affaire qui ne le concernait pas. Il avait pris part aux conjurations et cherché réellement la mort du roi par l'intermédiaire de la Voisin et de Guibourg. La fille Monvoisin l'avait vu trois ou quatre fois venir chez sa mère en compagnie de la Des Œillets vers les 5 heures du soir. «Pourquoi cela, pourquoi cet étranger?», se demande La Reynie à plusieurs reprises avec angoisse. La clé du mystère semble lui échapper.

Evidemment, trois siècles plus tard, on ne peut émettre en ce domaine que de fragiles hypothèses. Il est possible que ce curieux milord ait agi dans un but politique. On sait qu'il existait à l'époque en Angleterre un parti anti-catholique violemment opposé à Louis XIV. Certains fanatiques protestants auraient-ils décidé d'éliminer le roi, moyennant une forte récompense? La Des Œillets n'aurait-elle été qu'un instrument manipulé par des intérêts étrangers?

Dès le 17 septembre 1679, en tout cas, Lesage avait fait allusion à cette conjuration : «A certain voyage que le roi fit sur la frontière[7], Des Œillets eut beaucoup de commerce avec la Voisin (...). La Voisin avait en ce temps-là considérablement de l'argent, parlait de sortir du royaume et qu'elle aurait cent mille écus. Ces gens-là cherchaient à faire un coup et à s'en aller.»

En quoi consistait ce «coup»? En 1680, pendant la suspension de la Chambre ardente, La Reynie obtint en privé de Lesage des précisions complémentaires. L'ancien galérien déclara que «l'Auteur avait travaillé à des poudres empoisonnées chez Vautier, qu'il les avait données à la Voisin pour la Des Œillets, et que le dessein était de les faire donner comme poudres pour l'amour à Mme de Montespan, et de faire empoisonner le roi par ce moyen, et par Mme de Montespan, sans qu'elle pensât le faire».

Voilà qui était clair. Mlle des Œillets comptait profiter de ses relations avec Mme de Montespan pour lui remettre, non pas comme elle le faisait d'habitude, des poudres aphrodisiaques mais du poison destiné à Louis XIV. Et l'instigatrice du crime n'était pas Mme de Montespan mais sa discrète suivante, Claude de Vin des Œillets, furieuse de ne pas être reconnue et de ne pas voir légitimer ses enfants. A la mort du roi, on ne se serait aperçu de rien, et, si quelque soupçon était venu effleurer sa maîtresse, celle-ci se serait bien gardée d'aborder un sujet pour lequel elle n'avait pas la conscience tranquille.

L'affaire échoua. C'est alors que la Des Œillets quitta brusquement le service de Mme de Montespan[8] et demanda à Guibourg de préparer de nouveaux maléfices. L'un d'eux, datant probablement de l'année 1677, était particulièrement horrible :

> Il résulte des faits particuliers, écrit La Reynie dans ses notes, qu'un jour la demoiselle des Œillets, avec un étranger qu'on disait être anglais, vinrent chez la Voisin, où Guibourg, après s'être revêtu d'une aube, prit une étole et le manipule ; avait pris des menstrues de la Des Œillets et de la semence de l'étranger dans le calice, du sang d'un enfant égorgé par la Voisin, des poudres, du sang de chauve-souris, de la farine pour donner du corps à la composition ; Guibourg dit une messe, commencée au *Te Igitur*, qu'il appelle messe sèche, à laquelle il dit une conjuration où était le nom du roi.
>
> Le dessein était de faire un charme contre le roi ; ce malheureux (*Guibourg*) expliqua que c'était pour faire mourir le roi. Ce dessein était commun à Des Œillets et au milord. Des Œillets parlait avec emportement, faisait des plaintes contre le roi, témoigna être sortie de chez Mme de Montespan ; l'Anglais l'adoucissait. [Ils] prétendaient qu'en mettant de la composition sur les habits du roi, ou bien où il passerait, ce que Des Œillets prétendait faire aisément, ayant été à la Cour, cela ferait mourir le roi en langueur. C'était un charme selon la méthode du livre de la Voisin.

Des Œillets emporta cette abominable composition. L'Anglais était le galant de Des Œillets et promettait de l'épouser.

La Reynie remarquait la concordance des faits. Il notait :

1°) que le temps du commerce de la Voisin avec l'Auteur, des voyages à Saint-Germain et des poudres auxquelles elle le faisait travailler est l'année 1676 ;

2°) que le temps des abominations marquées par Guibourg et par la fille Voisin reviendrait assez à ce même temps ;

3°) Il y a deux ans que Lesage a parlé de l'Auteur, des poudres, de la Des Œillets et des voyages de la Voisin en 1676 ;

4°) Il est établi au procès que deux ou trois ans avant que Lesage ait été pris, il a témoigné qu'il craignait que cette affaire ne le perdît (ils ont dit en ce temps-là que le roi avait des vapeurs), qu'il voulait quitter la Voisin à cause de cela et du commerce qu'elle avait sur ce sujet avec Des Œillets et il n'est pas le seul qui a entendu parler par la Voisin qu'elle aurait cent mille écus et qu'elle sortirait du royaume. Il paraît que, par d'autres pratiques, Des Œillets recherchait la même chose par la Voisin, par Lesage et par l'Auteur et Vautier.

Tout ceci est extrait des papiers personnels du lieutenant général de police, qui avait intitulé cette réflexion : « Mémoire sur le fait touchant les abominations, le sacrifice de l'enfant pour la Des Œillets et pour l'étranger prétendu milord anglais[9]. »

Les nouveaux projets de 1678-1679

Il résulte donc que les projets ultérieurs contre le roi et Mlle de Fontanges n'étaient que la suite des diverses tentatives entreprises par l'ordre et pour le compte de Mlle des Œillets les années précédentes. Entre toutes ces affaires, on peut remarquer en effet de troublantes coïncidences. Le 12 juillet 1680, parlant du placet que la Voisin voulait présenter au roi au début de mars 1679, Marie Marguerite ajoutait qu'il « fut parlé de cent mille écus et de passer en Angleterre ». C'était exactement la même récompense que la Des Œillets et le milord avaient promise en 1676. La fille de la Voisin révéla d'ailleurs qu'après l'arrestation de sa mère, un homme arrivant d'Angleterre muni d'une lettre de recommandation était venu lui proposer de l'emmener à Londres avec Guibourg et qu'elle avait refusé.

Il faut noter d'autre part que Mlle des Œillets, qui avait cessé toute relation avec la Montespan depuis 1677, était abondamment citée par Marie Marguerite à propos de ces projets. Si, en 1678, elle continuait à fréquenter les sorcières, ce n'était plus pour son ancienne maîtresse, avec laquelle elle était brouillée, mais bien pour elle même.

Les conjurés se réunissaient chez l'abbé Lapierre, prêtre de Saint-Sauveur, qui était le frère de Romani et le confesseur de la Des Œillets[10]. C'était chez lui, deux ou trois fois, que la fille de la Voisin avait entendu parler « du dessein à l'égard de Mlle de Fontanges ». Le dessein de faire entrer la Vertemart chez Mme de Montespan, qui « se négociait » chez ce même abbé, peut aussi être lié à ces affaires : pour faire bonne mesure, la Des Œillets aurait tout simplement envisagé de se débarrasser de son ancienne maîtresse.

Un jour, à table, la Voisin s'exclama devant sa fille et la Trianon : « C'est une belle chose qu'un dépit amoureux ! » Connaissant mal les intrigues de la Cour, il est naturel que Marie Marguerite ait songé à Mme de Montespan. Or, cette phrase ne pouvait s'appliquer à la marquise qui ignorait encore tout des nouvelles amours du roi ; en revanche, elle correspondait parfaitement aux sentiments éprouvés à l'époque par sa femme de chambre délaissée par Louis XIV.

Voici un autre argument. Le 20 août 1680, Marie Marguerite déclarait : « Cinq semaines ou un mois avant que sa mère fût arrêtée, elle (*la Voisin*) lui dit qu'elle l'enverrait à Clagny avec Blessis, avec un billet pour demander deux mille écus, parce que Romani disait qu'on ne pouvait pas avoir sans argent les étoffes pour les faire voir à Mlle de Fontanges et qu'elles lui étaient nécessaires pour passer pour marchand[11]. »

Notons que la fille de la Voisin se trompe sur les dates. Si l'on prend sa déclaration à la lettre, cet épisode se situerait au début de février 1679, ce qui est impossible puisque Blessis était à cette époque retenu à Fontenay chez le marquis de Termes. C'est vraisemblablement au mois de décembre 1678 que les conjurés avaient envisagé de se rendre à Clagny. Clagny ? C'était le lieu de résidence de Mme de Montespan, mais c'était aussi celui de la Des Œillets, qui y possédait l'hôtel particulier que le roi lui avait offert.

En fait, deux hypothèses viennent à l'esprit. Ou bien la fille de la Voisin, peu informée des projets de sa mère, a cru par erreur que l'inspiratrice du complot était Mme de Montespan, ou bien, ce qui est plus vraisemblable, la Des Œillets elle-même avait fait croire à la Voisin qu'elle agissait pour le compte de sa maîtresse. En tout cas, sa seule présence dans cette affaire suffit à innocenter Mme de Montespan qui, encore une fois, ne fréquentait plus sa demoiselle de compagnie depuis 1677. C'est un point que La Reynie ne semble pas avoir perçu avec netteté. Ayant quitté la Cour, Mlle des Œillets n'avait pas suffisamment de relations pour permettre à la Voisin, munie de sa lettre empoisonnée, de se bien placer sur le passage du roi à Saint-Germain. Les sorcières durent agir seules, cela explique leur échec. Mais la Des Œillets y avait conservé des informateurs, de petites gens, laquais ou servantes, souvent plus rapidement au courant des derniers bruits d'alcôve que les Grands. Sans doute est-ce par eux qu'au mois de décembre 1678, elle apprit la faveur de la jeune et belle Fontanges et décida sa mort. Ainsi, Louis XIV qui l'avait dédaignée serait frappé jusque dans ses amours. Romani et Bertrand, qu'elle rencontra chez l'abbé Lapierre, se mirent en quête d'étoffes précieuses et de gants qui devaient leur donner accès au logis de la nouvelle favorite.

Après son interrogatoire de Vincennes, Mlle des Œillets ne fut jamais inquiétée. Elle vécut fort pieusement les dernières années de sa vie et mourut de langueur, dit-on, d'avoir échoué dans son rêve ambitieux d'être le point de mire de la Cour. Dans son testament, elle demanda de faire dire une messe perpétuelle et une prière pour le roi « avec l'oraison pour la santé et la prospérité de Sa Majesté ». Peut-être – mais le saura-t-on jamais avec certitude ? – faut-il voir dans cet ultime vœu le remords d'une chrétienne repentante au soir d'une vie criminelle ?

Le dernier acte se joua quelques années après, à la mort, à quatre-vingt-quatre ans, de Gabriel Nicolas de La Reynie, le 14 juin 1709. Débarrassé de la tutelle morale de cet octogénaire intègre et intransigeant, Louis XIV convoqua le 13 juillet à Versailles le successeur du greffier Sagot, Me Nicolas Gaudion, dépositaire de tous les papiers secrets soustraits au procès, des paquets cachetés de cire rouge par l'ancien lieutenant général de police et conservés dans une cassette de cuir noir. En présence de Mme de Maintenon et de Louis Phélypeaux, comte de Pontchartrain, chancelier de France, le monarque demanda à un valet de chambre de faire sauter les ferrures et de jeter une à une les liasses jaunies dans la haute cheminée de son cabinet qu'on avait allumée comme aux plus mauvais temps du terrible hiver précédent. Pendant que se tordaient dans les flammes les papiers maudits, sans doute le vieux souverain pensa-t-il avec tristesse à cette sordide page de son règne, à l'orgueilleuse Montespan, morte deux ans auparavant, coupable de cérémonies sacrilèges et peut-être d'avoir livré son corps à de viles débauches, au hideux Guibourg qui invoquait les puissances de l'enfer, à la crapuleuse Voisin chez qui toute la Cour défilait, à l'escroc Lesage qui prétendait dompter le diable, à la foule anonyme des avorteuses, des devineresses, des prêtres apostats et des alchimistes cupides, possédés par un besoin satanique de haine, de luxure et de meurtre... Bientôt il ne resta plus dans l'âtre qu'un petit tas de cendres ardentes achevant de se consumer. Du plus lourd secret du règne, tout était effacé. Quel soulagement ! La postérité ne connaîtrait rien de ces infamants souvenirs qui avaient hanté ses nuits, miné ses plus beaux succès. Aucune ombre sinistre ne viendrait jamais souiller ses lys, son soleil et sa gloire.

Ce fut sa dernière illusion. Le roi ignorait en effet que les documents qu'il avait cru soustraire à la justice avaient été soigneusement répertoriés et résumés par M. de La

Reynie. Ainsi, grâce à ce trop méticuleux fonctionnaire de police, l'Histoire, prenant sa revanche, peut aujourd'hui connaître, instruire et juger sans passion la criminelle et dramatique affaire des Poisons.

Notes

ABRÉVIATIONS

A.N.	Archives nationales
BnF	Bibliothèque nationale de France
Fr.	Fonds français
Mss.	Manuscrits
N.A.F.	Volume
S.H.D.	Service historique de la Défense (château de Vincennes)

Avant-propos

1. *Lettre à un docteur en théologie par un de ses amis, au sujet de l'emprisonnement de M. l'abbé Blache*, 1763.

2. Lettre du 24 septembre de lord Hollis, ambassadeur d'Angleterre en France, François RAVAISSON, *Archives de la Bastille*, reprint Slatkine, Megariotis, Genève, 1975, t. IV, p. 7.

3. Claude QUÉTEL, *De par le Roy. Essai sur les lettres de cachet*, Toulouse, Privat, 1981, p. 36.

4. Marthe BASSENNE, *Le Chevalier de Lorraine et la Mort de Madame*, Paris, Plon, 1930.

5. *Mémoires du duc de Saint-Simon*, éd. Boislile, t. VIII, p. 636-666, et Louis HASTIER, *Vieilles histoires, étranges énigmes*, 2e série, Paris, Fayard, 1957, p. 19-38.

6. Robert MARCHESSEAU, *Une urgence abdominale, la mort de Mme Henriette d'Angleterre*, Bor-

deaux, Bissey fils, 1947, p. 40; Jacqueline DUCHÊNE, *Henriette d'Angleterre, duchesse d'Orléans*, Paris, Fayard, 1995, p. 403 et suiv.

7. RAVAISSON, *op. cit.*, t. IV, p. 56.

8. Th. IUNG, *La Vérité sur le Masque de fer (les empoisonneurs)...*, Paris, Plon, 1873, p. 290.

9. Lettres de l'ambassadeur Michel au doge de Venise, RAVAISSON, *op. cit.*, t. IV, p. 70, 73.

10. *Ibid.*, p. 70, 291.

11. *Ibid.*, p. 74.

12. *Ibid.*, p. 163-164.

13. *Ibid.*, p. 314.

14. *Ibid.*, p. II-III.

15. Anne Sommerset (*The Affair of the Poisons, Murder, Infanticide and Satanism at the Court of Louis XIV*, Londres, Weidenfeld and Nicolson, 2003, p. 324-326) a sans doute minimisé l'importance de l'affaire et ses conséquences sociales.

16. Jean MEYER, *La Naissance de Louis XIV*, Paris, Complexe, 1989, p. 101 et suiv.

17. Primi VISCONTI, *Mémoires de la cour de Louis XIV*, éd. Jean Lemoine, Paris, Calmann-Lévy, 1909.

18. RAVAISSON, *op. cit.*, t. V, p. 441.

19. *Ibid.*, p. 358.

20. RAVAISSON, *op. cit.*, t. VII, p. 173.

21. Préface à l'ouvrage de Frédéric JACQUIN, *Affaires de poisons, les crimes et leurs imaginaires au XVIII*[e] *siècle*, Paris, Belin, 2005, p. 5-6.

22. Docteurs A. CABANÈS et L. NASS, *Poisons et sortilèges*, 2e série, Paris, Plon, 1903.

23. RAVAISSON, *op. cit.*, t. IV, p. 221.

I. Le prologue du drame

1. Jacques SAINT-GERMAIN, *Madame de Brinvilliers*, Paris, Hachette, 1971, p. 29.

2. Aujourd'hui 12, rue Charles V. L'hôtel a été construit en 1620 pour Baltazar Gobelin, président de la Chambre des comptes.

3. Jeanine HUAS, *Madame de Brinvilliers, la marquise empoisonneuse*, Paris, Fayard, 2004, p. 43 et suiv.

4. RAVAISSON, *op. cit.*, t. IV, p. 3.

5. Encore appelée impasse d'Amboise, aujourd'hui impasse Maubert. Selon la tradition, cette maison serait située au numéro 4.

6. RAVAISSON, *op. cit.*, t. IV, p. 244 et 250.

7. Actuellement rue Saint-Sulpice.

8. RAVAISSON, *op. cit.*, t. IV, p. 237.

9. Jeanine HUAS (*op. cit.*, p. 104) met en doute ce témoignage.

10. Lettre à Mme de Grignan du 29 juillet 1676.

11. Parallèlement, la charge de lieutenant criminel, vacante depuis l'assassinat crapuleux de son titulaire, Jacques Tardieu, en 1665, disparut.

12. Lettre à Mme de Grignan du 1er mai 1676.

13. La « question préparatoire » consistait à torturer le prévenu de façon à lui arracher des aveux avant le début de son procès. Cette procédure n'était pas systématiquement appliquée. Si l'inculpé la surmontait sans rien avouer, il pouvait être libéré.

14. RAVAISSON, *op. cit.*, t. IV, p. 67-69.

15. Lettre de Mme de Sévigné à M. et Mme de Grignan du 29 avril 1676.

16. Voir la longue relation du père Edme Pirot publiée en 1883 par G. Roullier, *La Marquise de Brinvilliers : récit de ses derniers moments (manuscrit du P. Pirot, son confesseur)*, Paris, Alphonse Lemerre éditeur.

17. BnF, Mss., Fr. 14055, déposition d'Antoine Barbier du 15 mai 1676.

18. Mme de Sévigné à Mme de Grignan, 22 juillet 1676.

19. Lettre du 17 juillet 1676.

20. Lettre du 29 juillet 1676.

II. Les premières arrestations

1. RAVAISSON, *op. cit.*, t. V, p. 169.

2. *Ibid.*, p. 70.

3. Arrêté en avril 1679, il resta trois mois enfermé au château de Vincennes, où il mourut.

4. RAVAISSON, *op. cit.*, t. IV, p. 282.

5. Note de La Reynie publiée par Frantz FUNCK-BRENTANO, *Les Lettres de cachet à Paris, suivies d'une liste des prisonniers de la Bastille (1659-1789)*, Paris, Impr. nat., 1903, p. 54.

6. Aujourd'hui l'église Saint-Paul-Saint-Louis.

7. RAVAISSON, *op. cit.*, t. V, p. 181.

8. L'expression de « prince infortuné », déjà en usage à l'époque, sera reprise par Courtilz de Sandras lorsqu'il publiera en 1713 à Amsterdam *Le Prince infortuné ou l'Histoire du chevalier de Rohan.*

9. RAVAISSON, *op. cit.*, t. V, p. 104-105.

10. Koloszvar, aujourd'hui Cluj-Napoca en Roumanie.

11. S.H.D., A1, vol. 530, p. 181.

12. RAVAISSON, *op. cit.*, t. V, p. 8-9.

13. RAVAISSON, *op. cit.*, t. IV, p. 417-418.

14. RAVAISSON, *op. cit.*, t. V, p. 98.

15. Lettre du 19 juin 1675.

16. Lettre de la duchesse de Savoie à Colbert du 16 juin 1675, RAVAISSON, *op. cit.*, t. IV, p. 106.

17. RAVAISSON, *op. cit.*, t. V, p. 129.

18. La complicité des Bachimont, qui avaient financé le voyage à Turin dans le but d'obtenir la formule de la pierre philosophale, semble plus douteuse, car Vanens se méfiait d'eux et avait de longues conversations avec Chasteuil à leur insu.

19. RAVAISSON, *op. cit.*, t. V, p. 79.

20. Actuellement à l'intersection des rues de Charonne et Léon-Frot (11e arrondissement). La croix qui s'élevait à l'angle des rues Fontaine-au-Roi et de la Folie-Méricourt avait donné son nom au hameau.

21. Cohobation : distillations successives pour obtenir une plus forte concentration.

22. RAVAISSON, *op. cit.*, t. IV, p. 416, 435 ; t. V, p. 19.

23. RAVAISSON, *op. cit.*, t. IV, p. 421.

24. *Ibid.*, p. 426, 446 ; t. V, p. 16.

25. RAVAISSON, *op. cit.*, t. IV, p. 416.

26. *Ibid.*, p. 432.

III. Les sorcières

1. Cette ancienne rue Cour-au-Vilain, du nom de l'orfèvre Guillaume Vilain, située entre les rues du Temple et Beaubourg, fusionnera au XVIIIe siècle avec la rue de Montmorency (actuellement 3e arrondissement).

2. Ou du Grand-Hurleur, du nom d'un certain Hugues Le Loup (Hue Leu) qui y vécut au XIIe siècle. Actuellement rue du Bourg-l'Abbé (3e arrondissement).

3. Voir sa notice biographique dans Daniel DESSERT, *Argent, pouvoir et société au Grand Siècle*, Paris, 1984, p. 620-621.

4. RAVAISSON, *op. cit.*, t. V, p. 168.

5. *Ibid.*, p. 180 et suiv.

6. *Ibid.*, p. 189.

7. *Ibid.*, p. 192.

8. *Ibid.*, p. 173.

9. *Ibid.*, p. 174.

10. *Ibid.*, p. 252.

11. *Ibid.*, p. 229.

12. S.H.D., A1, vol. 617, p. 619.

13. Arlette LEBIGRE, *L'Affaire des Poisons*, Paris, Complexe, 1989, p. 71.

14. Primi VISCONTI, *op. cit.*, p. 94-95.

15. Cette église de la paroisse Saint-Laurent avait été construite à partir de 1628. Elle fut détruite au début du XIXe siècle, à l'exception du clocher, incorporé dans la nouvelle église, édifiée à partir de 1823.

16. Cette maison, sise aux

numéros 23 et 25 actuels de la rue Beauregard, jouxtait l'ancienne église Notre-Dame-de-Bonne-Nouvelle. «On voyait encore, vers 1910, au numéro 25, écrit Jacques Hillairet dans son *Dictionnaire historique des rues de Paris* (Paris, éd. de Minuit, 1963, t. I, p. 67), une porte supposée être celle d'un des salons ouvrant sur le jardin.» En réalité, l'immeuble de quatre étages occupant le numéro 25 avait été construit en 1684, probablement sur les ruines de la masure de la Voisin.

17. RAVAISSON, *op. cit.*, t. VI, p. 37.

18. *Ibid.*, p. 38.

19. *Ibid.*, p. 380.

20. *Ibid.*, p. 380.

21. *Ibid.*, p. 382.

22. *Ibid.*, p. 381.

23. *Ibid.*, p. 448.

24. Primi VISCONTI, *op. cit.*, p. 284.

25. RAVAISSON, *op. cit.*, t. VI, p. 285.

26. S.H.D., A1, vol. 619, p. 551.

27. BnF, Mss., N.A.F. 21314, f°238.

28. Aujourd'hui Fontenay-Trésigny.

29. «La France devenue italienne avec les autres désordres de la Cour», BUSSY-RABUTIN, *Histoire amoureuse des Gaules*, éd. Grangé, Paris, 1754, t. V, p. 185 et suiv.

30. RAVAISSON, *op. cit.*, t. V, p. 200-202.

31. *Ibid.*, p. 403.

32. IUNG, *op. cit.*, p. 246-247.

33. RAVAISSON, *op. cit.*, t. VI, p. 421.

34. Philbert Rebillé fut libéré. Il figure dans les *Etats de la France* (l'almanach de l'Ancien Régime) pour les années 1699 et suivantes en tant que joueur de hautbois et de musette du Poitou de la Grande Ecurie du roy (voir *Recherches sur la musique française classique, Etats de la France (1644-1789). La Musique : les institutions et les hommes*, t. XXX, 1999-2000, Paris, Picard, 2003, p. 253, 269, 284, 300, 309.

35. 16 septembre 1679, RAVAISSON, *op. cit.*, t. V, p. 477.

36. RAVAISSON, *op. cit.*, t. VII, p. 176.

IV. Révélations

1. S.H.D., A1, vol. 624, p. 345.

2. Primi VISCONTI, *op. cit.*, p. 90.

3. SAINT-SIMON, *Mémoires*, éd. Y. Coirault, t. III, p. 366.

4. RAVAISSON, *op. cit.*, t. V, p. 478.

5. *Ibid.*, p. 483.

6. RAVAISSON, *op. cit.*, t. VI, p. 60.

7. RAVAISSON, *op. cit.*, t. V, p. 484-485.

8. *Ibid.*, p. 492.

9. Madeleine Charlotte de Clermont-Tonnerre de Luxembourg, morte en août 1701.

10. Madeleine Charlotte Le Tellier, née le 25 juin 1665, qui épousa en 1679 François, futur duc de La Rochefoucauld.

11. RAVAISSON, *op. cit.*, t. V, p. 495-501.

12. *Ibid.*, p. 501-502.

13. *Ibid.*, p. 502.

14. RAVAISSON, *op. cit.*, t. VI, p. 5-6.

15. *Ibid.*, p. 4.

16. *Ibid.*, p. 7.

17. Primi VISCONTI, *op. cit.*, p. 57.

18. Il avait dû abandonner sa charge pour cause de tricherie au jeu (RAVAISSON, *op. cit.*, t. IV, p. 50-51).

19. RAVAISSON, *op. cit.*, t. VI, p. 19.

20. *Ibid.*, p. 67.

21. *Ibid.*, p. 96.

V. Le scandale éclate

1. Pierre de SÉGUR, *Le Tapissier de Notre-Dame. Les dernières années du maréchal de Luxembourg*, Paris, Calmann-Lévy, 1903, p. 67.

2. RAVAISSON, *op. cit.*, t. VI, p. 107.

3. Lettre de Mme de Sévigné du 31 janvier 1680.

4. *La Devineresse ou les Faux Enchantements*, acte II, scène 2.

5. Primi VISCONTI, *op. cit.*, p. 297.

6. Jean Paul MARANA, *L'Espion dans les cours des Princes chrétiens ou Mémoires pour servir à l'histoire de ce siècle depuis 1637 jusqu'à 1697*, 1756.

7. Cité par Pierre de SÉGUR, *op. cit.*, p. 11.

8. Primi VISCONTI, *op. cit.*, p. 285-286.

9. *Ibid.*, p. 298.

10. Lettre du 31 janvier 1680 à Mme de Grignan et à Mlle de Montgobert.

11. RAVAISSON, *op. cit.*, t. VI, p. 117-120.

12. *Ibid.*, p. 128-129.

13. Primi VISCONTI, *op. cit.*, p. 299-300.

14. Lettre du 2 février 1680.

15. Lettre du 21 février 1680.

16. Primi VISCONTI, *op. cit.*, p. 289.

17. *Ibid.*, p. 290-291.

18. Marthe BASSENNE, *La Vie tragique d'une reine d'Espagne, Marie-Louise de Bourbon-Orléans, nièce de Louis XIV*, Paris, Calmann-Lévy, 1939, p. 276.

VI. Le maréchal de Luxembourg

1. Pierre de SÉGUR, *op. cit.*, p. 61.

2. RAVAISSON, *op. cit.*, t. VI, p. 130.

3. *Ibid.*, p. 79.

4. Lettre du 31 janvier 1680 à Mme de Grignan.

5. Lettre du 31 janvier 1680 à Mme de Grignan.

6. Pierre de SÉGUR, *op. cit.*, p. 48.

7. RAVAISSON, *op. cit.*, t. VI, p. 121.

8. Alix de Savoie, veuve de Louis VI le Gros, épousa en 1138 Mathieu Ier, seigneur de Montmorency.

9. Pierre de SÉGUR, *op. cit.*, p. 122.

10. Lettre du 18 mai 1680 à Mme de Grignan.

11. Pierre de SÉGUR, *op. cit.*, p. 127.

VII. Racine et la Du Parc

1. RAVAISSON, *op. cit.*, t. VI, p. 95.

2. *Ibid.*, p. 50-53.

3. Madeleine JURGENS et Elisabeth MAXFIELD-MILLER, *Cent ans de recherches sur Molière, sur sa famille et sur les comédiens de sa troupe*, Paris, SEVPEN, 1963, p. 308-310.

4. Ecartons la thèse voyant dans la Du Parc une empoisonneuse, complice de la Voisin. Elle ne repose que sur une homonymie avec une certaine demoiselle Aulmont, dite la Du Parc. Voir à ce sujet Claude DULONG, « L'assassinat de la Du Parc », *Revue des Deux-Mondes*, 1er avril 1965, p. 334-344.

5. Frantz FUNCK-BRENTANO, *Le Drame des Poisons*, Paris, Hachette, 1920, p. 292.

6. Dr Gabriel LEGUÉ, *Médecins et empoisonneurs au XVIIe siècle*, Paris, Charpentier et Fasquelle, 1890, p. 179.

7. Claude DULONG, *L'Amour au XVIIe siècle*, Paris, Hachette, 1969, p. 170.

VIII. L'affaire rebondit

1. Lettre de Mme de Sévigné à Mme et M. de Grignan du 23 février 1680.

2. RAVAISSON, *op. cit.*, t. VI, p. 161-162.

3. RAVAISSON, *op. cit.*, t. VI, p. 179.

4. Lettre de Mme de Sévigné à Mme et M. de Grignan du 23 février 1680.

5. RAVAISSON, *op. cit.*, t. VI, p. 181.

6. Lettre du 6 mars 1680.

7. RAVAISSON, *op. cit.*, t. IV, p. 424.

8. RAVAISSON, *op. cit.*, t. VI, p. 197.

9. *Ibid.*, p. 235.

10. *Ibid.*, p. 236.

11. *Ibid.*, p. 237.

12. *Ibid.*, p. 241.

13. *Ibid.*, p. 242. Ravaisson a regroupé en un seul texte les interrogatoires de la fille Monvoisin des 12 et 26 juillet 1680.

14. Georges Mongrédien, *op. cit.*, p. 87.

15. La fille Voisin ignorait que la Dodée s'était tranché la gorge après son premier interrogatoire à Vincennes.

16. Petit château, élégant et gracieux, situé à Versailles, construit par Hardouin-Mansart à la demande de Louis XIV pour Mme de Montespan. « C'est le palais d'Armide », disait Mme de Sévigné. Démoli en 1769 sur ordre de Louis XV.

17. L'abbé Guibourg, dont il sera question plus loin.

18. Georges Mongrédien, *op. cit.*, p. 87.

19. Ravaisson, *op. cit.*, t. VI, p. 245 ; Georges Mongrédien, *op. cit.*, p. 89.

20. Ravaisson, *op. cit.*, t. VI, p. 267.

21. *Ibid.*, p. 289.

22. *Ibid.*, p. 291.

23. *Ibid.*, p. 292.

24. *Ibid.*, p. 294-298.

IX. Le prieur

1. Le Mesnil est un hameau voisin de Villiers, où la marquise de Brinvilliers possédait une maison de campagne.

2. Ravaisson, *op. cit.*, t. VI, p. 335.

3. *Ibid.*, p. 335.

4. *Ibid.*, p. 336.

X. La Filastre

1. Il ne faut pas confondre Laboissière, alias La Coudraye, amant de la Filastre, avec La Chaboissière, alias Jean Barthominat, valet de Vanens.

2. Cité par Paul Emard et Suzanne Fournier, *Les Années criminelles de Madame de Montespan*, Paris, Denoël, 1938, p. 15.

3. *Ibid.*, p. 16.

4. *Ibid.*, p. 121.

5. S.H.D., A1, vol. 624, p. 9.

6. S.H.D., A1, vol. 627, p. 35.

7. Paul Emard et Suzanne Fournier, *op. cit.*, p. 18.

8. S.H.D., A1, vol. 643, p. 66 *bis*.

9. Ravaisson, *op. cit.*, t. VI, p. 305-306.

10. Ravaisson, *op. cit.*, t. VI, p. 324.

11. Ravaisson, *op. cit.*, t. VI, p. 325-326.

XI. Les tourments de M. de La Reynie

1. Ravaisson, *op. cit.*, t. VI, p. 340.

2. Frantz Funck-Brentano, *op. cit.*, 1920, p. 209.

3. BnF, Mss., Fr. 7608, f°393.

4. Ravaisson, *op. cit.*, t. VI, p. 399-401.

5. S.H.D., A1, vol. 645, p. 459.

6. RAVAISSON, *op. cit.*, t. VI, p. 375.

7. *Ibid.*

8. RAVAISSON, *op. cit.*, t. VI, p. 378-381.

9. RAVAISSON, *op. cit.*, t. VI, p. 349 et 378.

10. RAVAISSON, *op. cit.*, t. VI, p. 384.

11. RAVAISSON, *op. cit.*, t. VI, p. 436.

12. RAVAISSON, *op. cit.*, t. VI, p. 423.

13. Interrogatoires inédits de la Trianon des 1er, 3 et 5 juillet 1680 (Bibliothèque nationale de France, Mss., Fr. 7608).

14. RAVAISSON, *op. cit.*, t. VI, p. 425.

15. RAVAISSON, *op. cit.*, t. VI, p. 427.

XII. Colbert intervient

1. Le secret pour fabriquer de l'argent.

2. Au sortir de son adolescence, un homme marié, ancien garde du corps nommé Nesret (ou encore Lachenay), avait abusé d'elle, sous promesse de mariage. Enceinte d'une petite fille, Marie Marguerite avait accouché chez la Lepère, qui avait fait baptiser l'enfant à Sainte-Marguerite, née de père inconnu, et l'avait mise en nourrice à Champigny, où elle était morte. La Voisin, aidée de Blessis, l'avait enterrée clandestinement.

3. RAVAISSON, *op. cit.*, t. VI, p. 456.

4. *Ibid.*, p. 457.

XIII. La fin du procès

1. RAVAISSON, *op. cit.*, t. VII, p. 2.

2. *Ibid.*, p. 64.

3. Voir notre *Fouquet*, Paris, Perrin, 1998, p. 496 et suiv.

4. RAVAISSON, *op. cit.*, t. VII, p. 19.

5. *Ibid.*, p. 88-89.

6. *Ibid.*, p. 95.

7. RAVAISSON, *op. cit.*, t. VI, p. 319.

8. RAVAISSON, *op. cit.*, t. VII, p. 108-109.

9. *Ibid.*, p. 111.

10. S.H.D., A1, vol. 752, p. 424.

11. RAVAISSON, *op. cit.*, t. VII, p. 124.

12. *Ibid.*, p. 130-131.

13. *Ibid.*, p. 179.

14. La Petit, la Favre, la Duclos, la Hénard et la Guesdon.

15. Les autres étaient la demoiselle Robert, la Deslaurier, la Poulain, la Bellefeuille, la Poignard, la Calet, la Marescot (BnF, Mss., Fr. 7608, p. 404).

16. S.H.D., A1, vol. 683, p. 446.

17. S.H.D., A1, vol. 689, p. 193.

18. S.H.D., A1, vol. 694, p. 85.

19. S.H.D., A1, vol. 713, p. 2.

20. S.H.D., A1, vol. 764, p. 399.

21. RAVAISSON, *op. cit.*, t. VII, p. 136.

22. *Ibid.*, p. 112.

23. S.H.D., A1, vol. 682, p. 439.

24. RAVAISSON, *op. cit.*, t. VII, p. 119-120.

25. En outre, les nommés Jourdain et Piquet.

26. S.H.D., A1, vol. 692, p. 104 *bis*.

27. Après avoir été longtemps identifiées à deux casemates voûtées en ogive du Front de secours (en réalité des magasins de poudre), les deux chambres où furent enfermés les détenus ont été localisées par un érudit local, le capitaine Roland Bois, au premier étage de l'aile droite du bâtiment réservé au lieutenant de roi. LEPELTIER, *Description des fortifications de Besançon, ville et citadelle*, 1692 : «Le pavillon au-dessus de la porte de secours sert de logement au lieutenant de roi; il y a à droite un petit rang de casernes qu'il occupe, à la réserve de deux chambres où l'on met des prisonniers d'Etat...» (Service historique de la Défense, Vincennes), document analysé par le capitaine Roland Bois.

28. Il y avait aussi la Duval, Cottinet, Jeanneton Cottinet, la Dumesnil, la Bergerot, Elisabeth Bosse, la Bellier et la Duvivier.

29. S.H.D., A1, vol. 679, p. 179.

30. S.H.D., A1, vol. 720, p. 441.

31. S.H.D., A1, vol. 692, p. 403.

32. Il y avait en outre les abbés Lefranc et Barthélemy Lemaignan, Dumesnil, la Merlonnière, Chedeville, Joseph Dufos, Guillaume Thuret, André Bault, Oudal, Barbu et un dernier dont le nom n'est pas connu.

33. Le dix-neuvième prisonnier, Laboissière, l'ancien amant de la Filastre, était mort le 25 février 1684.

34. S.H.D., A1, vol. 767, p. 54.

35. Paul EMARD et Suzanne FOURNIER, *op. cit.*, p. 216.

36. Ces renseignements m'ont été communiqués par M. Joël Fourty, grand connaisseur de la forteresse de Salses, qui voudra bien trouver ici l'expression de ma gratitude.

37. Une des caisses de l'armée, alimentée principalement par des réquisitions en pays ennemi.

38. Il ne faut pas la confondre avec son homonyme, Madeleine Chappelain, femme du trésorier des Aumônes.

XIV. L'énigme Montespan

1. Notamment Henri Carré, Maurice Rat et Michel de Decker.

2. RAVAISSON, *op. cit.*, t. VII, p. 134.

3. RAVAISSON, *op. cit.*, t. VI, p. 191.

4. Primi VISCONTI, *op. cit.*, p. 283.

5. Voir à ce sujet le livre de Mathieu da Vinha sur *Les Valets de chambre de Louis XIV*, Paris, Perrin, 2004, p. 325 et suiv.

6. Voir notre *Lauzun*, Paris, Perrin, 2008, p. 137 et suiv.

7. Georges MONGRÉDIEN, *op. cit.*, p. 178.

8. Pierre VERLET, *Le Château de Versailles*, Paris, Fayard, éd. de 1985, p. 91 et suiv.

9. *Ibid.*, p. 88-91.

10. RAVAISSON, *op. cit.*, t. VI, p. 393.

XV. Louis XIV et Madame de Montespan

1. RAVAISSON, *op. cit.*, t. IV, p. 13-15.

2. Primi VISCONTI, *op. cit.*, p. 295.

3. Confrontation de Lesage et de la Vertemart, 19 juillet 1681.

4. RAVAISSON, *op. cit.*, t. IV, p. 11.

5. Inès MURAT, *Colbert*, Paris, Fayard, 1980, p. 407-410.

6. Georges MONGRÉDIEN, *Madame de Montespan et l'Affaire des Poisons*, Paris, Hachette, p. 149.

7. Paragraphe souligné par La Reynie.

8. *L'Etat de la France* pour 1665 mentionne bien un sieur Leroy, gouverneur de la Petite Ecurie. Il occupait encore cette fonction en 1669, comme en témoigne *L'Etat de la France* de cette année-là : « En octobre, le sieur Leroy, 75 livres de gages et 50 livres de récompense. » Dans les papiers de Guibourg, les policiers retrouvèrent d'ailleurs une lettre de ce personnage.

9. Voir p. 185.

10. Lettre de Mme de Sévigné du 15 octobre 1676.

XVI. Mademoiselle de Fontanges

1. Primi VISCONTI, *op. cit.*, p. 208-209.

2. *Ibid.*, p. 241.

3. *Ibid.*, p. 214.

4. Lettre à Mme de Grignan du 1er mai 1680.

5. BnF, Mss., Fr. 17046, f°7.

6. Docteur A. CABANÈS, *Les Indiscrétions de l'Histoire*, 2e série, Albin Michel, 1952, p. 88.

7. Robert LAULAN, « La mort de Mademoiselle de Fontanges », *Mercure de France*, 1er avril 1952 ; *id.*, « Un diagnostic rétrospectif sur la maladie mortelle de Mademoiselle de Fontanges », *Presse*

médicale, 4 juin 1952 ; Claude GRIMMER, *Mon tout, mon roi, La Fontanges*, Paris, Mercure de France, 1988, p. 250 ; *id.*, « Enquête sur une mort suspecte », *Historama*, avril 1988.

8. Rappelons que la Voisin, qui n'a jamais dénoncé Mme de Montespan, n'eut pas à subir les tourments de la question avant son exécution.

9. Pierre CLÉMENT, *Madame de Montespan et Louis XIV*, Paris, Didier, 1868.

10. Paul EMARD et Suzanne FOURNIER, *op. cit.*, p. 123.

11. Mais que penser de la messe noire dite en 1667 au Mesnil, près de Montlhéry ? Il est douteux qu'à cette époque Mlle des Œillets ait été au service de Mme de Montespan et ait pu se faire passer pour elle.

12. Pour être tout à fait complet, il faut évoquer une autre et obscure tentative d'empoisonnement de Mlle de Fontanges durant l'été de 1680, lorsqu'elle se trouvait à l'abbaye de Chelles. Y serait impliqué un écuyer du marquis de Termes, Antoine Dublet de Monteran, âgé de cinquante-huit ans, qui mourut à la question. Le seul document que l'on ait sur cette affaire est une lettre du 18 mars 1682 d'un certain Brayer à son correspondant habituel M. de Mazauges, magistrat aixois : « Cet écuyer de M. de Termes, qui eut lundi la question, y mourut, et voici comment cela se passa. On l'accusa d'avoir porté six bouteilles empoisonnées à Mme de Fontanges, lorsqu'elle était à l'abbaye de Chelles. Le médecin lui ordonna un matin de prendre des eaux, et l'après-midi on lui apporta de la part de ce médecin six bouteilles empoisonnées ; on ne fit point de réflexion sur ces bouteilles, on les laissa là jusqu'à ce que le lendemain le médecin vînt faire sa visite. On dit au médecin qu'on avait apporté ces six bouteilles, il répondit qu'il ne savait ce que c'était ; cela fit soupçonner, on ouvrit les bouteilles, on fit l'épreuve, et on trouva qu'elles étaient toutes empoisonnées ; on arrêta en même temps cet écuyer aussi bien que son maître. L'écuyer, à ce qu'on prétend, avait le secret de l'affaire. Sur quelles conjectures on l'arrêta, c'est ce que je ne sais point ; mais sur présomptions ou demi-preuves, il eut jeudi matin la question ordinaire et extraordinaire. Il souffrit l'ordinaire sans rien dire ; après qu'il eut à moitié souffert l'extraordinaire, il dit : « Je me meurs, messieurs, je dirai ce que je sais, lâchez-moi. » Cependant le médecin qui était présent ne s'aperçut pas bien de l'état de cet homme, dont on l'a fort blâmé ; on débanda les moulinets, on

approcha la planche dessous lui : aussitôt qu'il fut sur la planche, il expira.» (RAVAISSON, *op. cit.*, t. VII, p. 92).

La procédure de la Chambre est quasiment muette sur cette affaire, en dehors de deux résumés d'interrogatoire dans lesquels Monteran, questionné sur ses relations avec le berger Moreau et ses liens avec la cabale contre le roi, niait tout. La Reynie lui-même n'en souffle mot dans ses notes. Quant au marquis de Termes, celui-là même qui avait enlevé Blessis, un moment soupçonné d'avoir été le chevalier de La Brosse (finalement identifié comme Pinon du Martroy), il fut déchargé d'accusation et libéré. On ne voit pas quelle part aurait eue Mme de Montespan dans ce tardif complot, survenu après la mort de la Voisin. Mais il se passa certainement quelque chose à Chelles, car Louis XIV fit donner des gardes à sa jeune maîtresse.

XVII. La Des Œillets

1. Anne SOMERSET, *op. cit.*, p. 253.

2. Ces renseignements figurent dans l'ouvrage de Jean LEMOINE, *Les Des Œillets, une grande comédienne, une maîtresse de Louis XIV,* Paris, Perrin, 1939.

3. Droit en vertu duquel la succession d'un étranger non naturalisé et sans enfant était attribuée au roi.

4. Notons que tous les historiens ont confondu ce Leroy, qui était greffier à la quatrième Chambre des enquêtes du parlement de Paris, avec son homonyme, le gouverneur des pages de la Petite Ecurie, accusé d'avoir servi d'intermédiaire entre Guibourg et Mme de Montespan pour la messe noire dite au château de Villebouzin. Hormis le nom, les deux hommes n'ont rien de commun.

5. Primi VISCONTI, *op. cit.*, p. 109.

6. Interrogatoire de la Vertemart, 8 décembre 1680.

7. Le 16 avril 1676, le roi se rendit au siège de Condé, investi par Vauban.

8. «Des Œillets avait demandé son congé du soir au matin sans en vouloir dire d'autre raison» (interrogatoire de la Vertemart, 8 décembre 1680).

9. RAVAISSON, *op. cit.*, t. VI, p. 393 et suiv.

10. Dans son testament, en 1687, Mlle des Œillets fera allusion à cet abbé Lapierre, alors vicaire à Saint-Eustache, qui ne fut pas inquiété par la police.

11. RAVAISSON, *op. cit.*, t. VI, p. 298.

ANNEXES

Principaux personnages impliqués dans l'affaire des Poisons

On trouvera ci-dessous de courtes notices consacrées aux principaux personnages de l'affaire des Poisons : empoisonneurs, alchimistes, sorciers ou sorcières, leurs clients et clientes ainsi que leurs victimes.

ALLUYES (Bénigne de Meaux du Fouilloux, marquise d') : Confidente de la comtesse de Soissons et d'Henriette d'Angleterre, elle servit d'espionne au surintendant Fouquet. Elle avait épousé Paul d'Escoubleau, marquis d'Alluyes. Décrétée de prise de corps, elle s'enfuit avec la comtesse de Soissons en janvier 1680. Elle revint à Paris dix ans plus tard et s'éteignit en 1720, âgée de plus de quatre-vingts ans.

AMY (M. d') : Correcteur à la Chambre des comptes de Provence, il demanda à l'abbé Guibourg la recette d'un poison violent pour faire mourir Colbert, moyennant une promesse de 1 000 livres, signée le 15 novembre 1675. D'Amy, qui reçut une première dose de poison, remit à Guibourg un acompte de 200 livres le 4 mai 1676. Il mourut peu après.

ANGOULÊME (Françoise de Nargonne, duchesse d'), 1621-1713 : Seconde épouse de Charles de Valois, duc d'Angoulême, bâtard de Charles IX, elle fut impliquée faussement par Lesage dans l'affaire des Poisons.

ARGENTON (Françoise d') : Cette femme, qui épousa plus tard un sieur Labarre, avait demandé à la Voisin d'empoisonner son mari, M. d'Argenton, qui mourut en 1666 sans qu'on connaisse la cause de son décès. Guibourg récita à cette intention une messe noire.

ASPREMONT (M. d') : Capitaine aux gardes françaises, il aurait fait, au dire de Lesage, « des choses horribles » avec Guibourg.

AUBERT (Anne, dite Nanon) : née en 1661 à Troyes (Champagne). Brodeuse de son état. Une nommée « Bellier lui a dit que la Filastre avait voulu l'envoyer à Saint-Germain porter quelque chose à une dame de la Cour et promettait pour cela de lui donner ou de lui faire donner dix mille livres mais qu'elle n'en avait voulu rien faire» (interrogatoire d'Anne Aubert du 28 mai 1680 à Vincennes). Elle fut enfermée aux Ursulines de Besançon puis de Vesoul.

AUBRAY (Antoine d') : Seigneur d'Offémont, frère aîné de la marquise de Brinvilliers, il succéda à son père dans la charge de lieutenant civil et mourut empoisonné le 17 juin 1670.

AUBRAY (Dreux d') : seigneur d'Offémont et de Villiers-sur-Orge, conseiller d'Etat, maître des requêtes, lieutenant civil de la ville, prévôté et vicomté de Paris. Père de la marquise de Brinvilliers, il mourut empoisonné le 10 septembre 1666 à soixante-six ans.

AUBRAY (François Dreux d') : Second frère de la marquise de Brinvilliers, conseiller du roi au parlement de Paris, il mourut empoisonné le 12 novembre 1670.

BACHIMONT (Marie de La Haye de Saint-Hilaire, comtesse de) : Fille d'un conseiller au parlement de Rennes, Paul Hay, comte de Coeslan, cousine du surintendant Fouquet (sa mère était née Fouquet de Chalain), elle épousa en premières noces Syméon de La Haye, seigneur du Plessis-au-Chat, mort dans des conditions mystérieuses. Elle fut enfermée avec son second mari, le comte de Bachimont, au château de Pierre-Encize, puis à la citadelle de Besançon, enfin au fort de Saint-André-de-Salins.

BACHIMONT (Robert de La Miré, seigneur de Bachimont, Rurecourt et Yvranches, comte de) : né à Bachimont en Artois vers 1628. Ancien capitaine d'infanterie. Alchimiste de la bande de Vanens. Arrêté à l'abbaye d'Ainay en mai 1678, il fut enfermé au château de Pierre-Encize, puis à la citadelle de Besançon, enfin au fort de Saint-André-de-Salins.

BALIRON (Marie Dupin, femme de Paul de Pujol de) : Elle empoisonna son premier mari, Violet, procureur au Parlement, avec la complicité du conseiller Maillard, qui voulait alors l'épouser. Elle fut conduite au Refuge de Dijon.

BARENTON (Mathurin) : laboureur qui fournit des poudres empoisonnées à Mme de Vassé et au chevalier de La Brosse. Il fut étranglé et roué le 6 septembre 1681.

BAUDOUIN (femme) : Pour faire périr son mari, un tailleur anglais, cette femme fit dire par Guibourg une messe noire «dans un appartement du Palais-Royal, du temps que la reine d'Angleterre y était» (interrogatoire de l'abbé Guibourg du 15 juillet 1680).

BELLEFEUILLE (femme) : Empoisonneuse, elle fut conduite à Belle-Isle-en-Mer.

BELLEGUISE (Alexandre) : commis puis caissier de Penautier. Soupçonné de fabriquer avec Sainte-Croix de la fausse monnaie, il fut condamné à trois ans de bannissement.

BELLIER (femme) : Complice de Madeleine Chappelain et de la Filastre, elle devait aller «aux îles» pour faire un pacte avec le diable. Le 12 août 1680, elle déclarait « que ce qu'elle disait qu'il y allait de la corde était quelque billet pour l'amour que la Filastre voulait qu'elle portât à Mme de Montespan, quand, elle, Filastre aurait ce billet, et pour la remettre bien auprès du roi, disait qu'il y allait de la corde, parce qu'en cette affaire il s'agissait du roi » (notes de La Reynie). Conduite au fort de Saint-André-de-Salins, elle mourut le 9 mai 1690.

BELOT (François, dit Prémont) : garde du corps de la compagnie de M. de Noailles. Ce complice de la Bosse et de la Chéron, âgé d'une trentaine d'années, était « chercheur de trésors ». Il fut accusé d'avoir remis plusieurs tasses empoisonnées aux clientes des deux devineresses et roué en place de Grève le 10 juin 1679, après avoir reconnu une partie de ses crimes.

BERGEROT (Catherine Martin, femme) : Femme d'un ancien valet de la garde-robe de la duchesse de Bouillon, elle était une des devineresses les plus réputées de Paris avec la Petit. D'après Guibourg, elle lui aurait proposé « de faire des mariages et de dire des messes sur des os de morts qu'elle ramassait ».

BERTRAND : apprenti marchand de soie du Dauphiné. Ami de Blessis et de Romani qui lui présentèrent la Voisin, il se proposa de remettre un placet empoisonné au roi ainsi que des gants enduits de poison à Mlle de Fontanges. Arrêté en 1680, il fut d'abord envoyé à Besançon puis à Salses, où il mourut le 18 avril 1687.

BICQ (Martin) : berger empoisonneur. Envoyé à l'hôpital général de Tours en décembre 1682, il s'en évada peu après avec son complice Petit-Charles. Repris, il fut conduit à la citadelle de Besançon.

BLESSIS (Denis Poculot, sieur de) : né en 1649 à Montbrison. Amant de la Voisin, il prétendait avoir trouvé le secret de la fabrication de l'argent. Mêlé à plusieurs empoisonnements, il fut condamné aux galères.

BONNARD (Pierre) : Intendant du maréchal de Luxembourg, il fit faire des conjurations par Lesage à l'insu de son maître. En mai 1680, il fut condamné aux galères à perpétuité.

BOSSE (François, dit Belamour) : fils de la Bosse. Soldat aux gardes françaises. Conduit à la Bastille en janvier 1679, il fut condamné à la pendaison en place de Grève par arrêt de la Chambre du 8 mai 1679.

BOSSE (Guillaume) : fils de la Bosse, enfermé à la Bastille en janvier 1679 à quinze ans. Il sortait de l'hôpital de Bicêtre « où sa mère l'avait placé pour le moraliser et lui donner l'amour du travail ». Transféré à Vincennes en juin 1679, il sortit le 17 août 1682 sous condition de s'engager dans les troupes du roi.

BOSSE (Marie, dite Manon) : fille de la Bosse, enfermée à la Bastille à quatorze ans en janvier 1679. D'abord condamnée au bannissement perpétuel hors du royaume, elle fut transférée en 1683, par décision de La Reynie, dans un couvent de Besançon sous le nom de Manon Dubosc.

BOSSE (Marie Marette, femme de François Mulbe, dite la Bosse) : Empoisonneuse, amie et complice de la Voisin, elle fut conduite à la Bastille le

4 janvier 1679 et fut brûlée vive le 10 mai 1679 en place de Grève, par arrêt de la Chambre de l'Arsenal.

BOTOT (François) : complice de Bonnard dans ses intrigues menées à l'insu du maréchal de Luxembourg. Ecroué à Vincennes le 23 mars 1679, il fut condamné à neuf ans de galères.

BOUFFLET (femme) : Sage-femme, avorteuse, complice de la Joly, elle fut pendue le 31 décembre 1681.

BOUGY (Marie de La Chaussade de Callonge, marquise de) : veuve de Révérend, marquis de Bougy, lieutenant général des armées du roi. En 1668, Lesage récita les Evangiles sur sa tête (interrogatoire de Mariette au Châtelet du 30 juin 1668).

BOUILLON (Marie Anne Mancini, duchesse de) : née en 1649, sœur de la comtesse de Soissons, mariée à Maurice Godefroy de La Tour d'Auvergne, duc de Bouillon, grand chambellan de France. Elle fut accusée – sans doute faussement – par Lesage d'avoir voulu faire mourir son mari et épouser le duc de Vendôme. Elle comparut devant la Chambre ardente le 29 janvier 1680. Le roi l'exila à Nérac. Elle mourut en 1714.

BOULARD (femme) : Maîtresse de l'abbé Mariette, elle fournit une fiole de poison à la Voisin dans le but de faire mourir le président Leféron.

BOUTIER (femme) : La Lepère la fit avorter. Elle connaissait la Voisin chez qui elle rencontra la comédienne Du Parc.

BRIANCOURT (Jean-Baptiste) : Bachelier en théologie, avocat, il fut le précepteur des enfants de la marquise de Brinvilliers et son amant.

BRIGALLIER (abbé) : Aumônier de la Grande Mademoiselle, il enseignait à faire des pactes avec le diable et sacrifia un enfant pour la réalisation du mariage de Mme de Saint-Laurent.

BRINVILLIERS (Marie Madeleine d'Aubray, marquise de) : née le 22 juillet 1630. Accusée d'avoir empoisonné son père et ses deux frères et attenté à la vie de Thérèse d'Aubray, sa sœur, elle fut exécutée en place de Grève le 16 juillet 1676.

BRISSAC (Henri Albert de Cossé, quatrième duc de), 1645-1699 : Passionné d'alchimie, il fut en relation avec plusieurs personnes impliquées dans l'affaire des Poisons, notamment la Petit, une nommée Baudran et un domestique appelé Dufos.

BRISSART (Marie Miron, veuve de) : Elle avait épousé un conseiller au Parlement. Elle fut accusée d'être venue voir la Voisin pour se faire aimer de M. de Rubentel, capitaine aux gardes françaises, et lui demander de se débarrasser de sa sœur, Mme d'Héricourt.

BROGLIO (Marie des Rody, dame de) : épouse en premières noces de Charles Timoléon de Beaufort-Montboissier, marquis de Canilhac. Accusée d'avoir empoisonné son premier mari avec la complicité de M. de Broglio, un mandat d'arrêt fut lancé contre elle, mais elle s'enfuit à l'étranger.

CADELAN (Pierre) : né à Castres vers 1638, secrétaire du roi et banquier à Paris. Complice de Vanens, de Rabel et de Chasteuil, il fut soupçonné de diriger un réseau international d'empoisonneurs et de faux-monnayeurs. Il mourut à la citadelle de Besançon en septembre 1684.
CARADA (Anne de) : veuve de François du Saussay, procureur du roi aux eaux et forêts de la généralité de Rouen. N'ayant pu se faire épouser par Gaspard Donneau de Vizé, elle fut accusée d'avoir cherché la mort des deux femmes successives de celui-ci. Il semble que l'une d'elles ait succombé au poison. Elle fut brûlée vive le 26 juin 1681.
CATAU : jeune fille au service d'Henriette d'Angleterre, que la Voisin s'employa à faire entrer au service de Mme de Montespan. D'après la fille Voisin, Catau ne savait rien des activités occultes de sa maîtresse. Elle ne fut pas inquiétée.
CESSAC (Louis Guillaume de Castelnau, comte de Clermont-Lodève, marquis de) : ancien maître de la garde-robe du roi, révoqué pour tricherie au jeu. « Décrété » par la Chambre de l'Arsenal le 23 janvier 1680, il fut accusé d'avoir voulu se défaire de son frère, le comte de Clermont, et d'avoir organisé chez lui des cérémonies magiques. Il réussit à s'enfuir en Angleterre et ne revint en France que dix ans plus tard. Il fut déchargé d'accusation le 4 décembre 1692.
CHAMBELLAN : Gentilhomme breton de la connaissance de la Voisin, il avait construit dans son logement du faubourg Saint-Germain un laboratoire d'alchimie et peut-être de poisons. « Chambellan a donné bien des poudres et des os à sa mère » (interrogatoire de la fille Voisin du 22 août 1680).
CHANFRAIN (Jeanne) : Née en 1632 à Montlhéry, « fille, et gagnant sa vie à ce qu'elle peut », elle eut sept enfants de son amant, l'abbé Guibourg, qui en sacrifia plusieurs pour ses messes noires. Elle fut exécutée en juillet 1681.
CHAPPELAIN (Madeleine Gardey) : femme de François Chappelain, contrôleur général des domaines et trésorier des Offrandes et Aumônes du roi. D'abord enfermée à Vincennes, puis transférée à la Bastille, cette dangereuse empoisonneuse incita, pour une raison inconnue, sa servante Françoise Filastre à entrer au service de Mlle de Fontanges. Accusée de plusieurs crimes, elle fut conduite par Auzillon en décembre 1682 à la citadelle de Belle-Isle-en-Mer, où elle mourut vers 1686.
CHARLES (dit Petit-Charles) : Berger empoisonneur originaire de Rambouillet, il fut arrêté à Montrouge en août 1681. Evadé de l'hôpital général de la Charité de Tours en janvier 1683, il fut repris la même année et envoyé à la citadelle de Besançon où il fut enchaîné jusqu'à sa mort.
CHARUAU : Vinaigrière, elle fut accusée d'avoir empoisonné son mari.
CHASTEUIL (François Galaup de) : né en 1625, second fils de Jean Galaup de Chasteuil, procureur général en la Chambre des comptes, aides et finances de Provence. Docteur en droit, chevalier de Malte, capitaine-major des gardes

de la Croix-Blanche, sous-gouverneur et précepteur du prince de Piémont (futur Victor Amédée II). Il fut accusé du meurtre de sa jeune maîtresse, alors qu'il était gardien du couvent des Carmes de Marseille. Alchimiste prétendant détenir le secret de la transmutation du cuivre en argent et du mercure en or, il fut soupçonné d'avoir participé avec son ami Louis de Vanens à l'empoisonnement de Charles Emmanuel II duc de Savoie en 1675. Il mourut à Verceil en 1678.

CHÉRON (Anne Petit, femme de Nicolas) : Marchande de fruits, née en 1626, spécialisée dans la fabrication de poisons à base de crapaud, d'arsenic et de vert-de-gris, elle connaissait Belot et la Bosse. Torturée le 19 juin 1679, elle ne voulut jamais avouer ses crimes et fut brûlée vive le lendemain.

COTTON (Jacques Joseph) : Prêtre, né à Paris vers 1636, maître des Petites Ecoles de la Charité de la paroisse Saint-Paul, il s'occupa de messes noires, de pactes avec le diable, de conjurations maléfiques, d'avortements. Amant de la Chappelain et de la Devaux, il avoua avoir voulu empoisonner le frère de celle-ci et avoir fait un pacte avec le diable pour le compte de la Filastre et de Mme de Vivonne. Il fut condamné au bûcher et exécuté le 1er octobre 1680.

COUSSERANS (vicomte de) : Amant de la Voisin, il hébergea dans son château du Bordelais l'abbé Mariette après son évasion en 1668.

DALMAS (Pierre) : chirurgien devenu aveugle à la suite d'une expérience chimique. Il faisait partie de la bande de Vanens. Conduit à la Bastille le 27 février 1678, il fut transféré à l'hôpital général de Tours en octobre 1682 et s'en évada. Repris, il fut enfermé dans la citadelle de Besançon.

DAVOT (Gilles) : chapelain de Notre-Dame-de-Bonne-Nouvelle, né à Argentan (Normandie) en 1639. Complice de la Voisin et de Lesage, il récita des messes noires sur le corps de plusieurs femmes et participa à de nombreuses cérémonies maléfiques. Il fut brûlé en place de Grève le 9 juillet 1681. Le bourreau, qui avait été son pénitent, refusa de l'exécuter et laissa agir l'un de ses aides.

DEBRAY (Etienne) : berger à Orgères, né en 1629. Ancien galérien, il s'occupa de lever des trésors et de fabriquer des poisons. Compromis dans le complot de Barenton et du chevalier de La Brosse contre Louis XIV, il fut brûlé en place de Grève le 18 juin 1682.

DELALANDE (François) : Prêtre, il avait empoisonné des clientes de la Voisin. Il fut condamné à être brûlé en place de Grève en juillet 1682.

DELAPORTE (Marie Leroy, veuve de Marguerin) : devineresse et empoisonneuse, née en 1652, épouse d'un maître boulanger parisien, amie de la Voisin et de la Trianon, complice de Guibourg, cliente de maître Pierre. Elle assista à une messe noire qui aurait été dite à la demande de Mme de Montespan. Elle fut conduite à Belle-Isle-en-Mer en 1682.

DESCHAULT (Jacques) : Complice des messes noires de Guibourg, empoisonneur, il fut brûlé vif le 19 juin 1681.
DESHAYES : prêtre de Notre-Dame de Paris. Il récita plusieurs messes noires pour le compte d'une sorcière, Elisabeth Simon, et fabriqua de la fausse monnaie.
DESLAURIERS (Guillemette Dary) : veuve de Duplessis, officier de cuisine. Complice de la Chéron et de la Bosse, elle connaissait la recette des crapauds empoisonnés avec du sel, dont on utilisait la bave dans des lavements. Elle fut enfermée à Belle-Isle-en-Mer.
DESLOGES (Louise, dite Louison) : Domestique de Mme de Germiny et complice de la Joly, elle fut suppliciée le 17 janvier 1682.
DES ŒILLETS (Claude de Vin) : fille de Nicolas et Alix Faviot, couple de comédiens connus sous leur nom de théâtre, les Des Œillets. Cette demoiselle de compagnie de Mme de Montespan, entrée à son service vers 1668, aurait servi d'intermédiaire entre sa maîtresse et les empoisonneuses, notamment la Voisin, qui lui aurait fourni à plusieurs reprises des « poudres pour l'amour », autrement dit des aphrodisiaques, destinées au roi. En compagnie d'un mystérieux milord anglais, qui passait pour son amant, elle aurait commandé en 1676 une messe noire à l'abbé Guibourg pour son propre compte, avant de quitter le service de Mme de Montespan l'année suivante. Elle serait responsable de la double tentative d'empoisonnement du roi et de Mlle de Fontanges. Elle fut une maîtresse intermittente de Louis XIV, dont elle aurait eu plusieurs enfants. Un seul est connu, Louise de Maisonblanche, qui épousa Bernard, marquis de Prez et baron de La Queue-les-Yvelines. Interrogée à Vincennes, reconnue par la fille Monvoisin, Lesage et l'abbé Guibourg, elle ne fut pas inquiétée, par ordre de Louis XIV, et mourut à Paris le 18 mai 1687.
DESPONTS : sage-femme et avorteuse, qui « se battait à l'épée ou au pistolet comme un homme ». Soupçonnée de beaucoup d'impiétés, selon la Voisin, elle fut arrêtée au moment où elle s'apprêtait à rejoindre son mari en Angleterre.
DEVAUX (femme) : Elle incitait la Filastre à empoisonner la Dufayet, qui voulait entrer au service de Mlle de Fontanges.
DODÉE : Compagne et complice de la Trianon, elle fut enfermée à Vincennes, où elle se suicida en mai 1681.
DREUX (Catherine Françoise Sainctot) : épouse de Philippe Dreux ou de Dreux, maître des requêtes puis intendant à Caen. Accusée d'avoir empoisonné plusieurs personnes et de s'être fait avorter chez la Voisin, elle fut arrêtée le 11 avril 1679 en son hôtel de la rue des Tournelles. Remise en liberté, elle fut exilée à Vaugaudry, près de Chinon, en avril 1680.
DRODELOT (Aymée) : sœur de Mme de Poligny qui fut exécutée pour l'empoisonnement de M. de Lescalopier. Elle était soupçonnée de faux-monnayage et mourut à l'hôpital général de Tours le 8 septembre 1686.

DUFAYET (Marie) : cuisinière que la Filastre chercha à empoisonner lorsqu'elle apprit qu'elle devait entrer au service de Mlle de Fontanges. C'était «une méchante femme, qui débauchait des femmes et des filles et s'était fait avorter plusieurs fois» (interrogatoire de la Filastre du 22 décembre 1679). «La Dufayet est une méchante femme contre laquelle il y a plusieurs charges sur le fait du poison» (note de La Reynie du 27 août 1682). Elle mourut à l'hôpital général de Lyon.

DU FONTET (Marie de La Marck, marquise) : née vers 1635 à Paris, épouse de M. du Fontet, mestre de camp d'un régiment de cavalerie. Dans son hôtel de la rue Montmartre, cette passionnée d'alchimie et d'occultisme reçut le duc de Luxembourg, MM. de Feuquières et de La Vallière et le sorcier Lesage. Elle fut déchargée d'accusation.

DUMESNIL : complice de la Voisin. Sa femme fut longtemps servante chez Madeleine Chappelain. Accusé par la fille Monvoisin d'avoir distillé les entrailles d'un enfant égorgé pour le compte de Mme de Montespan, il fut envoyé à Salses.

DUPIN (femme) : comédienne qui joua d'abord dans la troupe du Marais, puis dans celle de la rue Guénégaud. Elle se fit dire sur le ventre une messe noire par Guibourg.

DURAND (femme) : cordonnière qui s'était concertée avec la Bosse et la Vigoureux pour faire périr son mari. Elle fut pendue en place de Grève le 14 juillet 1679.

DU ROURE (Claude Marie de Gast d'Artigny, comtesse) : épouse depuis 1666 de Louis Pierre Scipion de Grimoard, comte du Roure, lieutenant général en Languedoc. Fille d'honneur d'Henriette d'Angleterre, la Voisin l'accusa d'avoir voulu empoisonner Mlle de La Vallière. Elle fut exilée en Languedoc.

DUSOULCYE (Louise Gaultier, femme de Georges Baucheron Dusoulcye, écrivain public) : Blanchisseuse, complice de La Chaboissière et de Dalmas, elle tenait un lieu de débauche. Accusée d'avortements et d'infanticides, elle fut enfermée à Belle-Isle-en-Mer.

DUVERGER (demoiselle) : logeuse et maîtresse de Lesage en 1667. Elle serait morte de manœuvres abortives. Selon Primi Visconti, elle voulait être aimée du roi.

DUVIVIER (Barbe Breton, femme de Jacques) : Femme de Jacques Duvivier, maître franger, elle était devineresse et complice de la Vigoureux.

EXILI (Eggidio ou) : Gentilhomme de la reine Christine de Suède, chimiste, chercheur de la pierre philosophale, il aurait enseigné à Sainte-Croix diverses recettes de poison.

FAUCHET : architecte, amant de la Voisin. «Pendant tout le temps qu'ils ont été en commerce ensemble, ce qui a duré assez longtemps, il n'a jamais voulu manger de rien avec la Voisin qu'il ne l'eût apporté lui-même, ce qui donna bien du soupçon contre la Voisin, croyant bien qu'il ne prenait pas cette précaution sans sujet et qu'il devait savoir de quoi elle se mêlait» (interrogatoire de la Boutier du 6 novembre 1679 à Vincennes).

FERRY (femme) : rubanière qui donna de l'argent à la Bosse pour empoisonner son mari. Elle fut exécutée le 10 mai 1679.

FEUQUIÈRES (Antoine de Pas, marquis de) : né le 16 avril 1648, aide de camp du duc de Luxembourg, colonel d'infanterie en 1678. Il était passionné d'occultisme. Lesage l'accusa de chercher la mort d'un parent d'une femme qu'il voulait épouser. Déchargé d'accusation, il sera compromis en 1695, en compagnie du duc de Chartres (le futur Régent), dans une nouvelle affaire de sorcellerie, celle d'Anne Marie de La Ville. Il mourut le 27 janvier 1711.

FILASTRE (Françoise) : née à Gannat en 1649. Femme de chambre et principale complice de Madeleine Chappelain, maîtresse du chevalier de Saint-Renant et de Laboissière, alias La Coudraye. Coupable d'avortements, d'infanticides, de satanisme (participation à des messes noires), d'empoisonnement, elle s'était vouée à Satan au cours d'une cérémonie de magie noire. Elle travailla pour Mme de Vivonne et peut-être pour Mme de Montespan. Elle fut brûlée vive le 30 septembre 1680.

FINETTE (Louise Leclerc, dite la) : maîtresse de Vanens (elle se faisait appeler Mme de Vanens). Enfermée à la Bastille en novembre 1677, elle fut transférée à Vincennes en février 1678.

GAIGNIÈRE (femme) : Confidente de Bachimont et de Romani, complice de Vanens, elle fut envoyée à l'hôpital général de Lyon.

GALET (Philippe) : paysan normand demeurant à Garnetot, près de Saint-Pierre-sur-Dives. Fabricant de poisons en relation avec la Filastre et Mme Chappelain, il fut enfermé à la citadelle de Besançon.

GASSILLY (comte de) : Il demanda à la Bosse, la Vigoureux et la Voisin la mort de plusieurs personnes, notamment de son oncle, procureur général en Bretagne.

GÉRARD (Gabriel) : Coffretier-malletier, il devint capucin au faubourg Saint-Jacques avant de s'enfuir par la fenêtre de son couvent, d'où son surnom de «Petite Fenêtre». Complice de Belot, il savait les «petits secrets bleus, comme ceux pour le jeu, pour l'amour et pour les armes», mais s'était surtout spécialisé dans l'empoisonnement par des chaussures imbibées d'arsenic. Il resta enfermé à la Bastille.

GÉRARD (Isaac) : prêtre du diocèse de Paris, complice de Davot. Il célébrait des messes noires.

GRÉMONT : alchimiste. Complice du comte de Bachimont, il travailla avec Vanens, Blessis et la Voisin. Arrêté et conduit à Vincennes en mars 1679, il fut envoyé à l'hôpital général de Rouen en 1682.

GUIBOURG (Etienne) : Il serait le fils naturel de M. de Montmorency. Il fut vicaire à Saint-Jacques-de-l'Hôpital, Saint-Spire-de-Corbeil, à la chapelle de Saint-Antoine-du-Buisson à Versailles, à Issy et à Vanves, desservant de l'autel Saint-Marcel de la basilique royale de Saint-Denis, premier chapier de l'église paroissiale de Montlhéry et chapelain du comte François de Montgomery au château de Villebouzin. Il fut l'un des principaux complices de la Voisin. Accusé d'avoir pratiqué de multiples sacrilèges, d'avoir dit des messes noires, accompagnées de sacrifices d'enfants, auteur de multiples crimes, il fut arrêté le 23 juin 1680, incarcéré à Vincennes et mourut en janvier 1686 à la citadelle de Besançon.

JOLY (Marguerite Michau, veuve Dominesse, dite la) : veuve d'un vitrier et « faiseur d'instruments ». Elle demeurait à Orléans mais venait à Paris tous les ans à la demande de Guibourg pour réaliser des empoisonnements ou lever des trésors. Elle fut brûlée vive le 19 décembre 1681.

LA BATIE (comte de) : amant de la Voisin, soupçonné d'avoir voulu tuer le mari de celle-ci.

LABOISSIÈRE (alias Jean La Coudraye) : Amant de Françoise Filastre, il servit une messe impie de Guibourg dite sur le placenta de la Filastre. Envoyé à Salses en décembre 1682, il y mourut en mars 1684.

LA BRETESCHE (Mme de) : empoisonneuse. Amie de la Voisin, de la demoiselle de La Grange, de Romani et de Bertrand, elle se proposait de faciliter leur rencontre avec Mlle de Fontanges, qu'elle connaissait. Elle passait pour avoir épousé secrètement Blessis.

LA CHABOISSIÈRE (alias Jean Barthominat) : valet de Vanens. Enfermé à la Bastille en novembre 1677, il fut transféré à Vincennes et condamné à la pendaison par arrêt de la Chambre du 16 juillet 1682.

LA CHAULME (Mlle de) : « Il a encore su que Guibourg a fait des impiétés et des conjurations pour Mlle de La Chaulme, de Bourgogne, qui demeurait alors dans la rue des Bons-Enfants, chez M. de Maupeou, où les conjurations étaient pour faire mourir la mère de La Chaulme » (interrogatoire de Lesage du 16 septembre 1680 à Vincennes).

LA FERTÉ (Marie Isabelle Gabrielle de La Mothe-Houdancourt, duchesse de) : femme d'Henri François de Senneterre, marquis puis duc de La Ferté. Interrogée le 15 février 1680, elle avoua s'être rendue avec la comtesse de Soissons et la marquise d'Alluye chez la Voisin mais prétendit ne pas savoir « ce qu'elles ont dit ensemble ».

LAFOREST (femme) : Aubergiste de la rue des Lavandières, elle hébergea Vanens et mourut empoisonnée par du vin frelaté.

LA FRASSE ou LA FRACE (Benoist Monvachon, dit Robin de) : Né à Nantua vers 1650, il était gendarme du roi. Il proposa à la Filastre de la placer chez Mlle de Fontanges. Enfermé à Vincennes à la fin de 1679, transféré à la Bastille en décembre 1682, il mourut à Salses.

LA GRANGE (Madeleine Guéniveau de) : Née à Doué en 1640, elle était veuve de Robert Minet, sieur de La Grange, receveur des gabelles et des tailles d'Anjou. Devineresse et empoisonneuse, elle fut accusée de s'être débarrassée de son mari avec la complicité du curé Léonard Nail. Arrêtée en février 1677, elle fut conduite au Châtelet, transférée peu après à la Bastille et brûlée vive le 8 février 1679.

LA MAROTTIÈRE (André Lefebvre, sieur de) : ancien grenetier à sel, devenu gentilhomme ordinaire du roi. Alchimiste, il connaissait Blessis, Vanens, Lesage. Arrêté le 9 juillet 1679, il fut conduit à Vincennes, puis au fort de Salses.

LANDRY (femme) : entremetteuse qui, d'après Guibourg, «demeurait dans une petite rue près la boucherie du Marais». Elle fut mêlée à des conjurations et à des cérémonies sacrilèges avec le nommé Deschault.

LAPIERRE : prêtre de l'église Saint-Sauveur à Paris, confesseur de Mlle des Œillets. Il était frère de Romani. Il ne fut pas interrogé, alors qu'il était un témoin essentiel pour juger de la culpabilité de Mlle des Œillets.

LAROQUE : complice de Chasteuil dans le meurtre de sa jeune maîtresse, quand il était gardien des Carmes de Marseille. Celui-ci le fit entrer en qualité de sergent dans le régiment savoyard de la Croix-Blanche.

LEFÉRON (Marguerite Gallard, femme de Jérôme) : née en 1614. Accusée d'avoir empoisonné son mari, président de la première Chambre des enquêtes, elle fut arrêtée le 9 avril 1679 et condamnée au bannissement hors la vicomté de Paris pour neuf ans et à 1500 livres d'amende.

LEFRANC (Gilles) : bachelier en théologie de la faculté de Paris. Prêtre satanique, chercheur de trésors, il se mêlait de conjurations avec la Deschault. Il fut enfermé à Salses.

LEMAIRE (Rodolphe) : titulaire d'une charge de sommelier de paneterie-bouche à la Cour et frère de l'empoisonneuse Vertemart. Arrêté le 24 septembre 1679, il fut déchargé d'accusation mais, comme il avait été enfermé avec l'abbé Guibourg, il fut conduit à la frontière le 18 août 1682.

LEMPÉRIER : Prêtre, chercheur de trésors, il faisait des conjurations sataniques pendant la messe. Il était complice de Vanens et de la Joly.

LEPÈRE (Catherine Belleau, femme d'Etienne) : Sage-femme, avorteuse et empoisonneuse, amie de la Voisin, elle fut exécutée le 12 août 1679.

LEPREUX (Michel) : vicaire de Saint-Aignan, prêtre de Notre-Dame, amant de la sorcière Elisabeth Simon. Prêtre chargé «d'un fort grand nombre d'impiétés et de sacrilèges» (Louvois), il disait des messes noires, y consacrait des couleuvres «pour le secret de l'amour», à la demande de la Dufayet qui cher-

chait à épouser un sieur Belluchot. Accusé d'avoir sacrifié au diable l'enfant de la Filastre, il fut enfermé d'abord dans les prisons de l'Officialité de Paris, puis transféré par les soins de Desgrez à Vincennes et conduit en décembre 1682 à la prison de Saint-Lazare.
LEROUX (femme) : lingère. Complice de la Voisin et de la Boulard dans l'empoisonnement du président Leféron, elle fut exécutée en place de Grève le 5 avril 1680.
LEROY : ancien gouverneur des pages de la Petite Ecurie. Il aurait été l'un des premiers à mettre Mme de Montespan en relation avec les empoisonneurs.
LEROY (Catherine) : maîtresse de La Chaboissière, valet de Vanens. Elle participa à la fabrication de poisons alors qu'elle était servante chez une loueuse de garnis nommée la Dusoulcye. Incarcérée à la Bastille en avril 1678, transférée à Vincennes en octobre 1679, elle fut envoyée à la citadelle de Belle-Isle en décembre 1682.
LESAGE (Adam Cœuret, dit Dubuisson, dit) : né à Venoix, près de Caen. Alchimiste, devin et sorcier. Arrivé à Paris en avril 1667, il fut le principal complice et amant de la Voisin. En 1667-1668, il fit des cérémonies sacrilèges avec l'abbé Mariette et la Duverger, sa maîtresse, pour le compte de Mmes de Polignac et de Montespan. Arrêté, condamné aux galères, il fut libéré en juin 1673 et revint à Paris, où il retrouva la Voisin. Impliqué dans de très nombreuses affaires d'empoisonnement et de sorcellerie, il fut enfermé à la citadelle de Besançon.
LESCALOPIER : Membre du Parlement, il fut empoisonné par la servante de sa femme qui vivait séparée de lui.
LOTTINET : bourgeois de Paris, chercheur de trésors, lié avec la Bosse et le frère Martinet et soupçonné d'être un empoisonneur.
LUSIGNAN (Mme de) : cliente de la Voisin, de Lesage et de la Chappelain. Accusée de s'être livrée vers 1668 dans les bois de Dreux et de Fontainebleau à des invocations à Satan et à des « abominations » en compagnie d'un prêtre et d'un faux-monnayeur appelé Froger, elle fut arrêtée et enfermée à Vincennes. Faute de preuves, elle fut déchargée d'accusation et libérée le 29 avril 1680.

MAILLARD (Jean) : conseiller du roi, auditeur à la Chambre des comptes. Ami de Sainte-Croix, il fut soupçonné d'avoir cherché à empoisonner le roi. Il fut exécuté le 21 février 1682 à quarante-deux ans.
MARIETTE (François) : prêtre de Saint-Séverin. Complice de Lesage et de la Voisin, il fit des sacrilèges pour le compte de Mme de Polignac et de Mme de Montespan, participa à l'empoisonnement du président Leféron. Arrêté en 1668, il s'évada de la communauté de prêtres où il avait été enfermé. Il se retira chez M. de Cousserans, qui le livra à la police en février 1680. Il mourut au château de Vincennes.

MARRE : alchimiste italien qui s'était vanté auprès de la Voisin de savoir « toutes sortes de secrets ». A la demande de celle-ci, il rédigea un pacte avec le diable pour une vivandière de l'armée.
MARTINET : frère minime de la place Royale qui collabora aux recherches alchimiques de Cadelan, Vanens et Mulbe, mari de la Bosse. Il avait un laboratoire dans son couvent et entretenait des liens avec Lottinet, soupçonné d'être un empoisonneur.
MÉLINE (femme) : Empoisonneuse, complice de la Joly, elle sacrifia son enfant au diable. Elle était en outre convaincue d'avoir « participé à la fabrication et exposition de fausse monnaie ». Elle fut exécutée en décembre 1681.
MONTEMAYOR ou MONTEMAJOR (alias Claude François Bouchard, dit le comte de) : fils d'apothicaire, astrologue, sorcier et alchimiste, né vers 1630 en Franche-Comté. Il travailla d'abord pour le compte de M. et Mme de Valençay. Banni à perpétuité par la Cour des monnaies en 1660, il fut incarcéré à la Bastille, puis exilé en Basse-Normandie et gracié. Le maréchal de Luxembourg l'engagea à son service. Arrêté une seconde fois, il fut incarcéré à Vincennes en février 1680, puis enfermé à Salses en janvier 1683.
MONTESPAN (Françoise, dite Athénaïs, de Rochechouart de Mortemart, princesse de Tonnay-Charente, marquise de) : née en octobre 1640 à Lussac-les-Châteaux, fille de Gabriel, duc de Mortemart, et de Diane de Grandseigne. Elle épousa le 6 février 1663 Louis Henri de Pardaillan de Gondrin, marquis de Montespan. Dame d'honneur de la reine Marie-Thérèse, elle devint la favorite du roi à partir de 1668. Elle fut séparée de corps et de biens d'avec son mari par arrêt du 7 juillet 1674. A partir d'avril 1679, elle exerça la charge de surintendante de la maison de la reine. Elle fut accusée par quelques prisonniers de la Chambre de l'Arsenal d'avoir participé à des cérémonies sacrilèges et à des messes noires pour obtenir puis conserver l'amour du roi, d'avoir donné à celui-ci des aphrodisiaques, d'avoir tenté de l'empoisonner ainsi que Mlle de Fontanges. Elle quitta la Cour en 1691 et mourut à Bourbon-l'Archambault le 27 mai 1707.

De son mari, elle avait eu deux enfants, Marie Christine, née en novembre 1663, morte le 5 avril 1675, et Louis Antoine, marquis puis duc d'Antin, né le 5 septembre 1665, lieutenant général, gouverneur d'Orléans et d'Amboise, directeur général des Bâtiments, duc et pair en 1711, mort le 2 décembre 1736. De Louis XIV elle eut sept enfants : un garçon, né en mars 1669, mort vraisemblablement en 1672; Louis Auguste de Bourbon, légitimé en 1673, duc du Maine, grand maître de l'Artillerie, déclaré prince du sang, surintendant de l'éducation de Louis XV, déchu de sa qualité de prince du sang en 1717, mort le 14 mai 1736; Louis César de Bourbon, légitimé en 1673, comte de Vexin, mort le 10 janvier 1683 ; Louise Françoise de Bourbon, née le 1er juin 1673, baptisée sous le nom de Mlle de Nantes, déclarée princesse de Bourbon en 1680, mariée à Louis III, duc de Bourbon, morte le 16 juin 1743 ; Louise

Marie Anne, née le 12 novembre 1674, légitimée en 1676 sous le nom de Mlle de Tours, morte le 15 septembre 1681 ; Françoise Marie de Bourbon, née le 4 mai 1677, légitimée en 1681, mariée à Philippe, duc de Chartres puis d'Orléans, régent de France, morte le 1er février 1749 ; Louis Alexandre de Bourbon, né le 6 juin 1678, légitimé en 1681 sous le nom de comte de Toulouse, gouverneur de Bretagne, lieutenant général, duc et pair, déclaré prince du sang, chef du Conseil de Marine en 1715, déchu de sa qualité de prince du sang en 1717, mort le 1er décembre 1737.

MONVOISIN ou MONTVOISIN (Catherine Deshayes, épouse) : voir VOISIN (la).

MONVOISIN (Marie Marguerite) : née en 1659, fille de Catherine Deshayes et d'Antoine Monvoisin. Elle fut arrêtée en mai 1679. Après la mort de sa mère, elle révéla que celle-ci était en relation étroite avec Mme de Montespan et sa dame de compagnie, Mlle des Œillets, à qui elle fournissait des aphrodisiaques pour le roi. Elle accusa la marquise de s'être fait dire sur son corps des messes noires par l'abbé Guibourg et d'avoir voulu empoisonner, avec la complicité de sa mère, le roi et Mlle de Fontanges. En 1682, elle fut enfermée à Belle-Isle-en-Mer.

MOREAU : berger de la Ferté, près de Chevreuse, qui avait promis à un mystérieux « homme de condition », parent de Fouquet, la mort du roi et la libération de l'ancien surintendant. Il fut roué vif en place de Grève en septembre 1681.

MORLET (L.J.) : Incarcéré et interrogé à la Bastille le 9 février 1680, il accusa faussement le maréchal de Luxembourg d'avoir voulu empoisonner le roi.

MULBE (François) : tapissier, mari de la Bosse. Condamné aux galères pour fausse monnaie vers 1675, il fut détaché de son banc en mai 1679 et conduit à Vincennes pour être interrogé sur les crimes de sa femme. Il fut ensuite renvoyé aux galères.

PELLETIER (femme) : Complice de la Voisin et de Guibourg, elle fut envoyée en décembre 1682 à Belle-Isle, où elle mourut deux ans plus tard.

PETIT (femme) : célèbre devineresse de Paris, amie de la Voisin, qui s'occupait également de faire des pactes avec le diable. Elle fut envoyée au fort de Bains.

PETIT-JEAN : Laquais de Mme Chappelain, il mourut empoisonné à l'Hôtel-Dieu.

PHILBERT ou PHILIBERT (femme Brunet, dite la) : fille d'orfèvre, amie d'enfance de la Bosse. Enfermée à Vincennes en mars 1679 pour avoir voulu empoisonner son mari et épouser Philbert Rebillé, dit Philibert, joueur de flûte du roi (voir Rebillé), elle fut exécutée le 10 juin 1679.

PIERRE (maître) : « Maître Pierre est un véritable empoisonneur, fournit des herbes vénéneuses, fait des décoctions et des tisanes qu'il donne pour des maléfices, et en a donné à la Bosse, à la Voisin et à la Delaporte » (interrogatoire de Lesage du 13 septembre 1679). Il fut envoyé au fort de Saint-André-de-Salins en 1683.

PINON DU MARTROY (Jacques) : Conseiller à la quatrième Chambre des enquêtes, seigneur de Vitry-sur-Seine et de Villejuif, ce parent de Fouquet et ami de Sainte-Croix fit dire par Guibourg des conjurations pour faire mourir le roi. Il mourut vers 1677.

POIGNARD (femme) : Complice de la Bosse et de la Joly, elle fut envoyée à Belle-Isle-en-Mer.

POLIGNAC (Jacqueline de Beauvoir de Grimoard du Roure, vicomtesse de) : troisième femme de Louis Armand de Polignac, gouverneur du Puy-en-Velay. Accusée d'avoir voulu empoisonner son mari (qui ne mourut qu'en 1692) ainsi que Mlle de La Vallière, elle échappa de peu aux soldats venus l'arrêter en 1679 dans son château d'Auvergne. Elle s'éteignit en 1721, à quatre-vingt-quatre ans.

POTTEREAU (femme) : Elle tenta d'empoisonner son mari à plusieurs reprises avec la complicité de la Duvivier et fut exécutée le 13 juillet 1679.

POULAILLON (Marguerite de Jehan de) : épouse en secondes noces d'Alexandre de Poulaillon, maître des eaux et forêts de Champagne. Après avoir eu de lui un fils, Auguste Henri, elle tenta à plusieurs reprises de se débarrasser de son mari pour vivre librement avec son amant, M. de La Rivière. Par arrêt de la Chambre ardente du 5 juin 1679, elle fut condamnée au bannissement et à la confiscation de ses biens mais, à sa demande, fut reléguée aux Filles repenties d'Angers.

PRIEUR DE SAINT-ARNOUL : «Aussi méchant homme que Guibourg», selon le berger Debray, il fut mêlé à la conspiration de Moreau visant à empoisonner le roi et à libérer Fouquet, alors enfermé à Pignerol. Son patronyme n'est pas connu.

RABEL : Provençal, chimiste empirique, complice du banquier Cadelan dans l'empoisonnement de Rondeau, premier mari de la femme de Cadelan. Le marquis de Cessac et la comtesse d'Armagnac s'employèrent à le faire nommer médecin ou chirurgien du dauphin. Enfermé à Salses, libéré et banni du royaume, il fut à nouveau enfermé à Besançon.

RAFFETOT (Alexandre de Canonville, marquis de) : époux de Catherine de Gramont, fille du maréchal. En 1668, Lesage récita les Evangiles sur sa tête (interrogatoire de Mariette au Châtelet du 30 juin 1668).

REBILLÉ (Philbert, dit Philibert) : joueur de flûte de la Grande Ecurie du Roy. A l'arrestation de sa femme, le roi lui laissa la liberté de s'enfuir s'il était coupable. Rebillé refusa et alla se constituer prisonnier à la Bastille, d'où il fut transféré à Vincennes. Reconnu innocent, il fut libéré le 8 août 1680 (pour sa femme, exécutée le 10 juin 1679, voir Philbert.)

REGNARD (dit Latour, dit Sertrouville, dit Titreville, dit le Grand Auteur) : Empoisonneur, alchimiste et faux-monnayeur, originaire de Bourgogne, il travailla à des distillations chez Vautier pour le compte de sa maîtresse, la Voisin.

RIDEL (femme) : épouse de Jean Ridel, valet de chambre ordinaire du roi. Sorcière, avorteuse. Guibourg avait dit des messes noires sur son ventre.

ROMANI : Complice de Blessis, de Bertrand et de la Voisin, il se proposait de porter à Mlle de Fontanges des étoffes empoisonnées. Arrêté en avril 1680, il fut incarcéré à Vincennes. Transféré le 5 janvier 1683 à Besançon, où il fut enchaîné, il y était encore en 1714.

RONVILLE (Mme de) : Enfermée à Vincennes en février 1680, elle était soupçonnée d'avoir aidé la comtesse de Soissons dans ses manœuvres contre Mlle de La Vallière.

SACHI (abbé) : originaire du bas Languedoc. Faux-monnayeur, complice de Lesage et de Blessis. « Extrêmement chargé et accusé, et de divers endroits, sur le fait du poison, lié et en commerce intime avec plusieurs de ceux qui ont été exécutés » (La Reynie), il fut renvoyé dans son pays en 1682.

SAINT-RENANT (chevalier de) : Cet astrologue, empoisonneur et faux-monnayeur d'origine bretonne était, au dire de la Voisin, « un homme assez grand, délié, pâle et maigre, ayant les cheveux plats et châtains et âgé d'environ trente-cinq ans; a demeuré sur le Pont-au-Change et vers Saint-Séverin et n'avait pas autrement de demeure assurée ». Amant de la Filastre, il était en rapport avec la Voisin, Chambellan, la Philbert, la Duval, la Chappelain, la Bosse, la Du Fayet et le comte de Gassilly.

SAINTE-COLOMBE (M. de) : alchimiste irlandais dont le vrai nom était Dominique de Mead. Neveu du colonel Dillon, il travailla six ans au service du comte de Bachimont, puis le quitta vers 1676 pour se réfugier en Irlande puis en Espagne.

SIMON (Elisabeth) : Amie de la Filastre qui fit périr son jeune enfant au cours d'une cérémonie diabolique, elle était soupçonnée d'avoir empoisonné son prétendant, un nommé l'Enfilé.

SOISSONS (Olympe Mancini, comtesse de) : seconde fille de Michel Laurent Mancini et de Hiéronyma Mazarini, nièce du cardinal Mazarin, née en 1638. En 1657, elle épousa Eugène Maurice de Savoie-Carignan (1635-1673), créé troisième comte de Soissons, colonel général des Suisses et Grisons. Elle fut nommée surintendante de la maison de la reine en 1660. Ayant fui la France en janvier 1680, elle mena une vie errante, passant de Flandre en Espagne, séjournant à Londres et à Bruxelles, où elle mourut en 1708.

TERMES (Roger de Pardaillan de Gondrin, marquis de) : alchimiste, soupçonné d'être un empoisonneur et d'avoir conspiré contre Louis XIV. Décrété de prise de corps le 21 juin 1681, il fut déchargé d'accusation par arrêt du 18 mars 1682.

TERRON DE CLAUSEL (Jean) : avocat au Parlement. Complice de Vanens, il fut enfermé à la Bastille en novembre 1677, transféré à Vincennes en mars 1682, puis au château de Salses en décembre de la même année.

TINGRY (Marie Louise Antoinette d'Albert, princesse de) : sœur utérine de la duchesse de Luxembourg. Religieuse à l'Abbaye-aux-Bois, chanoinesse coadjutrice du Poussay, elle fut relevée de ses vœux et devint dame du palais de la reine. Elle mourut le 16 juillet 1706.

TOURNET (Paul) : médecin alchimiste arrêté en août 1679. Il prétendait détenir le secret de la pierre philosophale. Son frère Bernard, prêtre compromis dans des affaires de sortilèges et de maléfices, avait été exécuté en août 1677, peu avant que n'éclatât l'affaire des Poisons. Lui-même mourut vraisemblablement à la citadelle de Besançon vers la fin du règne de Louis XIV.

TRABOT : paysan normand, complice de Madeleine Chappelain. Arrêté à Versailles, il fut enfermé à l'hôpital général en 1682.

TRIANON (Catherine Boullay, dite la) : née à Tours en 1622, veuve de Claude Trianon, marchand de cette ville. Devineresse et empoisonneuse, amie de la Voisin, elle se suicida au donjon de Vincennes en mai 1681.

VANENS (Louis, chevalier de) : né à Arles, enseigne au régiment d'Artois, sous-lieutenant préposé à la garde de la grande tour de Toulon. Alchimiste, empoisonneur, ami et disciple de Chasteuil, il fut soupçonné d'avoir empoisonné en juin 1675 le duc de Savoie. Arrêté le 5 décembre 1677 et condamné aux galères, sa peine fut commuée en prison perpétuelle au fort de Saint-André-de-Salins, où il mourut le 22 octobre 1691.

VASSÉ (Marie Madeleine de Saint-Gelais, marquise de) : Elle demanda à la Vigoureux, à la Bosse, à la Voisin et à la Filastre de la débarrasser de son mari, Henri François, marquis de Vassé, maréchal de camp.

VAUTIER (Denis Jean) : peintre et alchimiste, complice de Latour, dit le Grand Auteur. Décrété de prise de corps le 7 mai 1679, il fut soustrait à la juridiction de la Chambre ardente et transféré par lettre de cachet du 15 décembre 1682 au château de Salses en Roussillon.

VENDÔME (Louis Joseph, duc de), 1654-1712 : D'après Lesage, il aurait accompagné Mme de Bouillon chez la Voisin pour demander la mort de M. de Bouillon.

VERTEMART (Marie Lemaire) : femme de J. Vertemart, huissier de la Chambre des comptes. Cliente de la Voisin et de Lesage, elle désirait la mort de son mari et son remariage avec un certain Girault, marchand de vins. Lesage l'accusa d'avoir demandé à la Voisin de se faire placer au service de Mme de Montespan. Remise à sa famille, celle-ci la fit enfermer aux Madelonnettes en juillet 1681.

VIGOUREUX (Marie Vandon, épouse) : Femme d'un tailleur pour dames, cette rivale de la Bosse et de la Voisin fut condamnée le 6 mai 1679 à être brûlée vive en place de Grève, après avoir fait amende honorable devant le portail de Notre-Dame. L'arrêt ne put être exécuté car la Vigoureux mourut le lendemain pendant la question.

VILLEDIEU (Marguerite de Fais de) : née vers 1645. Fille d'un notaire parisien, elle épousa en 1660 Boesset de Villedieu, fils du surintendant de la musique du roi. « Esprit pernicieux et menteur », dira d'elle la Voisin. Ses relations avec Mlle des Œillets lui valurent de finir ses jours à l'abbaye de Charly, en Champagne.
VITRY (Marie Louise Aimée Pot de Rhodes, duchesse de) : femme de François Marie de l'Hospital, duc de Vitry. Elle souhaitait la mort de son mari, qui la tenait serrée au monastère de l'Assomption. Elle fréquenta dans ce but la Voisin et maître Pierre.
VIVONNE (Antoinette Louise de Roissy de Mesmes, duchesse de) : épouse en 1655 de Louis Victor de Rochechouart de Mortemart, comte puis duc de Roissy. En relation avec la Voisin, l'abbé Guibourg et la Filastre, elle aurait cherché à faire mourir son mari et à prendre la place de sa belle-sœur, Mme de Montespan, dans le cœur du roi. Par ordre de celui-ci, elle ne fut jamais inquiétée et mourut en 1709.
VOISIN (Catherine Deshayes, femme d'Antoine Monvoisin ou Montvoisin, dite la) : l'une des principales accusées. Née vers 1637, elle s'installa à la fin de 1664 rue Beauregard, à la Villeneuve-sur-Gravois, faubourg de Paris, après avoir été poursuivie pour ses activités de devineresse. Elle s'y livra à de nombreux avortements et empoisonnements. Arrêtée le 12 mars 1679, elle fut brûlée vive en place de Grève le 22 février 1680.

Repères chronologiques

1667	
Juin	Madame de Montespan devient la maîtresse de Louis XIV.
1668	
29 juin	Arrestation de Dubuisson, dit Lesage, et de l'abbé Mariette, enfermés à la Bastille pour « impiétés et sacrilèges ».
Août	Condamnation de Lesage aux galères et de Mariette à neuf ans de bannissement.
11 décembre	Mort de Marie Thérèse de Gorle, dite Marquise, femme de René Berthelot, dit Du Parc.
1670	
30 juin	Mort d'Henriette d'Angleterre.
1671	
5 septembre	Mort de Hugues de Lionne.
1672	
31 juillet	Mort de Jean-Baptiste Gaudin de Sainte-Croix.
1673	
24 mars	Condamnation à mort par contumace de la marquise de Brinvilliers. Exécution de La Chaussée.
Juin	Libération de Lesage.
7 juin	Mort du comte de Soissons.
1674	
19 avril	Entrée de Louise de La Vallière aux Carmélites de la rue Saint-Jacques à Paris.
27 novembre	Exécution du chevalier Louis de Rohan pour crime de lèse-majesté.

1675	
Mars	Vanens et Bachimont à Turin.
Avril	Séparation de Louis XIV et de Mme de Montespan à Pâques.
12 juin	Mort à Turin de Charles Emmanuel II, duc de Savoie.
1676	
25 mars	Arrestation de la marquise de Brinvilliers.
16 juillet	Exécution de la marquise de Brinvilliers.
1677	
25 février	Arrestation de la demoiselle de La Grange.
Juin	Acquittement de Penautier.
Août	Exécution de l'abbé Bernard Tournet, accusé de « sortilèges et de maléfices ».
28 novembre	Billet anonyme trouvé dans l'église des Jésuites de la rue Saint-Antoine, parlant d'une conspiration contre le roi.
5 décembre	Arrestation du chevalier de Vanens.
1679	
4 janvier	Arrestation de la Bosse et de la Vigoureux.
6 février	Exécution de la demoiselle de La Grange et du curé Léonard Nail.
11 février	Arrestation de Mme de Poulaillon.
Début mars	Mystérieux voyages de la Voisin à Saint-Germain.
12 mars	Arrestation de la Voisin.
22 mars	Arrestation de Lesage.
7 avril	Création de la Chambre de l'Arsenal, dite Chambre ardente.
9 avril	Arrestation de la présidente Leféron.
17 avril	Première séance de la Chambre.
6 mai	La Bosse et la Vigoureux condamnées à mort.
7 mai	Mort de la Vigoureux pendant la question.
Juin	Condamnation de Mme de Poulaillon au bannissement.
10 juin	Exécutions de François Belot et de la Philbert.
20 juin	Exécution de la Chéron, complice de la Bosse.
13 juillet	Exécution de la femme Potterau.
12 août	Exécution de la Lepère, complice de la Voisin.
23 septembre	Arrestation de la Vertemart.
17 novembre	Arrestation de Madeleine Chappelain.
19 novembre	Première représentation de *La Devineresse* de Thomas Corneille et Donneau de Vizé.
Décembre	Arrestation de Françoise Filastre.
1680	
11 janvier	Louvois envisage l'arrestation de Jean Racine.
22 janvier	Décrets de prise de corps lancés contre la comtesse de Soissons, la marquise d'Alluye, la vicomtesse de Polignac, le marquis de Cessac et le maréchal de Luxembourg.

24 janvier	Le maréchal de Luxembourg se rend à la Bastille.
19 février	Condamnation de la Voisin à la peine de mort.
22 février	Exécution de La Voisin en place de Grève.
24 février	Extension de la compétence de la Chambre de l'Arsenal « aux sacrilèges, impiétés, profanations, fabrication et exposition de fausse monnaie ».
27 février	Arrestation à Toulouse de l'abbé Mariette.
5 avril	Exécution de la Leroux, complice de la Voisin.
7 avril	Condamnation de Mme Leféron au bannissement de la vicomté de Paris et à 1500 livres d'amende.
14 mai	Acquittement du maréchal de Luxembourg.
23 juin	Arrestation de l'abbé Guibourg.
Juillet-août	Mise en cause de Mme de Montespan par Marie Marguerite Monvoisin.
30 septembre	Révélations concernant Mme de Montespan faites par la Filastre alors qu'elle subissait la question. Exécution de la Filastre et de l'abbé Cotton. Suspension de la Chambre de l'Arsenal.
Octobre	Convocation de Mlle des Œillets chez Louvois.
22 novembre	Confrontation de Mlle des Œillets avec Lesage, l'abbé Guibourg et la fille Monvoisin, qui la reconnaissent.

1681

Janvier	Arrestation de Debray, berger.
3 mai	Suicide de la Trianon.
19 mai	Reprise des travaux de la Chambre de l'Arsenal.
20 juin	Exécution de La Chanfrain, pendue en place de Grève.
25 juin	Exécution de la dame de Carada.
27 juin	Mort de la duchesse de Fontanges.
9 juillet	Exécution de l'abbé Gilles Davot.
6 septembre	Exécution de Barenton.
9 septembre	Exécution du berger Debray.

1682

21 février	Condamnation à mort et exécution de Maillard.
16 juillet	Exécution de La Chaboissière, valet de Vanens (dernière exécution prononcée par la Chambre de l'Arsenal).
21 juillet	Fermeture de la Chambre.
30 août	Enregistrement par le Parlement de l'édit sur les poisons et les crimes d'empoisonnement.

Sources

MANUSCRITS

BIBLIOTHÈQUE DE L'ARSENAL

Archives de la Bastille, Mss. 10338 à 10359 (1668-1682). Pièces du procès des Poisons : interrogatoires, confrontations, inventaires, dossiers particuliers des accusés, notes et rapports de police. La plus grande partie de ces documents a été publiée au XIXe siècle par François Ravaisson.

SERVICE HISTORIQUE DE LA DÉFENSE

Section ancienne. La correspondance de Louvois relative à l'affaire des Poisons est classée dans la série A1 et s'étend des volumes 530 à 846.

BIBLIOTHÈQUE NATIONALE DE FRANCE

Manuscrits français : 1192 (notes de Mme de Ville-Evrard sur la «démonolâtrie de M. de Luxembourg»), 6944, 7608 («Recueil des pièces originales et copies concernant les procès instruits par M. de La Reynie et jugés par la Chambre de l'Arsenal, 1679-1691»; ce dernier dossier, le plus important pour l'énigme de Mme de Montespan, comprend les résumés des interrogatoires secrets détruits en 1709), 7610, 7630 (procès criminel de Marguerite Michau, dite la Joly, 1681 ; ce volume, qui n'a pas été examiné, semble-t-il, par François Ravaisson, comporte de nombreuses pièces inédites), 21591 (scellés après décès de Marie Radegonde de Roussille de Scorailles, duchesse de Fontanges, 25 juin 1681, f° 80 ; note de Delamarre sur l'état du corps de la duchesse de Fontanges après son autopsie, f° 167).

Nouvelles acquisitions françaises : 5247-5249 (papiers de La Reynie), 21314 (correspondance de l'intendant des galères Arnoul).

Collection Clairambault : 983-986 (dans ce dernier volume, ff. 161-473, «Inventaire des papiers et interrogatoires faits par M. de La Reynie, lieutenant

général de police et commissaire député par Sa Majesté aux personnes détenues dans les châteaux de Vincennes et de la Bastille pour le poison, rangés par ordre alphabétique»).
Collection Baluze : 212-213.
Collection Joly de Fleury : 2498-2501, 2505, 2531.
Mélanges Colbert : 302.

ARCHIVES NATIONALES
C 207-208, papiers du Rosoy (interrogatoires de Nicole Brunet, femme de Mathurin Barenton, et de Vautier).
E 1948, f° 35.
X2A, 1033 (procès de Mariette et Dubuisson, septembre 1668).

ARCHIVES DE LA PRÉFECTURE DE POLICE DE PARIS
AA 4-6. (notes prises par Duval, secrétaire de la lieutenance générale de police).

BIBLIOTHÈQUE DE L'ASSEMBLÉE NATIONALE
Mss. 1127 (inventaire des interrogatoires faits par l'avocat Brunet).

BIBLIOTHÈQUE DE ROUEN
Collection Leber 671 (documents saisis chez la Voisin).

ARCHIVES DÉPARTEMENTALES DES PYRÉNÉES-ORIENTALES
Série C, 7, 10, 19, 23, 26, 144.

IMPRIMÉS

MÉMOIRES, JOURNAUX, SOUVENIRS ET CORRESPONDANCES

Boileau-Despréaux, Brossette, Bussy-Rabutin, Mme de Caylus, abbé de Choisy, prince de Condé, marquis de Dangeau, marquis de Feuquières, marquis de La Fare, Mme de La Fayette, Mme de Maintenon, Mlle de Montpensier, Olivier Le Fèvre d'Ormesson, princesse Palatine, Gui Patin, duc de Saint-Simon, marquise de Sévigné, Ezéchiel Spanheim, marquis de Sourches, Primi Visconti.

SUR LES POISONS ET LES EMPOISONNEURS AU XVIIe SIÈCLE

BEAUSÉJOUR, G. de, *La Citadelle de Besançon sous Louis XIV et son premier gouverneur français, Louis Fabri de Moncaut*, Besançon, Paul Jacquin, 1892.
CABANÈS, Dr Augustin et NASS, Dr Lucien, *Poisons et sortilèges*, 2e série, Paris, Plon, 1903.

CHAUTANT, Gisèle, *Croyances et conduites magiques dans la France du* XVIIe *siècle, d'après l'affaire des Poisons*, Villeneuve d'Ascq, Presses univ. du Septentrion, 2004.

CLÉMENT, Pierre, *La Police sous Louis XIV*, Paris, Didier, 1866.

FONTENAY, Jean-Marie, «L'affaire des Poisons : les douze prisonnières de Belle-Ile», *Bulletin mensuel de la Société polymathique du Morbihan*, 1994, t. 120, p. 115-129.

FUNCK-BRENTANO, Frantz, *Le Drame des Poisons*, Paris, Hachette, 1920, rééd. Tallandier, 1977.

IUNG, Th., *La Vérité sur le Masque de Fer (les empoisonneurs...)*, Paris, Plon, 1873.

JOURDY, G., *La Citadelle de Besançon, prison d'Etat au* XVIIe *siècle, épisode de l'affaire des Poisons*, Gray, Bouffaut Frères, 1888.

LEBIGRE, Arlette, «Le grand siècle des empoisonneuses», *L'Histoire*, n° 37, 1981, p. 44-51.

LEBIGRE, Arlette, *L'Affaire des Poisons*, Paris, Complexe, 1989.

LEGUÉ, Dr Gabriel, *Médecins et empoisonneurs au* XVIIe *siècle*, Paris, G. Charpentier et E. Fasquelle, 1896.

LEGUÉ, Dr Gabriel, *La Messe noire*, Paris, E. Fasquelle, 1903.

LELEUX, Charles, *Les Poisons à travers les âges. Les empoisonneurs*, Paris, Librairie A. Lemerre, 1923.

MASSON, Dr Albert, *La Sorcellerie et la science des poisons au* XVIIe *siècle*, Paris, Hachette, 1904.

MAUZAIZE, Jean, «Les Capucins et l'affaire des Poisons», *Les Amis de Saint-François*, juin 1969.

MOLLENAUER, Lynn Wood, *Strange Revelations : Magic, Poison and Sacrilege in Louis XIV's France*, Pennsylvania State Univ. Press, 2007.

NASS, Dr Lucien, *Les Empoisonnements sous Louis XIV, d'après les documents inédits de l'affaire des Poisons*, thèse, Paris, G. Carré et C. Naud, 1898.

OLIVIER, C., et SOLÉ, J., «Affaire de poisons et mentalité magique», *Revue Marseille*, série 3, n° 95 (Actes du 3e colloque sur le XVIIe siècle), 1973.

QUÉTEL, Claude, *Une ombre sur le Roi-Soleil, l'affaire des Poisons*, Paris, Larousse, 2007.

RAVAISSON, François, *Archives de la Bastille*, réimp. Genève, Slatkine, t. IV à VII.

SOMMERSET, Ann, *The Affair of the Poisons. Murder, Infanticide and Satanism at the Court of Louis XIV*, Londres, Weidenfeld and Nicolson, 2003.

SUR MADAME DE BRINVILLIERS

HENRI-ROBERT, Me, *Les Grands Procès de l'Histoire*, 2e série, Paris, Payot, 1922.

HUAS, Jacqueline, *Madame de Brinvilliers, la marquise empoisonneuse*, Paris, Fayard, 2004.

SAINT-GERMAIN, Jacques, *Madame de Brinvilliers, la marquise aux poisons*, Paris, Hachette, 1971.

VERNON, Virginia, *Enchanting Little Lady. The Criminal Life of the Marquise of Brinvilliers*, Londres, New York, Toronto, Abelard-Schuman, 1964.

SUR GABRIEL NICOLAS DE LA REYNIE

LE NABOUR, Eric, *La Reynie, le policier de Louis XIV*, Paris, Perrin, 1991.

SAINT-GERMAIN, Jacques, *La Reynie et la police au grand siècle*, Paris, Hachette, 1962.

THUILLAT, Louis, *Gabriel Nicolas de La Reynie, premier lieutenant général de police*, thèse de droit, Limoges, Impr. Générale, 1930.

SUR LE MARÉCHAL DE LUXEMBOURG

SÉGUR, Pierre de, *Le Tapissier de Notre-Dame. Les dernières années du maréchal de Luxembourg (1678-1695),* Paris, Calmann-Lévy, 1903.

SUR RACINE ET L'AFFAIRE DES POISONS

CHAGNY, André, « Une grande comédienne lyonnaise, Marquise », *Album du Crocodile*, 1940-1941.

COULON, Marcel, « Racine et la mort de la Du Parc », *Mercure de France*, 1er juin 1940.

DULONG, Claude, « L'assassinat de la Du Parc », *Revue des Deux-Mondes*, 1er avril 1965, p. 334-344.

DULONG, Claude, *L'Amour au XVIIe siècle*, Paris, Hachette, 1969.

DUSSANE, Béatrice, *Du nouveau sur Racine*, Paris, Le Divan, 1941.

HENRI-ROBERT, Me, *Les Grands Procès de l'Histoire*, Paris, Payot, 1926.

JURGENS, Madeleine, et MAXFIELD-MILLER, Elisabeth, *Cent ans de recherches sur Molière, sur sa famille et sur les comédiens de sa troupe*, Paris, SEVPEN, 1963.

MANDIN, Louis, « Racine, le sadisme et l'affaire des Poisons », *Mercure de France*, 1er avril 1940 ; « Racine et la nouvelle offensive des poisons », *Mercure de France*, 1er juin 1940.

MONTIFAUD, Marc de, *Racine et la Voisin*, Paris, D. Bardin, 1878.

ROHOU, Jean, *Racine, entre sa carrière, son œuvre et son Dieu*, Paris, Fayard, 1992.

SUR MADAME DE MONTESPAN

AUDIAT, Pierre, *Madame de Montespan*, Paris, Fasquelle, 1938.

BONNASSIEUX, P., *Le Château de Clagny et madame de Montespan*, Paris, Picard, 1881.

CAPEFIGUE, J.-B., *La Marquise de Montespan, Athénaïs de Rochechouart-Mortemart; les splendeurs de Versailles*, Paris, Amyot, 1868.

CARRÉ, lieutenant-colonel Henri, *Madame de Montespan, grandeur et décadence d'une favorite*, Paris, Hachette, 1939.

CLÉMENT, Pierre, *Lettres, instructions et mémoires de Colbert*, t. VI, Paris, Librairie impériale, 1861-1867.

CLÉMENT, Pierre, *Madame de Montespan et Louis XIV*, Paris, Didier, 1910.

DECKER, Michel de, *Madame de Montespan*, Paris, Pygmalion, 2000.

DELAVAUD, Louis, *La Cour de Louis XIV en 1671. Madame de Montespan, Colbert et Louvois,* Paris, Levé, 1912.

ÉMARD, Paul, et FOURNIER, Suzanne, *Les Années criminelles de madame de Montespan*, Paris, Denoël, 1938.

ESTARVIELLE, Jacques, *Monsieur de Montespan*, Paris, Firmin-Didot, 1929.

GUILLON, André, *Innocente ou coupable? Madame de Montespan devant le tribunal de l'Histoire*, Lussac-les-Châteaux, Librairie de la Marche, 1981.

HILTON, Lisa, *Athénaïs de Montespan*, trad. franç., Paris, Alvik éditions, 2004.

HOUSSAYE, Arsène, *Madame de Montespan, études historiques sur la cour de Louis XIV*, Paris, Plon, 1864.

LEMOINE, Jean, et LICHTENBERGER, André, *De La Vallière à Montespan*, Paris, Calmann-Lévy, 1902.

LEMOINE, Jean, *Madame de Montespan et la légende des poisons*, Paris, H. Leclerc, 1908.

LEMOINE, Jean, *L'Affaire Montespan, réponse à MM. Sardou et Funck-Brentano*, Paris, H. Leclerc, 1908.

LEMOINE, Jean, « L'énigme Montespan, le réquisitoire de M. Armand Praviel », *Revue des questions historiques*, vol. 122, juil.-sept. 1935.

LOISELEUR, Jules, *Trois énigmes historiques*, Paris, Plon, 1882.

MONGRÉDIEN, Georges, *Madame de Montespan et l'Affaire des Poisons*, Paris, Hachette, 1953.

PETITFILS, Jean-Christian, *Madame de Montespan*, Paris, Fayard, 1988.

PLOIX, « Les empoisonnements sous Louis XIV et madame de Montespan », *Mémoires de la Société des sciences morales, des lettres et des arts de Seine-et-Oise*, 1880, t. XII.

PRAVIEL, Armand, *Madame de Montespan empoisonneuse*, Paris, Alcan, 1934.

RAT, Maurice, *La Royale Montespan*, Paris, Plon, 1959.
TRUC, Gonzague, *Madame de Montespan*, Paris, A. Colin, 1936.

SUR MADEMOISELLE DE FONTANGES

BARBOT, Jules, « Une maîtresse du grand roi, Mademoiselle de Fontanges », *Bulletin de la Société d'agriculture, industrie, sciences et arts de la Lozère*, 1899.
BOURGEOIS, Armand, *Passe-temps de la Cour sur madame de Montespan et mademoiselle de Fontanges avec le roi*, Paris, Bibliothèque de la Plume, 1898.
CABANÈS, Dr Augustin, *Les Indiscrétions de l'Histoire*, 2e série, Paris, Albin Michel, 1952.
GALLOTTI, Jean, *Mademoiselle de Fontanges*, Paris, Fasquelle, 1939.
GRIMMER, Claude, « La famille de Fontanges à Cropières au XVIe siècle », *Revue de Haute-Auvergne*, 1972.
GRIMMER, Claude, « Enquête sur une mort suspecte », *Historama*, avril 1988.
HASTIER, Louis, *Vieilles histoires, étranges énigmes*, 7e série, Paris, Fayard, 1965.
LAULAN, Robert, « La mort de mademoiselle de Fontanges », *Mercure de France*, 1er avril 1952.
LAULAN, Robert, « Un diagnostic rétrospectif sur la maladie mortelle de mademoiselle de Fontanges », *Presse médicale*, 4 juin 1952.
LEYMARIE, Hélène, « Marie-Angélique, duchesse de Fontanges, et la vie en Limousin au XVIIe siècle », revue *Limouzi*, 1990, n° 114.
MAZÉ, *La Cour de Louis XIV*, Paris, Hachette, 1946.
PIGAILLEM, Henri, *La Duchesse de Fontanges, favorite de Louis* XIV, Paris, Pygmalion, 2005.
WAROLIN, Christian, « La vie fugitive de mademoiselle de Fontanges. Mémoire posthume de Maurice Bouvet », *Revue d'histoire de la pharmacie*, 2000, année 87, n° 326, p. 263-289.

SUR MADEMOISELLE DES ŒILLETS

LEMOINE, Jean, *Les Des Œillets, une grande comédienne, une maîtresse de Louis XIV*, Paris, Perrin, 1939.
RAT, Maurice, *Aventurières et intrigantes du Grand Siècle*, Paris, Plon, 1957.

SUR LA FIN DES EMPOISONNEURS

GAVIGNET, Jean-Pierre, « Les prisonniers de la citadelle », dans *La Citadelle de Besançon, deux millénaires d'histoire. Les Cahiers de la renaissance du vieux Besançon*, n° 3, décembre 1998.

GAZIER, Georges, «Les prisonniers d'Etat sous Louis XIV. L'épilogue du drame des poisons», *Mémoires de la Société d'émulation du Doubs*, 1924, 9e série, t. 4, p. 30-47.

SOURBES, Pierre, «Que sont devenus les empoisonneurs ?», *Histoire pour tous*, juin 1966.

DIVERS

AMBELAIN, Robert, *La Chapelle des damnés, la véritable affaire des Poisons, 1650-1703*, Paris, Robert Laffont, 1982.

BERTIÈRE, Simone, *Les Femmes du Roi-Soleil*, Paris, De Fallois, 1998.

CAROLLY, Michèle, *Le Corps du Roi-Soleil*, Paris, éd. de Paris, 1999.

CHASSAIGNE, André, *Des lettres de cachet sous l'Ancien Régime*, thèse de droit, Paris, A. Rousseau, 1903.

CHEVÉ, Joëlle, *Marie-Thérèse d'Autriche, épouse de Louis XIV*, Paris, Pygmalion, 2008.

CLEMENCEAU-JACQUEMAIRE, Madeleine, *La Vie sensible de Louis XIV*, Paris, éd. du Pavois, 1946.

COMBESCOT, Pierre, *Les Petites Mazarines*, Paris, Grasset, 1999.

CORVISIER, André, *Louvois*, Paris, Fayard, 1983.

COUTON, Georges, *La Chair et l'Ame. Louis XIV entre ses maîtresses et Bossuet*, Grenoble, PUG, 1995.

DEPPING, Georges-Bernard, *Correspondance administrative sous le règne de Louis XIV*, collection de documents inédits sur l'histoire de France, 4 vol., Paris, Impr. nat., 1850-1855.

DULONG, Claude, *La Vie quotidienne des femmes au Grand Siècle*, Paris, Hachette, 1984.

FUNCK-BRENTANO, Frantz, *Les Lettres de cachet à Paris, étude suivie d'une liste des prisonniers de la Bastille (1659-1789)*, Paris, Impr. nat., 1903.

GAZIER, Augustin, *Bossuet et Louis XIV, étude historique sur le caractère de Bossuet*, Paris, Champion, 1914.

GRISSA, Mohamed, *Pouvoirs et marginaux à Paris sous le règne de Louis XIV (1661-1715)*, Tunis, Faculté des lettres, 1980.

JACQUIN, Frédéric, *Affaires de poisons, les crimes et leurs imaginaires au XVIIIe siècle*, Paris, Belin, 2005.

LAGARDE, Henri, *Christophe Glazer, professeur de chimie au Jardin des Plantes*, Besançon, Dodivers, 1891.

LAIR, Jules, *Louise de La Vallière et la jeunesse de Louis XIV*, Paris, Plon, 1907.

LEBIGRE, Arlette, *La Justice du roi*, Paris, Albin Michel, 1988.

LOCARD, Edmond, *Le XVIIe siècle médico-judiciaire*, Lyon, Stock, 1902.

MANDROU, Robert, *Magistrats et sorciers en France au* XVIIe *siècle. Une analyse de psychologie historique*, Paris, Plon, 1968.

MARCHESSEAU, Dr Robert, *Une urgence abdominale, la mort de Madame Henriette d'Angleterre*, Bordeaux, Bissey, 1947.

MONGRÉDIEN, Georges, « Autour de l'affaire des Poisons, une intrigante à la Cour de Louis XIV, mademoiselle du Fouilloux », *Revue de France*, 1er-15 mai 1939.

MUCHEMBLED, Robert, *Le Roi et la Sorcière. L'Europe des bûchers (*XVe*-*XVIIIe *siècles)*, Paris, Desclée, 1993.

MURAT, Inès, *Colbert*, Paris, Fayard, 1980.

PETITFILS, Jean-Christian, *Louise de La Vallière*, Paris, Perrin, 1991.

PETITFILS, Jean-Christian, *Louis XIV*, Paris, Perrin, 1995.

QUÉTEL, Claude, *De par le roy, essai sur les lettres de cachet*, Toulouse, Privat, 1981.

QUÉTEL, Claude, *La Bastille, histoire vraie d'une prison légendaire*, Paris, Robert Laffont, 1989.

RENÉE, Amédée, *Les Nièces de Mazarin, étude de mœurs et de caractères au* XVIIe *siècle*, Paris, F. Didot, 1856.

ROUJON, Jacques, *Louvois et son maître*, Paris, B. Grasset, 1934.

RUGGIERI, Eve, *L'Honneur retrouvé du marquis de Montespan*, Paris, Perrin, 1992.

SINGER-LECOCQ, Yvonne, *La Tribu Mazarin*, Paris, Perrin, 1989.

VALLOT, Antoine, *Journal de santé du roi Louis XIV, écrit par Vallot, d'Aquin et Fagon*, Paris, éd. J.A. Le Roi, 1862 et éd. Stanis Perez, Grenoble, Jérôme Million, 2004.

RÉCITS ET ROMANS

CHANDERNAGOR, Françoise, *L'Allée du roi*, Paris, Julliard, 1981.

DAULNY, Jean, *Les Amours diaboliques de la Montespan*, Paris, éd. des Deux Sabots, 1948.

DAVET, Michel, *Mademoiselle de Fontanges*, Paris, Albin Michel, 1940.

GALLO, Max, *Chambre ardente*, Paris, Fayard, 2008.

GRIL, Etienne, *La Marquise de Brinvilliers, empoisonneuse*, Paris, éd. des Portiques, 1933.

GRIMMER, Claude, *Mon tout, mon roi, la Fontanges*, Paris, Mercure de France, 1898.

HAMEL, Françoise, *La Reine des ténèbres. La Voisin, la serial killer du Grand Siècle*, Paris, Plon, 2003.

HERMARY-VIEILLE, Catherine, *La Marquise des ombres*, Paris, O. Orban, 1983.

PRAVIEL, Armand, *Le Secret de la Brinvilliers*, Paris, éd. de France, 1931.
PRAVIEL, Armand, et DOUYAU, Jean, *Les Secrets de la Montespan*, Paris, éd. de France, 1936.

THÉÂTRE

SARDOU, Victorien, *L'Affaire des Poisons*, pièce en 5 actes, Paris, impr. de *L'Illustration*, 1908.

FILMOGRAPHIE

L'Affaire des Poisons (1955), film franco-italien d'Henri Decoin, scénario d'Albert Valentin, adaptation de Georges Neveu et d'Henri Decoin, dialogues Georges Neveu, avec Viviane Romance (la Voisin), Danielle Darrieux (Mme de Montespan), Maurice Teynac (La Reynie), Pierre Mondy (Desgrez) et Paul Meurisse (un abbé sacrilège).

Index

(Voir également p. 339-356 :
« Principaux personnages impliqués dans l'affaire des Poisons »)

Table

Achevé d'imprimer par GGP Media GmbH, Pößneck
en décembre 2010
pour le compte de France Loisirs,
Paris

N° d'éditeur : 62107
Dépôt légal : septembre 2010
Imprimé en Allemagne